蒋海松

湖南永州人，求学于湘潭大学、西南政法大学，主要从事理论法学研究。现为湖南大学法学院教师、副院长，创设“法律与艺术”系列课程，国家一流课程主讲人，兼任湖南省人大立法咨询专家、湖南省法理学会副会长等。主持国家社科基金青年项目、国家社科基金一般项目、教育部人文社科项目、最高人民检察院项目、国家出版基金项目等多项，在《现代法学》《政法论坛》《马克思主义与现实》《华东政法大学学报》《光明日报》等发表论文多篇。获评“全国‘七五’普法先进个人”“湖南大学首届青年教师教书育人模范”等。

国家出版基金项目

中国传统法哲学基本范畴研究

丛书主编 於兴中 李其瑞

法与名

蒋海松 著

知识产权出版社
全国百佳图书出版单位
—北京—

图书在版编目（CIP）数据

法与名 / 蒋海松著. — 北京：知识产权出版社，2023.6
（中国传统法哲学基本范畴研究 / 於兴中，李其瑞主编）
ISBN 978-7-5130-8297-6

Ⅰ.①法…　Ⅱ.①蒋…　Ⅲ.①法制学—研究—中国—古代　Ⅳ.①D909.22

中国版本图书馆CIP数据核字（2022）第148301号

责任编辑： 薛迎春　　**责任校对：** 谷　洋
封面设计： 黄慧君　　**责任印制：** 刘译文

法与名
蒋海松　著

出版发行：	知识产权出版社有限责任公司	**网　　址：**	http：//www.ipph.cn
社　　址：	北京市海淀区气象路 50 号院	**邮　　编：**	100081
责编电话：	010-82000860 转 8724	**责编邮箱：**	471451342@qq.com
发行电话：	010-82000860 转 8101/8102	**发行传真：**	010-82000893/82005070/82000270
印　　刷：	三河市国英印务有限公司	**经　　销：**	新华书店、各大网上书店及相关专业书店
开　　本：	880mm × 1230mm　1/32	**印　　张：**	11.625
版　　次：	2023 年 6 月第 1 版	**印　　次：**	2023 年 6 月第 1 次印刷
字　　数：	302 千字	**定　　价：**	89.00 元

ISBN 978-7-5130-8297-6

总　序

酝酿多年的“中国传统法哲学基本范畴研究”丛书即将付梓，作为丛书主编，我们在深感荣幸的同时，也不免有些忐忑，觉得有不少问题需要予以澄清和交代。本丛书将是国内外首批研究中国传统法哲学基本内涵的系列著述，其本身的学术意义在于，它既是一个奠基之作，又是引领该领域学术研究之滥觞。中国作为一个拥有数千年文明史和深厚法律文化传统的国家，迄今尚未有一本系统研究中国传统法哲学基本范畴的著作面世，实属憾事。鉴往知来，没有对过往的梳理和挖掘，就没有深刻的反省和明晰的方向。只有挖掘历史，才能推陈出新和面向未来。可见，建立体现中国特色的“中国的”法哲学，依然任重而道远。

有鉴于此，很有必要认真研究中国传统法哲学的基本内涵及精髓要义。从“五伦五常”“四维八德”等基本范畴入手，阐发这些概念固有的含义及其与法之关系，并在此基础上，通过概念分析方法展现一种以中国元素为特点的、中国传统法哲学的范畴体系，进而将其推介给国际法哲学界。这便是本项目研究的目的和拟承担的任务。

本丛书以严谨的、专业化的原创性学术研究为原则，以爬梳、整理大量可靠的史料和文献为基础，旨在全面深入地挖掘并展示中国传统文化中有关“法”的基本概念体系，或者说有关支撑中国“法”概念的相关概念体系，以及随着历史变化这些概念的时代内涵和长久的生命力，力争让世界法学界更多地了解中国的法学话语体系及其法律制度的特色，增强中国法学研究的世界影响力。这一持续的努力，必将对西方社会了解中国传统法律文化，理解中国推进国家治理体系和治理能力现代化及中国法治发展模式，提供更深远的历史视角和更丰厚的文献基础。

一、什么是法哲学？

本丛书主要探讨的是中国传统法哲学的基本概念，因此，首先有必要澄清什么是法哲学这个问题。法哲学不同于法律思想史和法律制度史，但与两者均有联系。“philosophy of law”这个说法是欧洲的，而不是英美的，但是后来英美学界也接受了这个说法，大体上用指法理学（jurisprudence）。德国学者阿图尔·考夫曼（Arthur Kaufmann）区分了法律学说（legal doctrine, rechtsdoktrin）、法律理论（legal theory, rechtstheorie）和法哲学(philosophy of law, rechtsphilosophie)，认为学说是关于某一事物的详细说法，比如公序良俗、自由意志。好多学说的集合就构成理论。比如民法理论就是由好多学说构成的，合同法、刑法以及行政法理论亦然。从理论中提炼出来的最基本的抽象的概念就构成了法哲学。法哲学的基本概念其实并不多，但它们适用于各个法律部门，比如公正、权利、自由等。无论民法、刑法、刑事诉讼法，还是宪法、行政法，都要讲公正、权利、自由，等等。

然而，如果从已经出版的法哲学著作的体例来看，人们对法哲学的理解还是大不相同的，至少可以分出三种类型来。第一种是比较传统的写法，探讨法律是什么，法律的功能是什么，法律和其他学科之间的关系如何，这方面的著作可以庞德的《法哲学导论》为例子。[1]第二种是将法哲学这个概念等同于法理学。内容不仅包括法哲学的基本概念，而且包括各个部门法学的一些基本

---

〔1〕［美］庞德:《法哲学导论》，于柏华译，商务印书馆 2020 年版。

原理。这类作品比较任性，有时候会包括一些作者认为重要，但事实上并不重要的题目。这在丹尼斯·帕特森（Dennis Patterson）、安德瑞·马默（Andrei Mamor）等人的法哲学著作中可以窥见一斑。[1]第三种类型是个人根据自己的喜好，或者侧重某一个学派，或者侧重某一个群体，或者侧重某些问题，详细陈述，称之为法哲学的著作。比如登特列夫（d' Entreves）的《自然法》[2]，副标题是"法律哲学导论"，实际上谈的是自然法。再如德沃金的法哲学读本，它实际上是德沃金选择了自己认为重要的一些问题，和几位同人一起写成的一本书，名曰"法哲学"，实际上探讨的是编者认为重要的法律问题，既没有体系，也没有多少理论。[3]

本丛书在狭义的角度使用法哲学这一术语，主要涉及诸如仁义礼智信等重要的概念，而这些概念不同于西方法哲学的基本概念。实际上，它们在中国古代社会中起到了理顺人际关系、规范社会秩序的作用。这些重要的概念或范畴在一定意义上就是一种中国人认为的"法"，"仁政""义理""礼和""睿智""诚信"，它们无不发挥着规范人们行为之功能。正如董仲舒在《举贤良对策》中所言："仁谊礼知信，五常之道"，"常道"实际上就是与天地长久的经常法则。也正是"五伦"等这些基本的范畴，构成了中国人对"法"的独特理解和认识，成为支撑中国传统法哲学体系的四梁八柱。

二、世界法哲学大要及中国法哲学的缺席

世界主要发达国家均为人类法治文明贡献了具有民族特色的

---

〔1〕 Dennis Patterson, *A Companion to the Philosophy of Law and Legal Theory*, Wiley-Blackwell, 1st Edition, 1999; Andrei Marmor, *Philosophy of Law*, Pinceton University Press, 2014.

〔2〕 [意]登特列夫：《自然法：法律哲学导论》，李日章等译，新星出版社2008年版。

〔3〕 Ronald Dworkin, *The Philosophy of Law*, Oxford University Press, 1977.

法哲学，例如，德国的概念法学、英国的分析法学、美国的经济分析法学，等等，都是具有鲜明民族文化特征的法哲学。西方传统文化中的基本概念对其法哲学及法治文明发达起到了重要作用。产生于两希文化的“正义”“权利”“平等”“自由”“法治”等概念，在西方的历史长河中起到了举足轻重的导向作用，而对这些概念的研究也从未中断。关于这些概念的研究形成了不同的学术派别和研究传统，较为显著的包括关于权利和正义的自然法学说、实证主义学说、功利主义学说，等等。

截至目前，无论汉语世界还是英语世界，还没有一本系统探讨中国传统法哲学概念范畴的著述问世。梁启超的《中国法理学发达史》以法理学之名论述法律思想史。民国时期，学者陈顾远著有《中国文化与中华法系》，倡导“四维八德”（礼义廉耻，忠孝仁爱信义和平）的法律理论；杨鸿烈著有《中国法律发达史》等书，言及法律制度与法律思想，具有国际视野。台湾学者张伟仁的近著《寻道》一书，从比较法的立场探讨古代思想家的法律思想，是一本重要的法学著作。台湾学者黄源盛著有《中国传统法制与思想》等书，制度史与思想史并重。梁治平的《寻求自然秩序的和谐》尝试从文化解释立场对中国古代法文化进行研究。江山的《中国法的理念》是一部从历史与逻辑视角分析中国法的内在精神理念的学术著作。俞荣根先生的《礼法传统与中华法系》等书是法律文化研究中的杰作。日本学者对中国法制史颇有研究，著述甚夥，但对中国法律哲学的研究尚未有显著成果。西方学者200多年前开始翻译并研究中国法律及其历史，间或有人论及法的基本概念。具有里程碑意义的一项研究是D. 布迪和C. 莫里斯的《中华帝国的法律》，主要从案例入手探讨中国清代法律制度，偶有提及法律概念。还有，德国汉学家何意志的《中国法律文化概要》一书，也从历史和区域的视角展示了中国法文化的诸要素。但是，上述优秀著述所讨论的并不是法哲学的概念范畴。

当然，从某种意义上来说，作为一门学问或知识体系，法哲学就是法哲学，无所谓东西之分。所以提倡发展中国传统法哲学基本概念范畴体系，似乎并不是一件可为之事。然而，对法哲学有过关注的人都会注意到，目前我们所说的法哲学的基本概念都是来自西学。虽然这些基本概念具有相当的普适性，但这并不排除其他文化里发展出法哲学的可能性。尽管可以说，中国传统法哲学也是世界法哲学的一个组成部分，但是，中国传统法哲学有其鲜明的自身特点和独有的概念系统。举例而言。现在通行的法哲学，也就是我们都能够接受的普遍（一般）的法哲学，主要是以正义、自由、平等、权利、法治等概念组成的。反观中国历史文化上的一些主要概念，诸如仁、义、礼、智、信等，这些概念事实上与现有的法哲学的概念是大不相同的，而建立在中国的这些传统文化价值上的法哲学有它自己的原创性和独特性。

当然，更重要的可能是因为哲学并不是一种科学，尽管当初科学是从哲学里分离出来的一个学科。随着科学主义思潮的勃兴，科学后来成为普适的学问。科学体现了客观性和唯一性，其解决的是真假的问题，要么真要么假，不存在既真又假的事物。如果将美国的物理学和中国的物理学予以区分，未免有点儿可笑。因为物理学就是物理学，在美国或中国都是一样的学问。而哲学则不然，哲学中主要范畴所代表的价值观并不是科学的定理，哲学既要面对真假问题，更要解决善恶的问题，而对善恶的价值评判又是多元的，往往带有很大的民族特点和文化色彩。故此，中国哲学或美国哲学的提法是能够讲得通的。因为它们所包含的核心价值、所研究的基本范畴、所采用的方式方法都是不一样的。或者说，不能将物理学区分为中国的或美国的，是由于这是一个事实（科学）领域的问题，而可以将哲学区分为中国的或美国的，在于它是一个价值（文化）领域的问题。

近代以来，中国法学的研究基本上从欧美法学汲取灵感、移植问题并照搬解决问题的方法，根本原因是我们尚不具备从事自主性研究的理论准备和相应的学术水平。而欧美法学在世界范围内的影响及其话语霸权也不允许弱势文化发展具有自己特色的法学。面对全球所出现的新形势新态势，中国亟待建设和完善自我的学术体系、话语体系，尤其在深入挖掘优秀传统文化资源方面，要具有“为天地立心，为生民立命，为往圣继绝学，为万世开太平”的志向和勇气。

近年来，世界法哲学研究呈现“无王期”的时代特征，为中国法哲学的发展提供了很好的契机。在21世纪初以来的法哲学国际舞台上，已经很难分清谁是主流谁是非主流。一个百家争鸣，平起平坐，派别林立，主次不分的状态已然形成。这为中国法学研究彻底摆脱受制于欧美法学、依附于欧美法学的被动局面提供了机会，为我们独辟蹊径开展自主研究，开创构建中国法哲学体系的研究提供了可能。而对中国传统法哲学基本范畴的整理挖掘，并从中厘定哪些概念或范畴是中国传统法哲学的“根概念”，哪些是由这些“根概念”派生出来的“次概念”，不仅对推动中华优秀传统法治文化创造性转化、创新性发展大有裨益，而且是建构具有中国特色、中国风格、中国气派法哲学体系的奠基性工作。

三、本丛书的特点

中国古代虽然没有分化出西方意义或科学意义上的法哲学，但中国人对法的根本看法和价值评判却是一直存在的，只是它没有形成体系化的一种学说而已。既然中国古代没有形成体系化的法哲学，那么，研究中国传统法哲学基本范畴实际上就是在做一种基于传统的建构。这显然是一个非常艰巨的任务，非一人能及之事。因此，本丛书最大的一个特点，首先就在于它是一项集体的努力。本丛书旨在从中国传统文化的资源中寻找建构材料和元素，挖掘历代典籍中关于中国传统文化的主要概念，借以发展具有中国特色的法哲学。这涉及法律著述、历代判例、法律注疏、州县志书、出土文物、铭文、碑刻、文学作品等诸多资源，它是一项浩大的文化工程，意义重大但很有难度。所幸学界对这些资源已有比较系统的整理，而各位作者已经掌握现有的文献检索技术。这是以往的研究无法相比的。

其次，本丛书在方法上也具有比较鲜明的特点。考虑到面对浩繁复杂的文献材料，个人的努力毕竟有限，本丛书除了个人的画龙点睛般的概括和评述，更多是一种注重文献资料的收集、整理和发掘的工作。在一定的意义上来说，本丛书也是一套中国古代法哲学基本范畴的文献资料汇辑。最低限度，本丛书提供了进一步研究中国传统法哲学基本范畴的基础材料。有兴趣的学者可以在本丛书的基础上，进一步挖掘、收集更广泛的材料，从事更进一步、更深入的研究。

本丛书的另一个特点在于，它是一次历史研究方面的新的努力。本丛书所收集的材料，除了官修史书、志书，也就是主要的典籍里面的内容，还注重收集历代律法条疏对一些基本概念的体现，以及判牍案例和文学作品中的一些内容。律法条疏、判牍案例是为了证明当时存在过这样一种概念，且被裁判者所接受。从某种意义上来说，文学作品反映了大众对于某种法律概念或者某一种法律制度的态度。合而观之，这些都从不同侧面构成了中国古代法哲学或者法传统的基本面貌。

中国传统法哲学基本范畴研究，是全面复兴传统文化的国家重大战略需求在法学领域的重要体现。长期以来，法学研究中对传统文化重视不足，西方话语体系充斥在法学研究的各个方面，急需通过深入挖掘传统文化中可资治国理政的优秀文化遗产，梳理和提炼出具有中国气派和中国文化特色的法学话语体系，积极汲取中华法系中的治理智慧，为国家治理体系现代化奠定文化基础。

从文化和政治的角度来说，本丛书也具有非常重要的意义。它为中国学界寻回文化自信铺垫一个良好的开端。众所周知，中国自鸦片战争以来失去了文化的自信，甚至一度对中国传统文化是否存在继承性和民族性产生了质疑。在学术研究上随西方学者身后亦步亦趋，长久以来没有能够建立起自己的学术传统。法国人、德国人从来不会在乎美国人、英国人说什么，因为他们有文化上的自信。他们自己内部进行的学术讨论本身就足以支撑他们的文化传统不断地衍更。而文化自信首先体现在对自己文化的概念范畴上的自信。中国现在国力逐渐强大，自信心重回的可能性也已经受到了民族文化复兴政策的支持。这种民族文化的复兴应该是全方位的，遍及各个领域的。但概念范畴的复兴式的重构乃是民族文化复兴的开端。法哲学方面的研究应该位列其中。相信其他领域里也有同样的项目正在进行。

长期以来，中外学界对中国传统文化多有误读、误解和误译，乃至武断的批判及质疑。在法学领域，中国传统法哲学的基本范畴是什么？这些范畴之间是何种关系？这些基本范畴不同于自由、平等、博爱等为支撑的西方法哲学话语体系的特征有哪些？事实上，传统中国关于治理国家和社会、规范民众行为的整套观念和制度不同于西方意义上的法律、道德或者宗教这样可区分的规范系统，在中国传统文化中不存在西方意义上的纯粹的“法”这样的一种规范系统，简单用西方法哲学中的概念来理解中国的“仁”“义”“礼”“智”“信”等终究是缘木求鱼。当然，关于这些概念的诠释和重建是一项艰巨浩大的工程，需要文化界各个领域的共同努力，本项目只能从法哲学的角度作出自己的贡献。

基于上述考虑及国际法学发展现状，我们提出对中国传统法哲学范畴的系统建构，进而推动建立中国法哲学发展这一高远目标。但我们清醒地认识到欲速则不达，本着坐十年冷板凳的决心，从基本概念的全面梳理及研究入手，用一本著作研究一个基本范畴。令人欣喜的是，已经完成的五部书稿达到了我们预期目标，为后续研究提供了很好的范例，并增强了信心。

在比较文化研究中一个引人瞩目的问题是，在轴心时代东西方都出现了各自文化中的核心概念，比如两希文化中的正义、权利、自由、法治、平等等概念，中国文化中的仁义礼智信天道神气德等概念，而在此后的过程中，西方有无数的书籍和文章探讨自己文化中的概念，而在中国，探讨关于自己文化中的那些概念的专著至今寥寥无几，为什么？我们认为，其中的一个主要原因在于各自熟知的研究方法不同。大体上，西方文化中通行的是概念分析的方法，而中国文化中被普遍接受的乃是综合的方法。本丛书第一次以概念分析普遍化的研究方式，将中国古代法哲学精神展现给世界学界，期待为打通中国法学界乃至世界法学界交流的渠道作出贡献。

四、本丛书涵盖的范围及前景

本丛书的主要任务是用概念分析普遍化的方法围绕特定的范畴收集史料，其所注重的是中国历史上相关的法哲学范畴如何表现在不同的史料里，而不是就某一概念的理论阐释。具体而言，作者不需要做大量的分析和讨论，而需要把精力放在收集相关材料，整理文献，并把它编辑成册。最后呈现的作品，不是某一个作者或某一个专家的观点，而是原汁原味的传统的存在，即在下述各种资源中某一个具体概念的表述、体现或反映。

主要涉及的文献资源有：历代典籍中关于特定概念和法的关系的论述、历代律典、判例、法律注疏、法律史料，如历代《刑法志》、州县志、出土文物、铭文、帛书、碑刻、文学作品、中外学者对中国法律传统的研究成果以及不同解释，等等。

收集材料不一定要全。材料收集当然越多越好，尤其是时间跨度上的历时性要有代表或标志意义，不能只是一个或两个朝代的资料。“全”指的是不要遗漏重要的节点或不能跨越的律典、文献或判例。尽量避免重复收集。如果同一个内容在不同的书里多次出现，只需选取一个出处即可。

就具体题目而言，最后的“产品”应该是中国文化中关于该题目的论述、描述、解释、刻画、反映、展现、运用的综合或整合，而不是某一学者或作者个人对该题目的精深的研究。书的主要内容应该是史料，而不是作者的论述，简言之，就是关于某一题目的有组织的资料汇编。作者的任务是识别并选择自己认为某一题目最为重要的资料，将它们分门别类，加上导言或适量的说明、评注，汇编成辑。

在写作过程中，每位作者都明确采取了相应步骤：第一步，选取与某一概念有关的段落，可长可短，视具体情况而定。第二步，注明该段落的出处，越详细越好，包括作者名、书名、出版社、出版年、版本、页码等细节。第三步，在该段落前加上一两句注释或提示，说明该段落的核心思想。第四步，以此类推，待选够一定数量的段落之后，将所选段落根据其核心思想进行归类总结并加上相应的标题。第五步，将各类段落的核心内容汇总，组织一段总的介绍，作为一章的导言。

在选取相应段落并标以说明时，最重要的是让材料“说话”。力图避免受到先入为主的概念的影响。即，避开儒家、法家、道家这样的分类的影响，也不必在意“德治”与“法治”的分野，等等。更要避免作者自己的建构和评论，对材料的“论”仅以说明其本意为目的。

首批出版的五本著作——《法与礼》《法与气》《法与名》《法与信》《法与刑》——为“中国传统法哲学基本范畴研究”丛书第一阶段研究成果。现已接洽外译工作，期望尽快将中国学界的这一最新研究成果介绍给国际法哲学界、国际汉学家及中国问题专家。

现已开展研究的中国传统法哲学基本范畴，主要由法哲学、法史学界具有实力的中青年学者撰写。后续拟推出“法与中”“法与情”“法与神”“法与仁”“法与民”“法与圣”等，作为第二阶段研究成果。仍在研究的基本范畴包括：“法与天”“法与理”“法与道”“法与德”“法与智”“法与义”“法与君”“法与俗”“法与律”“法与兵”“法与贞”“法与孝”“法与乐”等。这些基本涵盖了中国传统法律文化和法律思想中的经典范畴及核心概念。根据研究写作进展等情况，这一清单还可能有所微调。

应该明确的是本丛书所指中国传统法哲学基本概念乃是“法与 ×”这样的结合概念，而不是纯粹的单个的哲学概念。比如，“法与德”，重点在于这对概念的关系的阐述，而不是将两者分而述之，指出“法”是什么含义，而“德”又是什么含义。

书的结构大体上可分为典籍、律典、判例、官民报刊、文学作品、学者评论等各章，但不一定每本都采取这个体例。有些概念，比如“气”“乐”“神”，可能找不到具体案例，那就不必有案例这一章。作者可根据具体题目和内容自己斟酌安排全书章节。

总之，本丛书拟在深入而全面地研究梳理中国传统法哲学的基本范畴，对重要的基本概念追根溯源、正本清源，细考历史流变，探究多重意涵，并将其按照一定的体例系统化、学术化。丛书主要任务及目标是：使用概念分析方法发掘中国传统文化资源，搜罗整理中国传统法哲学的核心元素和主要素材，为推动构建真正意义上的中国（传统）法哲学做好扎实全面的学术积累和文献基础。期望以此为起点与示范，推动建立体现中国特色和水平的中国法哲学，并为中外法治文明交流与对话开拓新领域。

“中国传统法哲学基本范畴研究”丛书从动议、论证、启动、撰写，到第一批著作的出版，历经数年。2015 年该丛书入选“十三五”国家重点出版物出版规划项目，2021 年入选国家出版基金项目。其间得到诸多专家学者的关心和帮助，没有他们的认同和鼓励，该项目的推进可能会更加缓慢。他们是俞荣根教授、黄源盛教授、梁治平研究员、姜永琳教授，在首批书即将付梓之际，对他们表示衷心的感谢！知识产权出版社领导给予了大力支持，庞从容、薛迎春两位女士付出了大量辛劳，在此谨致谢意！同时，该套丛书在文献梳理、考据和编辑过程中难免出现一些疏漏和差错，也由衷地期盼专家学者和广大读者批评指正。

主编谨识

2022 年 12 月

序

“中国传统法哲学基本范畴研究”丛书将“名”列入研析中华法系的法哲学之中，确是一个具有远见的决定。

蒋海松博士所撰《法与名》付梓之际，我受於兴中教授、李其瑞教授两位丛书主编和知识产权出版社所托，审读书稿。综观全稿，其堪称优等之作。我为丛书锤炼出如此好作品而额手称庆，为作者的良工苦心终成佳品而高兴，更为该书为破解中华法文化的“遗传密码”所做的努力而欣喜。

中华法系在世界法律史上独树一帜。我国古代法蕴含丰富的智慧和资源，其中重要体现就是形成了一批具有中华思想风味的独特概念与范畴。於兴中教授学兼中西，从中西法哲学比较研究中萌生出“龙场悟道”般的觉悟，深感中国古代法哲学智慧之博大精深，而其被误解、误判和矮化、丑化却又如此之久、之烈，乃发愤而治跨界之学，精心策划“中国传统法哲学基本范畴研究”这一宏大工程。随之登高一呼，一大批法理、法史出身的青年博士才俊云集其麾下。此情此景，说明“重新认识中国古代法和中华法系”已是法学界人心之所向。我学研法史起步甚晚，已届不惑之年。大概因为非法学科班，又有些社会经历，入门时不免东张西望，生出一些疑惑。在那个至今令人回味无穷的“解放思想”时代，在学研上我也“解放”了一回，生出过一个愿望。我的愿望很小但很专业，就是：追寻中国古代法和中华法系的“自我”，破译中华法文化的“遗传密码”。这显然远没有於兴中教授的大构想、大策划博远伟辉，但私心以为是可以在学研上与之同声相应、同气相求的。所以，一直企盼着於教授、李教授主持的丛书问世，以增益新知。

正是这部《法与名》，让我享受“炳烛之明”的老年读书之乐，同时还触发了对自己学研过程的自省自谏之思。

名，在先秦诸子中称得上是热门话题。不独名家学派，儒、道、法、墨、杂等诸子百家对名也多有深刻阐发，构成中国思想史上一大瑰丽景观。《老子》首章在“道可道，非常道”后，紧接着是对称性的另一半六字玄妙哲言：“名可名，非常名。”孔子告诫人们：“名不正，则言不顺；言不顺，则事不成。”(《论语·子路》）他留给为政者的箴铭是“正名”两个字。《荀子》书有《正名》专论。《公孙龙子》亦有《名实论》专篇。管子学派说：“有名则治，无名则乱。”(《管子·枢言》）韩非主张君主“执一”而独制天下，也搬出他的名论：“用一之道，以名为道。名正物定，名倚物徙。故圣人执一以静，使名自命，令事自定。”(《韩非子·扬权》）申不害把名提升到“天地之纲，圣人之符”(《申子·大体》）的高度。秦汉之际各家也竞相说名，力图掌控名的话语权。秦汉新道家以“名正”为治国之首要“正道”：“名正者治，名奇者乱。正名不奇，奇名不立。”(《黄帝四经·十大经·前道》）吕不韦召集门人编著的《吕氏春秋》也设有《正名》一篇，其论曰：“名正则治，名丧则乱。”汉儒奏出了新儒学关于名的强音：“名者，人治之大者，也可无慎乎。”(《礼记·大传》）“人治”，即君人之治。其中，尤以被誉为“汉代孔子”的董仲舒论之最力：“名者，大理之首章也。”(《春秋繁露·深察名号》）“大理”，即大治。意思是，正名，是君主欲实现国家大治的宪章之首。在这篇《深察名号》的名学专论中，他指出：“名号之正，取之天地，天地为名号之大义也。”从而将名纳入他所要建立的“天人相应”学说：“受命之君，天意之所予也。故号为天子者，宜视天如父，事天以孝道也。”(《春秋繁露·深察名号》）随着以董仲舒为代表的新儒学被“独尊”，诸家关于名的学说亦归于一统，热闹已久的名学也就由此走向终结。至《白虎通德论》颁行，将

"爵""号""谥"等一一"正名",将祭祀、封禅、巡狩、封公侯、考黜、致仕、谏诤、诛伐、五刑、乡射、宗族、姓名、嫁娶、丧服等依礼经"名正言顺"地确立为政治统治和社会生活的纲领性原则,制定为帝国宪章,"名"由是完成了"为政之首""至治之务"的制度性建构。足见,名学不仅对汉语言学、逻辑学有肇造之功,而且在伦理道德、政治法制层面发挥着定向、创制作用。名确实是中华传统政治学、法理学中一个重要的基本概念,一个含义宏富的法哲学核心范畴。对名的研究也是破解中华法文化"遗传密码"的有效路径。

曹锋教授在他的名著《中国古代"名"的政治思想研究》中披露了自己的一大预见:"'名'、'法'两者间必然有着某种逻辑上的对应关系,如果能揭示产生这种特殊关系的思想史根源,那么对中国古代思想史尤其是法思想史的研究一定具有重要意义。……从'名'思想研究出发,或许是解析中国古代'法'之特性的一条有效途径。"(曹著"序言")曹教授说得很对。后世甚至直接将"名"与"法"合为一词,有"名法家"的说法。如清儒孙鼎烈在《四西斋决事·自序》中云:"折狱本下吏才,无当政治之大,然董江都学贯天人,昔传《公羊决狱》十六篇,近世仁和龚定庵《春秋决事比》,颇以经义传会名法家言。"曹教授遗憾地指出:"关于中国古代法思想的研究虽然很多,但很少以'名'思想研究为前奏或切入口。"(曹著"序言")曹教授的遗憾道出了我对自己的遗憾:一个靠学研中国古代法思想史吃饭的人,一生竟未能有正面研析"名"在中国古代法中地位与作用的专论。"悟已往之不谏",叹来者之不可追。人生有涯而学无涯。这真是一种无奈的痛。多亏於兴中教授慧眼识珠,将"名"归位为"中国传统法哲学基本范畴"。多谢蒋海松博士悉心爬梳剔抉,夙兴夜寐、苦心孤诣完成了这部《法与名》的法哲学著作。以我之寡闻,它可能是法学界首次对名这一传统法哲学核心范畴进行较为系统研究的著作，颇有创发之功。

作者研析道：名的含义极为繁杂，大致可划分为指称性的名和指导性的名这两种基本含义。前者主要是逻辑学意义上的“名”，后者主要是政治学、伦理学意义上的“名”。后者最能代表中国思想史中名范畴的本质所在。名家学派对逻辑之名的辨正也是为了政治伦理上的“正名”，其目的也在于政治关切。本书梳理了丰富史料，通过研究指出，名之范畴具有丰富的政治法律意义，由“名”而延伸的“名法”“刑名”“正名”“名分”“名位”“名例”“名教”等都具有重要的法律意义。名思想是传统法典的枢纽与灵魂，也是古代中国法哲学能立于世界法哲学之林的根基。这一研究有助于深入探寻礼法中国的基因与底蕴所在，其立论颇具创见性。

作者认为，名与现代法学所谓“权利义务”或者“权力分配”较为相通，“名”“名分”“正名”等观念涉及权利义务关系的构建。比如“正名”，可理解为确立权利义务关系的立法分配过程，但其含义又远比权利义务关系复杂得多。在中国古代帝制政治中，“正名”实质上是政治统治正统性、正当性、合法性的法哲学表达，具有“法上法”的价值。英文常用表示名称的 name 或者表示身份的 status 来对译“名”，但实际上，这根本翻译不出“名”在中国文化中所具有的那些极为丰富的意蕴。本书罗列了二十多种名的含义与用法，其在法律领域中的表现也多种多样。用常见的比附西方概念或者现代名词的做法来研究名这一范畴，难免缘木求鱼之失，只会损害其原意，本身就是对名的歧见与异化。只有回到古代典籍本身，才能窥其堂奥，探其精义。本书就是在这一方向上努力而得的成果。

名在文明史上也具有重要意义。在文化发蒙期和文明早期，给万物定名是一桩艰巨而伟大的工程。各大文明和文化体对人本身和万物的定名形成不同的逻辑思维方式、文字语言表达方式，随之发展为不同的文明和文化模式。名学对中华文明和华夏文化肇始奠基之功至巨至伟。先秦名辩学说与西方亚里士多德逻辑学、印度因明学一起构成世界逻辑科学发轫的三大源流。名学是传统文化的瑰宝之一。从不同学术领域与视角对名的深研细析，有助于进一步展示中华文化的丰满内涵，推进文化交流和文明互鉴。

《法与名》在体系结构、篇章设置、写作方法上富有新意、别开生面，可谓匠心独具。

就篇章结构而言，作者先由绪论立论，再分编展开。绪论是一篇较有深度的“法与名”法哲学专论，以此引领全书。主体部分从“典籍论述”“法典记载”“案例呈现”“文学表达”四个方面通过丰富史料来呈现名所具有的法哲学内容，更立体地呈现名之意义。依丛书设计，需要原汁原味搜集、辑录古代中国关于名的文献史料。作者正是这样做的。但作为“中国传统法哲学基本范畴研究”丛书之一，本书理当有关于名的法哲学理论探讨与价值分析，否则，其就会成为枯燥乏味的一堆古文字复制品。于是，运用何种篇章结构、写作方式将史与论自然贴切、符合逻辑地结合起来，取决于丛书各册作者对论题的理解力、把握力，需要作者全方位调动自身在知识、智慧、写作技巧、文字表达等方方面面的潜能。这就为丛书各位作者开辟了大显身手的空间。本书作者在梳理名的相关文献基础上，对成体系的史料进行分类汇编，提炼主题，然后用心写好篇序、章序、节序和题记以提纲挈领。这不失为一种运思精巧的写作方式，既避免了脱离史料的先入为主，也摆脱了堆砌史料的机械呆板。书中这些丰富的篇序、章序、节序和题记颇有见地，不乏文采。正是通过绪论和篇序、章序、节序、题记，赋予史料以法哲学的血肉和灵魂，从而使书稿成为一部学术著作而不是一本史料辑录。可以说，本书作者较好地领会并践履了丛书设定的编撰主旨和研析方式，在一定程度上，这可视为一种范式。

本书可商榷之处不是没有。比如关于古籍分类，典籍、法典、案例、文学作品之间存在诸多交叉之处。“典籍”一词外延甚广，几乎涵盖现存一切纸质古籍。法典就是一种典籍，文学作品也一样，案例则多散嵌于典籍中。在权威古籍《四库全书》的四部分类中，法典属于“史部”之政书类；文学中的小说、艺术类在“子部”，诗词歌赋在“集部”。我们研究名学，对古籍资料的分类及其篇名定得愈准确愈好。此外，绪论和篇章序文、题记还可以打开思路，比如名在治国理政中的运用以及其在中华法系中的功能值得进一步深析，还可讨论名之法哲学在现在治国理政中的价值。《荀子·正名》云：“故析辞擅作名以乱正名，使民疑惑，人多辨讼，则谓之大奸，其罪犹为符节、度量之罪也。”这类“大奸”历朝历代都有，现在也并未销声匿迹。花样百出的“八股”腔、争相造作的“新名”“奇名”等淫辞异词，其“乱正名”“疑惑”国民之害甚烈。此类“语言腐败”“文字腐败”归总言之就是名的腐败，有识之士早就发出忧患之声：它对民族精神、民族文化的危害更加隐蔽、更加伤及本根。尤其需要强调的是，除了对名正面肯定，还应该对其负向度予以揭示，如名与阴谋权术的关系。名思想是精华与糟粕并存、治道与权术夹杂着的。刘向《别录》有云，“刑名者，以名责实，尊君卑臣，崇上抑下”，一语道破法家“刑名法术”的本质，不过为帝制君主专制之工具。我一再呼吁，现代法治绝非商鞅、韩非、李斯、嬴政所论所行的法家之治。我们必须对“刑名法术之学”的危害保持警惕。可喜的是，作者在全书最后设了一章《余论：名之正负影响与批判性继承》，但对其揭示尚有加力空间。

蒋海松博士是学界新秀，与我有师友之缘。他的本科和硕士研究生时期的导师曾就读于我任指导教师之一的西南政法大学中国法律思想史专业。初识海松之时，他还是湘潭大学在读本科生。大约是2001年年初，海松的导师从湘潭带来这位素未谋面的外校学生的一副长联和读书笔记。那副长联对仗工整、起落有方，露着才气，因而留下印象。后来他考入西南政法大学读研究生，交往渐多。海松读的是法理学专业，对法史亦颇有兴趣，随堂旁听过我一二学期的课，缘分不浅。海松工于辞章，才情盈腹，文思泉涌。西南政法大学七十周年校庆之际，他撰献《西政感怀赋》，大获嘉评，被勒石刻碑。我既然与他有师生之谊，课余亦常常施以亲者之严，责勉他虽有能者任劳之长，却应避免杂务缠身、主次不分之短，在爬坡上坎之青春年华时光，应力戒旁骛之心、漂移之趣，沉潜精一，成就学业。

海松博士毕业后报效桑梓，在有着“千年学府”之称的湖南大学执教，历练有加。此次《法与名》完稿出版殊为不易。该著选题之宏大，仅就史料而言，既博且杂，搜罗编纂之难，可以想见。这套丛书跨法史、法理等多学科，但总体上偏法史。海松乃法理学博士，非法史出身，虽说法理、法史不分家，但真正做起来，跨学科的研究难度自然极大。我从书稿中看得出，他做得颇为辛苦，耗了不少心血。孟子所谓“得天下英才而教育之”是“人生一乐”也，甚至可以说，是我们教师这一行最大的乐趣。故而看到海松博士这部佳作，甚感欣慰。我以为，通过《法与名》的写作，他不仅推进了自己对传统法文化的学习与研究，更多的收获还在于得到心性的锤炼、学术兴趣的凝练和学术品性的涵养。这些都是再上层楼的学术人格和学者气象所必需，相信日后当有更好的作品问世。

是为序。

俞荣根
2022 年于海口西海岸盈滨双栖居

目　录

绪　论

我国古代法制文明蕴含着丰富的智慧和资源。传统法哲学源远流长，博大精深，其重要体现之一就是古代形成了一批具有中国思想风味、彰显文化特质的概念与范畴。名就是一个含义宏富、影响深远的传统法哲学范畴。名在古代治国思想中至关重要，常被推崇为“为政之首”“至治之务”。古代典籍中对名的这种赞颂比比皆是，诸子百家几乎都有对其神圣地位的言说。比如：

名者，天地之纲，圣人之符。(《申子·大体》)

名者，人治之大者，也可无慎乎？(《礼记·大传》)

名不正则言不顺；言不顺，则事不成。(《论语·子路》)

有名则治，无名则乱，治者以其名。(《管子·枢言》)

治天下之要在于正名……苟能正名，天成地平。(《尸子·发蒙》)

用一之道，以名为首。名正物定，名倚物徙。(《韩非子·扬权》)

故至治之务，在于正名。(《吕氏春秋·审分》)

有名，万物之母。(《道德经》第一章)

[名]正者治，名奇者乱。正名不奇，奇名不立。(《黄帝四经·十大经·前道》)

名者，大理之首章也。(《春秋繁露·深察名号》)

名者，所以正百物，叙尊卑，列贵贱，各控名而责实，无相僭滥者也。(《隋书·经籍志三》)

名与法的关系也极为紧密，梁启超甚至认为这两者共生相连、不可分离："实则名与法盖不可离，故李悝法经，萧何汉律，皆注名篇。而后世言法者，亦号'刑名'。"[1]考察名之法律意义，揭示名与法的内在关系，呈现名在典籍、法典、案例中的法意表达，有助于认识传统法律文明的内在机理，挖掘传统法律文化的合理基因，汲取传统法律理论的理性要素，并推进中国法政文明的创造性转化。

在具体论述之前，有必要对名范畴的重要价值、名之内涵、名与法的内在关系等基本问题进行前提性考察。

一、名之神圣性

在思想史上，名是极具中国特色的重要范畴。古代有专门的名家学派，邓析、公孙龙等人专注于名辩之学。而且除了名家学派，其他诸子百家都对名这一概念有广泛使用，这是儒、道、法、墨、名等诸子百家共用的重要概念。儒家以"正名论"论名与名分，所谓"必也正名乎""名不正则言不顺"；道家将名关联天地本源，所谓"无名，天地之始；有名，万物之母"，认为"道"是"无名""无形"的，"物"是"有名""有形"的；墨家从"取实予名"谈名实关系，以实来规定名；法家讨论"循名责实"，以"刑名法术"之学扬名于世；辩家则从逻辑的严密性对名作出全面的考察。诸子百家共同言说名，构成中国思想史一大瑰丽景观。王琯在《公孙龙子悬解》中有言："惟当时诸子之言正名，有兼有专。兼者，如管子韩非以法家谈名，荀子以儒家谈名，墨子以墨家谈名，尸子吕子以杂家谈名。在其学说全部只占一域，或为所标主义之一种基念，

---

〔1〕 梁启超：《先秦政治思想史》，东方出版社1996年版，第172页。

或以论旨旁衍与名相通。”[1]足见诸子百家对名的共同关注。而在我们日常语言中，姓名、名声、名分、名望、名节、名誉、名位、名义等相关词语也俯拾皆是。可见，名是中国文化中极为活跃的概念。

名的含义极为丰富，大体上可分为两个层面，即思维、逻辑与政治、法律。前者有“名称、概念”之意，主要见于惠施、墨子、公孙龙等名家、墨家学派思想中，名是判别事物的标识。而作为政治学、法学概念，名则有法则、规范、标准、秩序之意，是社会治理的枢纽所在。这两者大体上可对应“指称性的名”与“指导性的名”这两层含义。而后者政治伦理之名、指导性的名是中国古代名思想的核心。比如最密集讨论逻辑、名称意义之名的名家学派，其并非仅为了理论玄思，也有深刻的政治关怀。司马谈《论六家要旨》有云：“夫阴阳、儒、墨、名、法、道德，此务为治者也。”名家的追求一样是“务为治者也”。其密集讨论逻辑意义上的名恰好是为政治上名实相应、天下大治提供标准，即政治追求是其内核。

就思维逻辑层面而言，名是认识事物必不可少的名称，是其指称，具有基础性地位。如《管子·心术下》所云：“凡物载名而来。”《墨子》云：“所以谓，名也。”《公孙龙子·指物论》云：“生于物之各有名。”[2]世间万物、天下万事都有其名称。要认识事物，必须给其命名，并在此基础上区分事物，达到同异有别，这是名的最基本的指称功能与认识功能。

因此，名在文明史上具有重要意义。在文化发蒙期，给万物定名是一桩艰巨而伟大的工程。如《礼记·祭法》列举了祭祀的古代圣贤及其原因，其中有云：“黄帝正名百物以明民共财。”即黄帝为百物正名，以明晰万物，万事万物条分缕析，井然有序，天下才得

---

〔1〕 王琯：《公孙龙子悬解》，中华书局 1992 年版，第 23 页。

〔2〕《公孙龙子·指物论》，见《慎子、尹文子、公孙龙子全译》，高流水、林恒森译注，贵州人民出版社 1996 年版，第 186 页。

以大治。这正是华夏始祖黄帝最大的功绩之一，也是黄帝成为中华文明始祖最重要的原因之一。在道家老子思想中，名关联于道，与宇宙生成相关，是事物最本质的规律体现。命名就是道区分显现的过程。所谓“有名，万物之母”[1]。卡西尔提出，人是符号的动物，他认为“符号化的思维和符号化的行为是人类生活中最富代表性的特征，并且人类文化的全部发展都依赖于这些条件”[2]。符号化是人类社会的重要特征，按符号学、语言学的观点，世界万物的产生甚至是以语言命名为前提的。

名是一个名称或符号，但指向的是事物本身。这种名实对应关系甚至还有不少神奇说法。比如以人的姓名而论，民间存在不少将姓名神秘化的故事。在神魔小说《封神演义》中，张桂芳通过呼叫人的姓名便可唤走其三魂七魄。在《西游记》中，银角大王呼喊名字就可用宝葫芦捉拿神仙，连神通广大的孙悟空也无法逃脱。在今天一些少数民族的巫蛊现象中，人们仍然相信通过姓名即可加害于人。这些神话故事和巫蛊现象其实潜藏的是人类一种根本性的思维方式——“名实同构”，认为名字等同于事物本身。

正如人类学家弗雷泽所言，早期由于人们的智识还处在比较低的阶段，所以往往会产生名实同构的观念。人们相信，对名字的任何行为即为对事物本身的行为。“未开化的民族对于语言和事物不能明确区分，常以为名字和它们所代表的人或物之间不仅是人的思想概念上的联系，而且是实在的物质的联系。”[3]弗雷泽发现，许多民族都有这种将名字神秘化的现象：“譬如北美的印第安人‘把自己的名字看作不仅是一种标记，而且是自己的一部分……从大西洋到太

---

〔1〕《道德经》第一章，见《道德经》，张景、张松辉译注，中华书局 2021 年版，第 6 页。

〔2〕［德］恩斯特·卡西尔：《人论》，甘阳译，上海译文出版社 2013 年版，第 35 页。

〔3〕［英］詹姆斯·乔治·弗雷泽：《金枝》，徐育新、汪培基、张泽石译，大众文艺出版社 2003 年版，第 362 页。

平洋的许多部落中都有这种信念’……西里伯斯的托兰波人相信只要你写下一个人的名字，你就可以连他的灵魂和名字一起带走。”[1]中国早期先民的宗教活动中同样具有这种思维模式。徐复观认为：“在以神话为主的远古时代，某物之名，不是认作某物的符号，而是认作某物的实体。”[2]而在宗教仪式中，教徒经常念诵神佛之名，希望达到与神佛同在的目的。佛教的《大悲咒》全篇就是一个一个佛的名号。

汉代大儒董仲舒在其《春秋繁露》中也曾正式提出过“名生于真”的观点，认为名就是事物本身：“名生于真，非其真弗以为名。名者，圣人之所以真物也，名之为言真也。”[3]诸子百家热衷于讨论名学问题，也有这一思维样态的影响。

考察其演变史可以发现，后来名的神秘性虽然有所消退，但却从宗教领域转移到政治领域，名成了政治生活中的神圣之物。徐复观有言：“名的神秘性虽在宗教中褪色或消失，却在政治上还发生很大的作用。贵族的统治阶级，把自己由地位而来的名，认为即是政治权力的真。有此名，即无条件地应有此统治权力，人民即应无条件地服从他的权力。”[4]

这就是名的第二重意义。从政治法律层面而言，名是社会治理的重要手段，是秩序建构的一种标准。名不仅是一个语言与称呼，而且是政治与法律的制度建构，是一种现实秩序。当然，这与名的前一层含义即“名称”存在内在关联。制度规范需要以名称来表达，如《管子》所谓“制断五刑，各当其名”[5]。人们的伦理行为也需要

---

〔1〕［英］詹姆斯·乔治·弗雷泽：《金枝》，徐育新、汪培基、张泽石译，大众文艺出版社2003年版，第362页。

〔2〕徐复观：《公孙龙子讲疏》，台湾学生书局1966年版，第2页。

〔3〕《春秋繁露·深察名号》，见〔汉〕董仲舒：《春秋繁露》，张世亮、钟肇鹏、周桂钿译注，中华书局2012年版，第374页。

〔4〕徐复观：《公孙龙子讲疏》，台湾学生书局1966年版，第3页。

〔5〕《管子·正》，见《管子》（下），李山、轩新丽译注，中华书局2019年版，第690页。

名来规范，命名一般也会追求其特定含义，如《左传·桓公二年》师服谓："夫名以制义。"如果不遵守这些"名"，等于不遵守这些制度规范，自然会受到法律的惩处或者道德的谴责。这些"名"便发挥了规范行为、治理社会的现实作用。在法家学派等论述中，名甚至常常等于法本身。而且，我们常说"顾名思义"，除了指要关注名所代表的事物，还要思索其价值。《三国志·魏书·王昶传》载，王昶强调谦逊美德，为家中子弟取名"默""静""深"等，并作文戒之曰："以玄默冲虚为名，欲使汝曹顾名思义，不敢违越也。"这正体现了以名寓意进行道德引导之旨。如果没有名，就不能建构起政治法律制度或者道德礼教秩序。

更复杂的问题在于，一旦命名之后，事物就不再是纯然之物，而成为意义的对象，也即名与对象的二元关系发生变化，名不再仅指代对象实体，而是获得其他的意义。[1]名在运用中逐渐发生变化，在使用中被注入新的意义，甚至拥有比本来指称的事物或者规范更深层更重要的意义。前述有所谓"顾名思义"，"顾名"而所思名之"意义"。借用皮尔斯的三元符号模式，名即是再现体，实则是对象，义即是解释项。在这一解释中，名这一符号往往会承载更深层的价值，通过文化符号系统中的解释而获得其他的意义。如《左传·桓公二年》师服谓："夫名以制义，义以出礼，礼以体政，政以正民。"这里由名到义，解释项日渐增多，功用也日渐扩大。[2]

因此，此类指导性的名更引申具有崇高，甚至可以说神圣的地位。如《管子·心术上》有言，"名者，圣人所以纪万物也"，《申子·大体》甚至称"名者，天地之纲，圣人之符"[3]。《春秋繁露·深察名号》所谓"名则圣人所发天意"。《吕氏春秋·正名》称"名正

---

〔1〕祝东：《论形名：从语言规范到行为秩序》，载《江西社会科学》2017年第8期。

〔2〕祝东：《论形名：从语言规范到行为秩序》，载《江西社会科学》2017年第8期。

〔3〕《申子·大体》，见〔唐〕魏徵、褚遂良、虞世南编：《群书治要》（第3册），台湾世界书局2011年版，第478页。

则治，名丧则乱”。本书开篇所列诸子百家对名之显赫地位的种种赞颂也主要聚焦于此。

名成为确立是非、制定秩序的根本性法则，具有重要的政治法律意义。但长期以来，学界主要从哲学、逻辑学等层面来研究名，极少从法律、政治层面来研究。在法学界，刑、礼、德、理等常见范畴已有汗牛充栋的著述，但名是一个鲜有人问津的概念。除了研究名家学派法律思想时有所涉及，名几乎还是一座尘封的“富矿”。其实，名是一个含义宏富的法哲学概念。除了名家学派，其他诸子百家对名也多有深刻阐发。本书试图从典籍论述、法典记载、案例呈现、文学表达四个方面来分析名所具有的深刻的法律价值。

二、名之起源与内涵

“名”这个词早在三千多年前的甲骨文和金文中就已出现。其写法为：

甲骨文“名”之一

金文“名”之一

许慎《说文解字》训“名”为：“名，自命也。从口从夕，夕者冥也，冥不可见，故以口自名。”[1]段玉《说文解字注》曰：“祭统曰：‘夫鼎有铭。铭者，自名也。’此许所本也。”[2]“夕”是月牙的形

〔1〕〔汉〕许慎撰，〔清〕段玉裁注：《说文解字注》（上），中州古籍出版社2006年版，第56页。

〔2〕〔汉〕许慎撰，〔清〕段玉裁注：《说文解字注》（上），中州古籍出版社2006年版，第56页。

状，用以代表黑夜。“口”表示人张嘴说话。两者合在一起表达的意思是，人在黑夜中互相看不见，需要借助声音来自报名号。可见“名”最初是一个动词，意为“自名”或对事物进行“命名”，后来引申为名词，指事物的名称。这也成为名的基本含义。这与语言相关，或者说就是标记符号。

徐中舒先生在《甲骨文字典》中引用并肯定了许慎这个说法：“甲骨文从口从夕同。”[1]南宋学者戴侗曾言：“《周官》中夏教茇舍辨号名之用，以辨军之夜事。莫夜则旌旗徽识不可辨，故谨其号名以相一。名之为文所以从夕也。”[2]古代军队为了应付夜战，需通名以辨明次序、辨别敌我。照此分析，名的观念有两个相互区别又根本联系的含义：其一，名是一种符号，用以区别彼此；其二，名是一种约定，用以达成共识。以口自名，也是希望对方认出自己。作为符号的名若要发挥区分的作用，还必须作出某种规定，达成某种一致的约定。名的本质内涵就是一种约定的符号，无符号之义，则约定无以达成，无约定之义，则符号没有意义。[3]荀子有“名约”一词，最为精妙地表达了这两重含义，所谓“名无固宜，约之以命”[4]。荀子还精辟地指出，名产生于“约定俗成”。从符号通向约定，这一逻辑其实也已经蕴含了名具有指称性和指导性这两种基本含义。

当然，名的含义极为丰富。有学者感慨：“究竟什么是名？从中国古代文献看，几乎找不到一个关于名的完整的定义。”“从语言的角度看，就词性而言，它有的时候是名词，表示名称。有的时候是动词，表示命名、指称。有的时候是形容词，指‘有名’。就指称的范围而言，它有的时候指的是具体名称，有的时候指的是抽象概

---

〔1〕徐中舒：《甲骨文字典》，四川辞书出版社 1990 年版，第 88 页。

〔2〕参见江举谦：《说文解字综合研究》，台湾人文出版社 1974 年版，第 383 页。

〔3〕苟东锋：《孔子正名思想研究》，上海人民出版社 2016 年版，第 133 页。

〔4〕《荀子·正名》，见《荀子》，方勇、李波译注，中华书局 2011 年版，第 357 页。

念。”[1]名有字与词的区分。词是概念、范畴。在古代，“名”这一字即一词，后来发展成双音节概念、范畴，才有名法、名分、刑名等。

名的意义虽然繁杂，但就其主要内涵而言，大致可归纳为指称性的名和指导性的名这两种基本含义。“前者即通常所说的名称，用以指称对象；后者则是尊卑名位及附属于名位的名声、名号，它们蕴含了特定的行为准则，所以具有指导功能。”[2]

而对于这两个层面的划分，其实古人已有较为明确的阐释。《尹文子》有言：“名有三科，法有四呈。一曰命物之名，方圆白黑是也；二曰毁誉之名，善恶贵贱是也；三曰况谓之名，贤愚爱憎是也。”[3]后两者其实没有本质区别，所谓“名有三科”也可以简化为只有二种，即“命物之名”和“毁誉、况谓”之名。第一种讨论事物与名称之间的关系，主要见于名家学派；第二种则具有道德、伦理、政治的意义，诸子百家的其他学派主要是讨论这一重意义上的名。[4]从时间阶段而言，指称性的名主要在战国名辩思潮中有充分讨论，而指导性的名自春秋战国以来几乎贯穿整个思想史的演变过程，这是中国思想史研究关注的主体。

这两种名具有内在的逻辑关联。名具有指称功能，而任何制度、规范也需要命名。如《左传·桓公二年》有云：“夫名以制义，义以出礼，礼以体政，政以正民。”所谓“名以制义”，即用名来制定义理、规范。再如《管子》所谓“制断五刑，各当其名”[5]。命名之后，

---

〔1〕 曹峰：《中国古代“名”的政治思想研究》，上海古籍出版社 2017 年版，第 4 页。

〔2〕 李巍：《春秋大义与黄老思潮——“〈春秋〉以道名分”说探析》，载《社会科学战线》2019 年第 4 期。

〔3〕《尹文子·大道上》，见《慎子、尹文子、公孙龙子全译》，高流水、林恒森译注，贵州人民出版社 1996 年版，第 106 页。

〔4〕 参见曹峰：《中国古代“名”的政治思想研究》，上海古籍出版社 2017 年版，第 5 页。

〔5〕《管子·正》，见《管子》（下），李山、轩新丽译注，中华书局 2019 年版，第 690 页。

这些制度、礼仪、伦理所指向的价值引导功能也会附属于此名之上，名不再是单纯的名称，而是有其规范的内涵。徐复观先生认为：“所谓名的自觉，是不认为名的自身即具有其神秘性的意义，而须另外赋予某种意义，使某种意义成为某名之实，某种名乃代表某种实的符号。于是名的价值并不在其自身，而系在由它所代表的某种意义。”[1]因此，名之发展就从单纯的命名、名称、名号之意扩展为政治、法律、道德意义上的某种规范、标准。

查阅《古代汉语词典》，“名”在古代有多达十种含义：

> ①名字；名称。《孟子·尽心下》：“讳～不讳姓，姓所同也，～所独也。”（讳：避讳。）②取名；命名。《战国策·魏策三》：“宋人有学者，三年反而～其母。”③名号；名分。《论语·子路》：“～不正则言不顺。”④名声；声誉。《史记·陈涉世家》：“且壮士不死即已，死即举大～耳，王侯将相宁有种乎！”⑤著称；闻名。《孟子·公孙丑下》：“五百年必有王者兴，其间必有～世者。”⑥战国时诸子百家之一。以正名辨义为主。⑦说出；陈述。林嗣环《口技》：“人有百口，口有百舌，不能～其一处也。”⑧以己名占有。《史记·商君列传》：“明尊卑爵秩等级，各以差次～田宅。”⑨大的。《庄子·天下》：“～山三百，支川三千，小者无数。⑩文字。《仪礼·聘礼》：“百～以上书于策，不及百～书于方”。[2]

结合古代典籍，笔者认为如下几种含义是本书需要重点讨论的。

（1）名称

这是“名”最基本的用法，即指称性的含义。如《墨子·经说

---

〔1〕 徐复观：《公孙龙子讲疏》，台湾学生书局1966年版，第3页。

〔2〕《古代汉语词典》，甘肃教育出版社2016年版，第556页。

上》有云："所以谓，名也；所谓，实也。"《尹文子·大道上》有云："名者，名形者也；形者，应名者也。"具体可指人名或物名。人名的用法如《礼记·檀弓》："幼名，冠字，五十以伯仲，死谥，周道也。"《楚辞·离骚》："名余曰正则兮，字余曰灵均。"柳宗元《种树郭橐驼传》云："郭橐驼，不知始何名。"物名的用法如《庄子·逍遥游》："北冥有鱼，其名为鲲。"

墨家认为名是人以语言来表达的，"声出口，俱有名"[1]，是人对事物的称谓，"所以谓，名也"[2]，名必须反映事物。并按其概括范围的广狭将名分为"达、类、私"三类。公孙龙认为名是事物本质属性的指称，"夫名，实谓也"[3]。荀子则指出名产生于"约定俗成"，名是对相同之物的概括。

这种指称性用法还有用作动词，即命名、取名之意。如《尚书·吕刑》有云："禹平水土，主名山川。"《国语·周语下》有云："故名之曰'黑臀'，于今再矣。"《左传·昭公七年》有云："婤姶生子，名之曰元。"

（2）名分

名分表示一个人在伦理关系中具体的身份或角色。与此相关的还有名位，名位代表一个人的政治权位。这种名分制度对古代法律影响最大，著名的"准五服以制罪"即是其反映。在古代政治安排中，不同的名分有相应的俸禄、服饰、仪仗、车马工具、器物、称谓等以相互区别，这就是"辩之以名"。《国语·楚语上》中范无宇言曰："先王惧其不帅，故制之以义，旌之以服，行之以礼，辩之以名，书之以文，道之以言。"

正因为名分需以一定的形式之区分来表达，所以特定的器物或

---

〔1〕《墨子·经说上》，见《墨子》，方勇译注，中华书局 2011 年版，第 346 页。

〔2〕《墨子·经说上》，见《墨子》，方勇译注，中华书局 2011 年版，第 346 页。

〔3〕《公孙龙子·名实论》，见《慎子、尹文子、公孙龙子全译》，高流水、林恒森译注，贵州人民出版社 1996 年版，第 214 页。

称谓也可以用来表示这种名。名分之间有严格的区分，不同的名分代表不同的地位和利益，同时，名分代表一定的职责和担当。所以孔子等人才反复强调“唯器与名，不可以假人”，正确辨别名分是治国之纲要。这种名分在古代体现为身份上鲜明的尊卑关系，《国语·周语》所谓“名谓尊卑职责之名号”。在古代，人们认为名的主要功用就是确定人之贵贱等级，所谓“名者所以正百物，叙尊卑，列贵贱”[1]。

名分之意，在古代极为常见，如：

唯器与名，不可以假人。(《左传·成公二年》)

《易》以道阴阳，《春秋》以道名分。(《庄子·天下》)

定府官，明名分。(《管子·幼官图》)

故人主不可以不审名分也，不审名分，是恶壅而愈塞也。(《吕氏春秋·审分》)

故夫名分定，势治之道也；名分不定，势乱之道也。(《商君书·定分》)

若此诸王，虽名为臣，实皆有布衣昆弟之心。(《陈政事疏》)

此外，与名分之意相通，或者从其中引申出一系列重要的词汇，如名位、名教、名爵、名号、名服，等等。

（3）准则、规范、法令

在这一层意义上，名与法具有大致相同的意思。尤其是在战国中晚期到汉代初期，存在明显的“名”“法”连用、“名”“法”并举的现象。《管子》有言：“法臣：法断名决，无诽誉。”[2]《尹文子》有

[1]《隋书·经籍志三》，见《隋书》(第4册)，中华书局1973年版，第1004页。

[2]《管子·七臣七主》，见《管子》(下)，李山、轩新丽译注，中华书局2019年版，第760页。

言:“名以正之,法以齐之。”〔1〕“名有三科,法有四呈。”〔2〕在这些地方,名与法大致都是指一种规范、标准、准则,都是治国的工具。尤其是在法家的语境中,名法对举时,两者其意大致相当。如商鞅有云:“民敢忘行主法令之所谓之名,各以其所忘之法令名罪之。”〔3〕商鞅所谓名就是法令,而刑就是违反法令所要受到的处罚。再如,韩非子所谓“法与时转则治,法与世宜则有功。故民朴而禁之以名则治,世知维之以刑则从”〔4〕。“圣人之所以为治道者三:一曰利,二曰威,三曰名。夫利者所以得其民,威者可以行令也,名者上下之所同道也。非此三者,虽有不急也。”〔5〕这些用法基本都是以法为名。

“名法”本身还成了一个专门的范畴。如《尹文子》云:“政者,名法是也,以名法治国,万物所不能乱。”〔6〕名法思潮居于曹魏政治思想的主导地位,不少人用“名法之治”来指称曹魏的统治方式。

当然,名与法也有一定的区别。相比较而论,名比法更抽象,名可视为法的前提与标准。名是确定不移的制度的抽象化身,法则是具体的实施手段。〔7〕对此,后文也将详细讨论。

(4)名声

《文选·射雉赋》有云:“名者,声闻之称也。”这层意思又可扩

---

〔1〕《尹文子·大道下》,见《慎子、尹文子、公孙龙子全译》,高流水、林恒森译注,贵州人民出版社1996年版,第139页。

〔2〕《尹文子·大道上》,见《慎子、尹文子、公孙龙子全译》,高流水、林恒森译注,贵州人民出版社1996年版,第214页。

〔3〕《商君书·定分》,见《商君书》,石磊译注,中华书局2011年版,第175页。

〔4〕《韩非子·心度》,见《韩非子》,高华平、王齐洲、张三夕译注,中华书局2010年版,第759页。

〔5〕《韩非子·诡使》,见《韩非子》,高华平、王齐洲、张三夕译注,中华书局2010年版,第645页。

〔6〕《尹文子·大道下》,见《慎子、尹文子、公孙龙子全译》,高流水、林恒森译注,贵州人民出版社1996年版,第148页。

〔7〕参见曹峰:《中国古代“名”的政治思想研究》,上海古籍出版社2017年版,第90页。

展为名誉、名利、名节等。人们总是想尽办法追求美名，摒弃恶名，因此名也蕴含了毁誉褒贬的规范之意，这种评价会对人的行为产生一定的约束与引导作用。《逸周书·谥法解》所谓："大行受大名，细行受细名。行出于己，名出于人。"这正是对名声之名的最好诠释。

这种用法有如：

犹有令名，与其及也。(《左传·闵公元年》)

怀与安，实败名。(《左传·僖公二十三年》)

生万物，容畜禽兽，然后受其名而兼其利。(《国语·越语下》)

（5）名号、爵号

如《左传·庄公十八年》载："名位不同，礼亦异数。"韩愈《南海神庙碑》云："始公之至，尽除他名之税。"在古代，一个人相应的名号在一定程度上就代表这个人，因而名号对人就有某种限定作用。如《左传·僖公二十三年》云："策名委质，贰乃辟也。"唐代孔颖达奉敕编写《春秋左传正义》中有云："古之仕者于所臣之人书己名于策，以明系属之也。拜则屈膝而委身体于地，以明敬奉之也。名系于彼所事之君，则不可以贰心。""策名委质"这个说法后来专门用来表达君臣或上下级关系。"名在诸侯之策""名藏在诸侯之策"等讲的都是人名已经书于策，得到了公开和正式的表达，类似于以契约方式建立人身依附关系。

（6）以私人名义占有

类似于现代法理上的物权之意。王充《论衡》有云："不名一钱。"《汉书·食货志》有云："限民名田，以澹不足。"《新唐书·宦者传》云："于是甲舍、名园、上腴之田，为中人所名者，半京畿矣。"

（7）诸子百家中的名家学派

司马谈《论六家要旨》有云："夫阴阳、儒、墨、名、法、道德，此务为治者也”，“名家苛察缴绕，使人不得反其意，专决于名而失人情，故曰使人俭而善失真”。

以上几种含义需要重点关注。此外，名还有诸多含义，以下简要列出。

（8）名义

即一定的理由与根据。《左传》云：“宋向戌善于赵文子，又善于令尹子木，欲弭诸侯之兵以为名。”[1]《史记》云：“以诛错为名，其意非在错也。”[2]

（9）量词

诸如不少法典中“犯人 × 名”说法。

（10）“词”的古称

在语言学中，名还有专门的用法，指今天的实词。《荀子·正名》云：“后王之成名，刑名从商，爵名从周，父名从礼；散名之加于万物者，则从诸夏之成俗曲期，远方异俗之乡则因之而多通。”[3]金兆梓《国文法之研究》称：“凡有实（即客观的物体或其相）可命，就叫作‘名’。”它是体词（名词）、相词（动词和形容词）和指点词（数词和代词）的一个统称。[4]

（11）文字

这一用法见于先秦时期。《仪礼·聘礼》有云：“百名以上书于策，不及百名书于方。”此处“名”即文字。《管子·君臣上》有云：“书同名。”郑玄曾注明：“书名，书之字也，古曰名”，“古曰名，

---

〔1〕《左传·襄公二十七年》，见《左传》（中册），郭丹、程小青、李彬源译注，中华书局 2012 年版，第 1407 页。

〔2〕〔汉〕司马迁：《史记·袁盎晁错列传》，见夏松凉、李敏主编：《史记今注》（下），南京大学出版社 1994 年版，第 1245 页。

〔3〕《荀子·正名》，见《荀子》，方勇、李波译注，中华书局 2011 年版，第 357 页。

〔4〕参见董绍克、阎俊杰主编：《汉语知识词典》，警官教育出版社 1996 年版，第 101 页。

今曰字，使四方知书之文字，得能读之”。因此也有人认为，孔子正名为“正书字”，如《隋书·经籍志》小学类叙说，“孔子曰：‘必也正名乎’，名谓书字”。后来，“字”指称如今所说汉字，名的这种用法则已废弃不用。但清末学者孙诒让仍把他对金甲石刻文字的研究叫作“名原”。

（12）古代图书分类门类之一

《汉书·艺文志》诸子略、《隋书·经籍志》子部有“名”一类，著录名家代表人物的著作。

（13）佛教名词

梵文 Naman，音译“那摩”。其意也颇为繁杂，包括：①与“色”相对，代表一切精神现象，如“十二因缘”中“名色”之“名”。《大乘义章》卷四：“以‘名’宣说无色四阴（指受、想、行、识四蕴），故说为名。”②名词概念。《俱舍论》卷五：“名谓作想，如说色、声、香、味等想。”这是与主观印象联系起来讲名，亦称“名想”；或被视为与事物的相状一致，又叫“名相”；就其含有确定的内容言，则又称“名义”；就其为语言的形式，亦称“名言”。《俱舍论光记》卷五释，名有随、归、赴、召诸义，“谓随音声，归赴于境”，谓概念有使认识趋赴境界的作用。大乘般若学把“名”与“实”对立起来。《肇论·不真空论》：“名无得物之功”，“物无当名之实”。认为名相概念既不能反映客观的真实性，也不能用以表达和把握客观的真实性，以此否定客观事物的实在性，“名实无当，万物安在”。瑜伽行派把名作为四种“寻思”之一，《楞伽经》等当作“五法”之一。〔1〕

（14）大

《庄子·人间世》云：“宋有荆氏者，宜楸、柏、桑……三围四围，求高名之丽者斩之。”《礼记·杂记下》云：“凡宗庙之器其名

---

〔1〕 参见任继愈主编：《佛教大辞典》，江苏古籍出版社 2002 年版。

者成，则衅之以猳豚。”《礼记·礼器》有云：“因名山升中于天。”郑玄注：“名，犹大也。”再如《战国策·秦策》：“环如因而赂一名都。”成语“名山大川”的“名”原意是指大，而非指有名。《尚书·武成》有云：“底商之罪，告于皇天、后土，所过名山、大川。”《康熙字典》对此的注释是：“又《春秋·说题》名，大也。《书·武成》告于皇天后土，所过名山大川。‘疏’山川大，乃有名，名大互言之耳。”再如《汉书·司马迁传》：“藏之名山，传之其人。”

（15）眉睫之间

《诗·齐风·猗嗟》有云：“猗嗟名兮，美目清兮。”《毛传》将其解释为“目上为名”[1]。《玉篇》则称：“顯，眉目间也。”顯，即名的异体字。

（16）名片

颜之推《颜氏家训·风操》有云：“他日修名诣其家。”

（17）名次

日常用语中的排名。

（18）通“明”

明白之意。如《老子·四十七章》云：“是以圣人不行而知，不见而名。”

（19）名目、种类

如《孙膑兵法·五名五恭》有云：“兵有五名：一曰威强，二曰轩骄，三曰刚至，四曰助忌，五曰重柔。”

（20）一种服制类别

在丧服制度中，名除泛指等级名分、名服等之外，还专指服制中的一种，即“伯叔母及子妇并弟妇兄嫂之属”。这些女性亲属并非血亲，也不同宗，她们是因与其他男性亲属结合而得其名，这是

---

〔1〕另一说认为此处“名”通“明”。如马瑞辰《毛诗传笺通释》云：“名、明古通用，名当读明，明亦昌盛之意。”

亲亲原则的扩大。《礼记·大传》有云，“服术有六：一曰亲亲，二曰尊尊，三曰名，四曰出入，五曰长幼，六曰从服”[1]。郑玄注：“术犹道也。亲亲，父母为首；尊尊，君为首；名，世母叔母之属也；出入，女子子嫁者及在室者；长幼，成人及殇也；从服，若夫为妻之父母，妻为夫之党服。”[2]孔颖达疏曰：“此经明服术之制也。一曰亲亲者，父母为首，次以妻、子、伯、叔。二曰尊尊者，君为首，次以公卿、大夫。三曰名者，若伯叔母及子妇并弟妇兄嫂之属也。四曰出入者，若女子子在室为入，适人为出，及出继为人后者也。五曰长幼者，长，谓成人；幼，谓诸殇。六曰从服者，即下从服有六等是也。”[3]

以上这二十种是笔者所见名之含义，这种归纳可能仍是挂一漏万，未能穷尽，但就是这些用法已经足见其含义之纷繁复杂。而归纳起来，其主要内涵仍是指称性的名和指导性的名这两种基本含义。前者是基本的名称，后者则有标准、规范等政治法律含义。

就历史演变而言，先秦有关名的论述极为丰富，还出现了名家学派。汉以后，有关名的论述逐渐减少，名学成了一门绝学，只在魏晋时期有所复兴。近代随着西学东渐，名的研究有所勃兴，如胡适先生做《先秦名学史》。但按照现代学科划分，名学主要属于逻辑学史研究的重点，研究的主要是指称性的名。这门极具中国传统意味的学问也变成了一门极具西学意味的学问。[4]但这种偏向，事实上背离了中国古代名学关注的重点，即指导性的名。对“名”之法

---

〔1〕《礼记·大传》，见《礼记》(下)，胡平生、张萌译注，中华书局2017年版，第658页。

〔2〕《礼记正义》卷三十四，〔清〕阮元校刻：《十三经注疏》(下)，中华书局1980年版，第1507页。

〔3〕《礼记正义》卷三十四，〔清〕阮元校刻：《十三经注疏》(下)，中华书局1980年版，第1507页。

〔4〕参见翟玉忠：《正名：中国人的逻辑》，中央编译出版社2013年版。

意的钩沉梳理则是回归传统、正本清源的努力之一。

名思想在世界范围内也产生重要影响，其中一个典型即是近代日本流行的“大义名分”思想。“大义名分”源自日本朱子学，可远溯至中国儒家名分思想。在日本近代史的日常社会与大众媒体通用文字上，“大义名分”是一个惯用语。其意是“为了主张某个行动的正当性而铺陈出来的一套道理、说辞或根据”[1]。而在政治意义上，其意主要为：“作为一个臣民身分的人所必遵守奉行的道理、分限。”[2]名分思想源自孔子《春秋》,庄子曾以“春秋以道名分”来概括孔子《春秋》要旨。端正君臣名分、尊王攘夷等思想都蕴含其中。司马光《资治通鉴》开篇即抨击“三家分晋”乱名，倡导“分莫大于名”。朱熹在分析司马光《资治通鉴》时指出其中贯穿了“大义名分”的思想，也引申为行为所遵循的基本理念或行为的正当理由。朱舜水在明朝灭亡后流亡日本，将朱子学也将大义名分这一观念传播到日本。

在日本历史上，幕府实力曾严重威胁皇权。而按照“大义名分”，幕府将军作为臣子必须恪守上下尊卑的名分，听命于天皇。天皇及其支持者重视朱子学，就是意图以此来正自己的名分，维护天皇权力。“大义名分”首先出现于镰仓时代末期。后醍醐天皇是儒学爱好者,更是司马光《资治通鉴》卷首“名分论”的实践者[3]。1333 年，后醍醐天皇打出“大义名分”的旗号，推翻了镰仓幕府的统治。北畠亲房（1293—1354）则撰写了《神皇正统记》，以朱子学为指导思想，宣扬“大义名分”，讨伐“乱臣贼子”。江户后期“大义名分”更是

---

〔1〕 童长义：《日本近世“大义名分”语词形成史》，载许倬云、张广达主编：《唐宋时期的名分秩序》，台湾政大出版社 2016 年版，第 279 页。

〔2〕 童长义：《日本近世“大义名分”语词形成史》，载许倬云、张广达主编：《唐宋时期的名分秩序》，台湾政大出版社 2016 年版，第 279 页。

〔3〕 童长义：《日本近世“大义名分”语词形成史》，载许倬云、张广达主编：《唐宋时期的名分秩序》，台湾政大出版社 2016 年版，第 292 页。

“勤王倒幕”的理论根据。浅见斋所著《中国辨》有言：“读儒书者不明书中真意，不知名分大义之实，诚可悲之至也。”这是日本文献首次将“大义”“名分”两个词合并连用[1],对后世影响深远。据说浅见斋一生通读朱子《通鉴纲目》多达42回。“江户时代以全日本260藩藩士为主的日本知识人，重视《资治通鉴》《通鉴纲目》的风气，恐不下中国本土。”[2]水户学代表人物藤田幽谷（1774—1826）专门著有《正名论》，系统阐述了“大义名分”思想，强调尊皇，其间几乎处处与《资治通鉴》中的“名分论”对应。开篇即呼吁：“甚矣！名分之于天下国家，不可不正且严，其犹天地之不可易邪。”[3]后来，倒幕派打着“大义名分”的旗帜推翻了德川幕府，天皇终于重新掌握了实权。明治维新之后，绘图史话《近世纪闻》则称，“志士生在皇国之中，若无精诚之心，则天下大义名分无以立也”。至此，从幕府末年兴起的“大义名分”成为日本最响亮的口号之一。[4]但这也有负面影响，其后来成为日本扩张侵略的借口之一。

时至今日，“大义名分”仍然是日本文化的惯用语，在电视剧或漫画中时常可见，以体现一种大义凛然之气势。辜鸿铭在《中国人的精神》中自豪地讲述了他专门向日本人介绍“名分大义”时如何翻译，他提出“国家宗教的信仰第一条款就是名分大义——荣誉和责任的原则——它也可以称为：荣誉的法典”[5]。这也是名思想产

---

〔1〕关于“大义”“名分”两词连用，有“大义名分”“名分大义”两种表达方式。本书除引用他人观点外，使用“大义名分”一词。

〔2〕童长义：《日本近世“大义名分”语词形成史》，载许倬云、张广达主编：《唐宋时期的名分秩序》，台湾政大出版社2016年版，第297页。

〔3〕［日］藤田幽谷：《正名论》，转引自童长义：《日本近世“大义名分”语词形成史》，载许倬云、张广达主编：《唐宋时期的名分秩序》，台湾政大出版社2016年版，第314页。

〔4〕童长义：《日本近世“大义名分”语词形成史》，载许倬云、张广达主编：《唐宋时期的名分秩序》，台湾政大出版社2016年版，第308页。

〔5〕辜鸿铭：《中国人的精神》，黄兴涛、宋小庆译，海南出版社1996年版，第49页。

生世界性影响的典型。

三、法与名的关联

中国哲学界、逻辑学界对名较有研究，但法学界几乎很少研究名这一重要概念的法律意义。如果将名与法联系起来，它具有哪些与法相关的含义？它在法律体系中有什么样的地位和作用？名与法又有怎样的关系？两者之间有哪些异同？研究这些问题将有助于扩展中国法律思想史的广度与深度。而且，名这一概念具有与西方语言学、逻辑学、法学、政治学等诸多学科对勘的性质，研究名这一范畴，也有助于在世界法哲学的大背景下发现中国传统法哲学的独特魅力。

名的若干重要含义都具有丰富的法律意涵。以下从指称性的名与指导性的名这两个维度分别进行阐释。

（一）法与指称性的名

1. 名称与法律

指称性的名就其基本含义而论，与法律联系紧密。律法之名称、刑罚之名称本身就是一个重要的法律命题。对此，名思想的最大贡献就在于产生了刑名这样的范畴，有助于建立起精确的刑名概念和严密的刑名体系。这在中国古代法典有关《名例律》的构建中最为明显。刑名学甚至成为古代整个法律知识体系的代称。后文将对此进行详论。

另一种重要的指称是人的名称，即姓名。这在法律中也扮演着极为重要的角色。法律因人而立，没有这些有名有姓的人，法律就不会存在；不指向、不依赖这些有名有姓的人，法律也无法运行。古代法典中“纪录姓名”“书写过名”“名下”等用法比比皆是。古代诉讼文书也如同现在一样，签署姓名是起码的条件。比如唐代的文书因等级不同分别使用了“辞”和“牒”。“辞”的格式特点是年、月、日、姓名及“辞”置于首行，且有受理官司名称。“牒”的格式特点是年、月、日、姓名置于末行，没有受理官司名称，在姓名下复有“牒”字。

姓名的签署也是民商事行为的必备要件。如古代契约文书中出卖人、买受人、出典人、典卖人、中人、保人都需要签字画押。古代契约文化也很发达，在契文上需要当事人“署名为信”或“画指为验”。在订立契约时，双方当事人均应该在契文中亲自署名，或在契尾签名方为有效。不会写字的，也应在自己姓名位下亲自签押，或留下自己中指节印痕。这些方式基本延续至今，只不过变成了签名或者盖印。吐鲁番出土的北凉承平八年翟绍远买婢券上明确记载：“民有私要，要行二主，各自署名为信。”〔1〕

名的基本意涵之一为“以私人名义占有”，这个概念表达了现代法理上的物权之意。如习语中所谓“不名一钱”。叶孝信等在《中国民法史》中指出：“秦汉时与近代所有权一词相当的词为‘名’，如‘名田宅、臣妾、衣服’等等，即以自己的名字申报占有而使用，公开表明对某项财产具有完全合法的权利的意思。”〔2〕在一切财产中，最重要的是对土地的所有权，最著名的制度即名田制。名田制是秦汉时期以军功爵制为基础制定的有关土地管理和土地利用的制度。“名田”即是“以名占田”“依名占田”，以个人名义占有土地的使用权。《史记·商君列传》载：“明尊卑爵秩等级，各以差次名田宅，臣妾衣服以家次。”〔3〕商鞅建立完善二十等爵制，以打破世卿世禄制，

---

〔1〕国家文物局古文献研究室、新疆维吾尔自治区博物馆、武汉大学历史系编：《吐鲁番出土文书》（第1册），文物出版社1981年版，第187页。

〔2〕叶孝信主编：《中国民法史（修订版）》，复旦大学出版社2021年版，第104页。

〔3〕〔汉〕司马迁：《史记·商君列传》，见夏松凉、李敏主编：《史记今注》（下），南京大学出版社1994年版，第894页。

制定以爵位高低"名"田宅数量的标准，建构了新的社会秩序。这也意味着官府承认私有土地一定的合法性。[1]

姓名需要法律的保障，也是法律的规制对象。古代律法中有许多关于姓名的重要制度。如名籍是古代社会管理人口的根本制度，政府依据名籍收取赋税，征发徭役。户口脱漏则是违法行为。在刑律上，除名是古代免夺犯重罪官员的官职和爵位的一种刑罚制度。冒名顶替也是法律严加打击的违法行为。[2]

古代还有与姓名有关的避讳制度。在等级森严的宗法社会，对姓名的规定更多是以一种义务的形式出现，而非今天姓名权一类的权利。古人在取名、一般言谈和书写时要避免君父尊亲的名字。《隋书·礼仪志四》曰："汉法，天子登位，名布于天下，四海之内，无不咸避。"唐代最先将避讳写入法典。《唐律疏议·职制》第 115 条规定："诸上书若奏事误犯宗庙讳者，杖八十；口误及余文书误犯者，笞五十。""普天率土，莫匪王臣。制字立名，辄犯宗庙讳者，合徒三年。"

署名更是知识产权的核心。半坡村出土的尖底瓶和人面鱼纹彩陶盆显示，在五千年前生产者就将自己的名字刻在陶器上面，其意义可能包括保护自己的产品。这或可视为知识产权的萌芽。

凡此种种，均可说明，作为指称性的名是法律运作的基础因素之一，与法律体系存在千丝万缕的联系，甚至可以说"无名则无法"。

---

〔1〕"名"是合法占用；非"名正言顺"地拥有某项财产则称为"占"，秦及西汉时一般作贬义词使用。东汉以后"占"逐渐具有一定的合法性。魏晋时"占"一词已与原来的"名"意思相同，"名"逐渐不再使用。见叶孝信主编：《中国民法史（修订版）》，复旦大学出版社 2021 年版，第 104 页。

〔2〕时至今日依然如此。《民法典》第 1014 条规定："任何组织或者个人不得以干涉、盗用、假冒等方式侵害他人的姓名权或者名称权。""齐玉苓案""陈春秀案""苟晶案"等一系列冒名顶替案也凸显了姓名权保护的重要意义。

2. 名与法律语言、法律逻辑、符号学的关联

（1）名与法律语言

在人类思维认识客观世界、建构观念世界的过程中，语言与逻辑极其重要。法律更离不开语言与逻辑。梁启超先生曾经谈及语言之于法律的神圣性："盖法律之为物（语言文本），有体有用，有学有术，其用其术，神而明之。"[1]比较而言，西方的法律语言有其独立性和系统性，而中国则始终难以建立起独立的法律语言系统。中国语言中包含一种"伦理本能"或"政治本能"，而非"逻辑本能"。在中国古代思想范畴中，名无疑最为接近西方语言本体论，也对法律语言的发展产生了巨大影响。

关于语言的自觉思考贯穿先秦名辩思潮的整个发展过程。所谓的名实之辩其实也是先哲们对形而上的语言哲理思索的结果。儒、墨、道等学派都对语言问题有一定的自觉。儒家坚持语言对于世界的规定性和调节作用，"正名"是希望通过对"名"（语言）与"实"（世界）关系的调整来整顿社会秩序。[2]道家坚持超越经验和语言的"无名"的悟道进路，墨家则依赖于经验认识来判断语言正确与否。名家对于语言的自觉更加明显，他们有对语言和概念自身的理论兴趣，有对名辩本身的思考。在他们看来，语言概念（名）与客观世界（实）不具有必然的联系，二者有适度"分离"，这意味着语言是一种独立的存在。[3]名家摆脱了儒、道、墨等学派将语言作为工具的局限，将对语言的探索视为目的，把语言谈辩所涉及的思维形式及"名"、"言"、性状问题"拓辟为一个有特殊探讨价值的领域"。有学者提出："'名'或'言'的自觉——其独立价值和内在限度的

---

〔1〕梁启超：《梁启超法学文集》，范忠信选编，中国政法大学出版社 2000 年版，第 182 页。

〔2〕葛兆光：《中国思想史》（第 1 卷），复旦大学出版社 2001 年版，第 190 页。

〔3〕赵炎峰：《先秦名家哲学研究》，山东大学 2011 年博士学位论文，第 164 页。

被反省——也是未可轻觑的原因。从孔子正名、重在名分的伦理内涵，到名家由此衍发出对喻说的审慎和对名言的剖判，或有其理致的一维，这一维度使名家据以自成一家。”[1]这一路径对古代法律语言的发展有其贡献，比如名家的创始人邓析便是由对法律条文的分析开始，对逻辑思维和名实关系展开探讨。刑名思想则对法律语言表述的准确性、法律贯彻的有效性产生了重要影响。

（2）名与法律逻辑

名学还具有丰富的逻辑学思想。先秦名辩学说与西方亚里士多德逻辑、印度因明一起构成了世界逻辑科学发轫的三大源流。中国古代逻辑学大都围绕名实问题和正名问题而展开，以名、辞、辩等为主要范畴，后人就常以“名学”称中国古代逻辑学。“logic”于明清之际传入中国，最早由明代李之藻译为“名理”。后来严复倾向于将“logic”译为名学，他把穆勒所著《逻辑学体系》（*A System of Logic*）翻译为《穆勒名学》。胡适1922年在哥伦比亚大学的博士学位论文《先秦名学史》其英文标题即为“A Study of the Development of Logical Method in Ancient China”。

不管是墨家的《墨经》还是名家《公孙龙子》，都是古典的逻辑学经典。比如，墨家建立了一个初步的逻辑学体系，墨子在中国逻辑史上最早提出了辩、类、故等逻辑概念，最早提出名实必须相符的思想。《墨子》中《经上》《经下》《经说上》《经说下》《大取》《小取》六篇文献又合称为《墨辩》或者《墨经》，被称为中国古代第一部逻辑学专著，比较全面地涉及概念、判断、推理论证和逻辑规律等逻辑学问题。梁启超曾称墨辩即逻辑，其所著《墨子之论理学》一文试图运用西方近代逻辑体系来勾勒墨家逻辑。学者谭戒甫认为墨家“遂开华夏两千年独到之辩学”。整个《墨辩》逻辑便是围绕“名”问题展开讨论的。墨子所论的辩、类、故等逻辑

〔1〕黄克剑：《先秦名家琦辞辨微》，载《东南学术》2001年第1期。

概念都是围绕着“名”“实”而展开的，如：以名举实（《墨子·小取》）；举，拟实也（《墨子·经上》）；举，告以文名，举彼实也（《墨子·经说上》）；诸圣人所先为，人欲名实，实不必名（《墨子·大取》）。

名学之逻辑思想对中国古代法学的发展产生了重大影响，甚至有学者提出，名学是中国古代法学的理论基础。“当时名学中形成的范畴理论，为人们正确认识和解决法的问题，提供了正确思维形式和规则。”“‘类’理论引起了法典体例的变化，依照名家‘类’理论制定的罪名之制的《法经》，明显优于单纯按照事物外部特征而编纂的刑书。”〔1〕古代法律也受益于墨家建立在名学基础上的逻辑推理。墨家把依照类的同、异关系进行的推论称为“推类”，这深刻地影响了传统中国的法律文本及法律制度。〔2〕“效”是墨家“推类”思想中的一种推理方法。《墨子·小取》载：“效者，为之法也；所效者，所以为之法也。”〔3〕古代立法者借鉴了墨家“效”这一概念，在《睡虎地秦墓竹简》和《汉简》中均有《效律》。古代第一部比较系统的成文法典《法经》也极为重视“推类”思想。古代法律很早有了“类推”制度。如秦律规定：“盗封啬夫可（何）论？廷行事以伪印。”《唐律疏议》载：“诸断罪而无正条，其应出罪者，则举重以明轻；其应入罪者，则举轻以明重。”“明轻”和“明重”也是根据同一类型事物的已知部分推断出未知部分，此即墨家所谓“以类予”的过程。

（3）名与符号学

名还有重要的符号学贡献。符号学（Semiotics）是研究符号现象一般原理的学科。现代符号学创始人皮尔士（Peirce）指出，“符

---

〔1〕 高恒：《论中国古代法学和名学的关系》，载《中国法学》1993年第1期。

〔2〕 参见林华昌、郑取：《墨家“推类”思想对中国传统法文化的影响》，载《南京社会科学》2003年第2期。

〔3〕《墨子·小取》，见《墨子》，方勇译注，中华书局2011年版，第386—387页。

号是对某个人来说在某些方面或有某种能力代表另外某个事物的东西”。现代语言学之父、符号学的奠基人索绪尔（Saussure）认为符号学是“研究社会生活中符号生命的科学”〔1〕。

有学者认为，“研究中国名学，也就是研究中国符号学”〔2〕。名本身就是一种约定俗成的符号，是人类社会用以认识事物和交流的重要工具。“名”是由“夕”和“口”两字结合而成，表达了幽冥之中不见其人则以口呼之之意，呼叫的正是能代表这个事物的东西，这本身就是标志符号之意。

公孙龙对名给予了一个定义：“名，实谓也。”〔3〕名是用以称谓实的，能代表它所称谓的那个对象。《邓析子·无厚》云：“见其象，致其形，循其理，正其名”，即认可语言符号对客观之象形的指称。尹文子认为“大道无形，称器有名”“名者，名形者也”〔4〕，承认名对客观事物的指称作用。这些名家都承认符号（名）的指称作用。名本身是表意的，既然名是形、声、意的结合体，它便集能指与所指于一身，是一种用以指称或代表事物的名称符号。这与符号学的定义有相近之处。〔5〕现代符号学认为，符号所指称的对象必须具有确定性。这一点在名家思想中也有所体现。邓析认为“名不可外务”〔6〕，强调名的具体规定性。常见“循名责实”的说法也表达了符号与指称对象的一致性。名家不是以名所指称的

---

〔1〕［瑞士］费迪南·德·索绪尔：《普通语言学教程》，高名凯译，商务印书馆1982年版，第38页。

〔2〕李先焜：《〈中国名学〉序》，见曾祥云、刘志生：《中国名学——从符号学的观点看》，海风出版社2000年版，第2页。

〔3〕《公孙龙子·名实论》，见《慎子、尹文子、公孙龙子全译》，高流水、林恒森译注，贵州人民出版社1996年版，第214页。

〔4〕《尹文子·大道上》，见《慎子、尹文子、公孙龙子全译》，高流水、林恒森译注，贵州人民出版社1996年版，第108页。

〔5〕赵炎峰：《先秦名家哲学研究》，山东大学2011年博士学位论文，第165页。

〔6〕《邓析子·无厚》，见《邓析子》，中华书局1991年版，第2页。

实为其主要研究对象，而是以名这种符号自身作为其主要研究对象，以现代学术分类来看，这是典型的符号学。

名之思想注重名分差等。《隋书·经籍志》谓："名者，所以正百物，叙尊卑，列贵贱。"[1]《春秋传》曰："古者名位不同，节文异数。"按照符号学的原理，符号必须与其所指谓对象相适应。从某种程度上来说，这种礼与名其实是当时社会的秩序的符码（code），孔子倡导"非礼勿视，非礼勿听，非礼勿言，非礼勿动"[2]，实际上是强调符码在社会秩序调控中的权威性。而面对社会失序，孔子提出正名的主张，其实就是维护符码编码规则。[3]

法律也是人的"符号作品"，是人通过符号的创造和运用而构筑起来的一个独特符号世界。从《晋律》开始，中国历代法典明确确立了"准五服以制罪"的原则，这种名思想对于中国传统的刑事法律构建产生了重大的影响。服制是古代通过丧服等级表明亲属范围和亲属关系亲疏远近的礼仪制度，根据服制之轻重依次分为斩衰、齐衰、大功、小功、缌麻五等。古代以当事人之间这种服制关系的亲疏远近来决定案件的性质乃至罪行的轻重。这种五服制度便具有一种特殊的符号含义。"准五服以制罪"的制度背后也有名思想的符号学影响。

3. 刑名：古代法律之学

刑名本指形（事实）和名（名称）。"刑""形"二字古代有时通用，"刑名"和"形名"大致也可相通，其核心都在于名实相符。"刑名"分为两层含义。广义的刑名指事物的外在形态，万物都有其形态，强调名实相应。狭义的刑名主要局限于法律、政治的范围，研究法律领域中的名实关系、赏罚奖惩、刑罚名称、斟酌法律条文

---

〔1〕《隋书·经籍志三》，见《隋书》（第 4 册），中华书局 1973 年版，第 1004 页。

〔2〕《论语·颜渊》，见杨伯峻译注：《论语译注》，中华书局 2006 年版，第 138 页。

〔3〕 祝东：《中国古代符号思想史论》，科学出版社 2021 年版，第 110 页。

词语等问题。刑名也可具体指刑罚的名称，甚至可泛指法律。刑名学有时可视为古代法律学的代称。法家刑名法术之学将儒家正名论与黄老形名论进行了融合，应用于社会治理之中，审合刑名成为其治理的方法论。法家刑名之术的内容颇为繁杂，涉及形—名、语言—行事、法令—行为、赏罚—功罪、职位—职事，等等，但其核心都在于名实相应。如果“名”与“刑（形）”不对应，则会受到相应的刑罚处置。

刑（形）名法术之学为历史上法家所倡，也是名之观念在政治法律领域最重要的运用之一。刑名之学成为法家的代名词。对此史家多有记载。刘向《别录》云：“邓析者，郑人，好形名。”刘向《新序》云：“申子之书，言人主当执术无形，因循以督责臣下，其责深刻，故号曰‘术’。商鞅所为书，号曰‘法’。皆曰‘刑名’。”《史记·商君列传》云：“鞅少好刑名之学。”《史记·老子韩非列传》云：“韩非者，韩之诸公子也，喜刑名法术之学。”

最早讨论刑名之学的是名家的邓析，刘向《邓析书录》等典籍中载邓析“好刑名”。并且邓析将刑名学付诸实践，造竹刑。法家的商鞅主张以法定名分，将名进行系统法律化。商鞅有云“民敢忘行主法令之所谓之名，各以其所忘之法令名罪之”〔1〕。这里商鞅所说的“名”就是法令，而“刑”就是违反法令所要受到的处罚，其思路正是将“名”法律化。法家所论“名”还有罪名、刑名之分，以刑名统罪名，故有黥、劓、刖、宫、辟等。“以法令名罪之”之“法令名”即为罪名，也就是入罪的条款之名。

在法家的集大成者韩非子那里，他甚至经常将名与法直接等同起来。他说，“名者上下之所同道也”〔2〕。这一说法事实上就是其治国的核心主张“一断于法”的体现。法的特点也在于“法之所加，智

---

〔1〕《商君书·定分》，见《商君书》，石磊译注，中华书局2011年版，第175页。

〔2〕《韩非子·诡使》，见《韩非子》，高华平等译注，中华书局2010年版，第645页。

者弗能辞，勇者弗敢争，刑过不避大臣，赏善不遗匹夫”[1]，这几乎就是“名者上下之所同道也”同一意思的不同表述。

当其意局限于法律范围时，刑名所包含的“刑”“名”两个词其实意义相近，二者皆有法律、规范之意。类似的名法一词也有此特点。梁启超先生注意到刑名、名法这些词的共生关系：“名与法盖不离，故李悝法经，萧何汉律，皆注名篇。而后世言法者，亦号刑名。”[2]伍非百在其著作的按语中称：“自邓析至韩非，史多称其好‘刑名之学’。‘刑名’即‘形名’，亦即‘名实’。申韩诸人，皆以法家而兼名家，通言谓之‘形名法术’。析言之，则或称‘形名’或称‘法术’。”[3]至于后来魏晋时期“名法”并称，实属必然。

刑名范畴体现了名与法的本质性联系，吕思勉精辟地论证道：“事物之为人所知者曰形，人之所以称之之辞曰名……就世人之言论思想，察其名实是否相符，是为名家之学。持是术也，用诸政治，以综核名实，则为法家之学。此名法二家所由相通也，法因名立，名出于形，形源于理，理一于道，故名法之学，仍不能与道相背也。”[4]

需要说明的是，历史上有几种“刑名学”。《史记》《汉书》所论之先秦原始法家可视为“刑名学”第一期，带有浓厚的专制权术色彩。第二期则是以儒学为底色的刑事法律学说，即古代之律学、刑幕学，这脱胎于经学而有独立的发展，是法律儒家化的产物。该阶段起于后汉郑玄、马融等经学大师注律产生的律章句学即律学，是经过汉以后历代大儒改铸创新而为帝制统治阶层奉为主体意识形态的新儒学。东汉学者王充说“法律之家，亦为

---

〔1〕〔汉〕司马迁：《史记·老子韩非列传》，见《史记今注》（下），夏松凉、李敏主编，南京大学出版社1994年版，第849页。

〔2〕梁启超：《先秦政治思想史》，东方出版社1996年版，第172页。

〔3〕伍非百：《中国古名家言》，四川大学出版社2009年版，第795页。

〔4〕吕思勉：《先秦学术概论》，中国大百科全书出版社1985年版，第90页。

儒生”[1]，正说明了这一现象。相对于法家的权术，前者更多以仁恕为本。儒家、法家之“刑名学”名同而实有差异。此后又有刑名学的第三期，即宋元明清诸如《疑狱集》《棠阴比事》等偏于诉讼实务操作的著作，以及大量私下流传的刑名师爷、仵作勘验等方面的著作。[2]

《四库全书总目提要》“法家类”按语中写道：“刑名之学，起于周季，其术为圣世所不取。……至于凝、幪所编，阐明疑狱；桂、吴所录，矜慎祥刑。并义取持平，道资弼教，虽类从而录，均隶法家。然立议不同，用心各异，于虞廷钦恤，亦属有裨。是以仍准旧史，录此一家焉。”[3]“凝、幪所编”，指和凝、和幪父子相继编撰《疑狱集》。“桂、吴所录”，指桂万荣、吴讷相续撰《棠阴比事》。四库馆臣把这些研究刑名法术的作品归入“法家类”，又做了明确的区别。它们虽“均隶法家”，那只是参照惯例“类从而录”而已。就是第三期刑名学也与原始法家差别较大。其原因在于接受了儒家的洗礼，这些刑名学著作“义取持平，道资弼教”，与商、韩的学说“立议不同，用心各异”。[4]当然，刑名还有更广的含义，即囊括前述所有类别，几乎成了古代法律学说的总称。

4. 名例律与历代法典编纂

《墨子·经说上》有云：“所以谓，名也。”[5]法律本身的名称、称谓便是一大重要问题。中国古代法律的总则部分多被冠以“刑名”或“名例”，因为法律中刑罚罪名和定罪量刑的体例总是最为重要的。清代律学大家沈之奇《大清律辑注》释“名例”云：“李悝造法

[1]〔汉〕王充：《论衡》，上海人民出版社 1974 年版，第 198 页。

[2] 参见俞荣根：《现代法治非法家之治》，载《湖湘法学评论》2022 年第 3 期。

[3]〔清〕永瑢等：《四库全书总目提要》，中华书局 1965 年版，第 847 页。

[4] 参见俞荣根：《现代法治非法家之治》，载《湖湘法学评论》2022 年第 3 期。

[5]《墨子·经说上》，见《墨子》，方勇译注，中华书局 2011 年版，第 346 页。

经，其六曰具法。汉曰具律，魏改为刑名，晋分为刑名、法例。沿至北齐，乃曰名例，隋唐以后因之，至今不改。其义例与唐律为准，分合损益，法益精密。名例为诸律之准则，故列于首。”这一立法过程与名之思潮有重要关联。风靡于战国、魏晋时代的刑名学在古代法律的法典化过程中起到至关重要的作用，刑名学对中国传统法制的最大的贡献之一在于提供了条文系统化、逻辑化的理论依据。[1]

刑律法典立法的过程也就是落实刑名的过程。刑名思想对法律语言表述的准确性、法律贯彻的有效性的追求对战国立法特别是秦的立法产生了重要的影响。如秦律力图做到清晰明确，奉行严格的法定刑主义，限定司法官员的自由裁量权。[2]秦相李斯撰写的《会稽刻石》中称：“秦圣临国，始定刑名，显陈旧章，初平法式。”[3]

西汉以后，法学的形态以儒家章句学为主流，直至魏晋时代，刑名学方再度兴起。这就是前文所论刑名学第二期，不同于法家之刑名学。魏晋时代乃中国传统法律法典化的关键时期，正与刑名学存在重要关联。魏晋时代兴起研习刑名之学的风气，甚至被称为“名法”时期。南朝刘勰《文心雕龙》中正式提出“名法”概念：“魏之初霸，术兼名法。傅嘏、王粲，校练名理。”[4]考核名实、论辩名理的名法风潮对古代律学产生重大影响，魏晋刑名学极为追求法律条文的系统化和法律体系的严密化，对后世惠泽深远。

刑名学之于立法成就的鲜明标志就在出现了冠于法典篇首的《刑名》篇。曹魏政权《新律》首次出现了相当于后世刑法总则的篇目《刑名》，这是立法的创举。西晋《泰始律》也以《刑名》为首篇。《晋律》在《刑名》之后加上《法例》一篇，使总则部分既有

---

〔1〕 王沛：《刑名学与古代法典的编纂》，载《历史研究》2013年第4期。

〔2〕 王沛：《刑名学与古代法典的编纂》，载《历史研究》2013年第4期。

〔3〕〔汉〕司马迁：《史记·秦始皇本纪》，见《史记今注》（上），夏松凉、李敏主编，南京大学出版社1994年版，第107页。

〔4〕《文心雕龙·论说》，见《文心雕龙》，上海古籍出版社2015年版，第116页。

罪名之规定，又有罚则所依归，体系更加严密。《北齐律》则把《刑名》和《法例》合成《法例》一篇。这种“总则在前、分则在后”的模式对后世影响很大。时至唐代，立法更显大成。《唐律疏议》十二篇以《名例》为篇首，各篇目层层递进，体例极其严谨。《唐律疏议》还对各篇之间的逻辑顺序予以说明，亦为刑名学立法之杰作。后世《大明律》《大清律例》都是《名例律》置首，体例一以贯之。

《名例律》这一编纂逻辑经过多次“提取公因式”，最后确定的“公因式”就是“五刑”，通过“以刑统罪”的方式建构起总则部分。这样做的优势在于无须面面俱到、巨细无遗进行规制，有了“名例”这种原则性的规定，法吏根据名例的规定对具体情况加以灵活适用即可。所谓“皆随事轻重取法，以例求其名也”。法典编纂中类型化、合并同类项、提取公因式等具体的体系化立法技术不独是起源于大陆法学，其实在中华法系中就有深厚的历史资源，也对当代法典编纂深具启示。[1]

律学家（也可称为刑名学家）张斐在《注律表》中对《刑名》成为首篇的原因和价值进行了系统分析：“律始于刑名者，所以定罪制也；终于诸侯者，所以毕其政也。王政布于上，诸侯奉于下，礼乐抚于中，故有三才之义焉，其相须而成，若一体焉。”[2]他详细阐明了《刑名》篇具有总则性质、统率全律的作用：“‘刑名’所以经略罪法之轻重，正加减之等差，明发众篇之多义，补其章条之不足，较举上下纲领。”[3]

这种刑名思想也极为注重罪名、刑名的准确和立法用词的精确。如张斐对《泰始律》中的重要法律概念、术语做了解释与厘清，梳理清楚“律义之较名”。其有云：“其知而犯之谓之故，意以为然谓

〔1〕张生：《中华法系的现代意义：以律典统编体系的演进为中心》，载《东方法学》2022年第1期。

〔2〕〔晋〕张斐：《注律表》，见《晋书》（第3册），中华书局1974年版，第928页。

〔3〕〔晋〕张斐：《注律表》，见《晋书》（第3册），中华书局1974年版，第928页。

之失，违忠欺上谓之谩，背信藏巧谓之诈，亏礼废节谓之不敬……凡此二十者，律义之较名也。”[1]这使之前混乱不清的名词术语的内涵得到准确的厘定，各个术语之间的区别、界限更加分明，对于古代注释法学的发展产生积极影响。这种刑名学不但注重罪名与刑名体系化构建，理顺罪名与刑名之间的逻辑关系，更注重探求纷繁律文背后贯通之原理，以此统率律典。如张斐在研究《律序》时便上升到探求背后普遍之法理的高度，提出："夫理者，精玄之妙，不可以一方行也；律者，幽理之奥，不可以一体守也。”[2]这也是中国传统法理思想的重要渊源。

（二）法与指导性的名

1. 名与权力的正当性建构与立法权分配

从法哲学与政治哲学角度来说，“名”之意义首先体现为提供了政治合法性论证，为立法权的分配提供了价值来源，为制度探寻更本质的法理，具有法上法、理想法、至善法、最高法的价值。这尤其见于孔子“正名”、荀子“制名”及黄老道家的“审名”。当然，不是所有的名学都具有这一价值。法家虽然也讲“审名”，大谈“综核名实”，但其“刑名”“审名”主要还是法律工具主义，是君主所操之权术。其“名学”完全沦为君主专制之工具，不具有超越性的价值。

上古时期，名便与政治权力正当性建构有关。《礼记·祭法》云："黄帝正名百物，以明民共财。”即黄帝为百物正名，以明晰万物，将物名之学作为财富与民共享。黄帝是中华文明始祖，其文明创始的最重要成就便在于这里的“正名百物，”通过正名使地点、人

---

〔1〕〔晋〕张斐:《注律表》，见《晋书》(第3册)，中华书局1974年版，第928页。
〔2〕〔晋〕张斐:《注律表》，见《晋书》(第3册)，中华书局1974年版，第930页。

事、财务条分缕析，因而天下有序。这一正名行为既是为了世人方便，本身也佐证了其文明始祖的地位，体现了其权力的正当性。再如《尚书·禹贡》中记载："禹敷土，随山刊木，奠高山大川。"大禹的这种命名行为，是其政治合法性的建构途径之一。周书《吕刑》篇如是评价："乃命三后，恤功于民：伯夷降典，折民惟刑；禹平水土，主名山川；稷降播种，农殖嘉谷。三后成功，惟殷于民。"将禹的"主名山川"这一事实与"折民惟刑""农殖嘉谷"这两大重要的政治、法律、民生功绩并列，名与政治权力的关系可见一斑。

徐复观先生通过名的神秘性讨论了名与政治权力的正当性关系："贵族的统治阶级，把自己由地位而来的名，认为即是政治权力的真。有此名，即无条件地应有此统治权力，人民即应无条件地服从他的权力。"[1]名本身就是权力的真，名就代表着在支配—服从关系中，一方处于绝对的无条件的支配地位，而另一方处于绝对的无条件的服从地位。在名实同构观念之下，名本身赋予了统治者统治权力的合法性。[2]

德国哲学家黑格尔对明末神话小说《封神演义》的解读也印证了这一点。[3]《封神演义》的主题是武王伐纣。故事结束之际，那些死去的战将都被周武王的使者姜子牙封神，分掌三山五岳、江河川流，被命名为一个又一个神祇。黑格尔指出："山、川、江、河都有相当的神灵。这一切神灵都属于皇帝，在国家的年簿内，登记着职司守护全国江河山川等的官员和神灵。"[4]黑格尔通过这个故事也看

---

〔1〕徐复观：《公孙龙子讲疏》，台湾学生书局 1966 年版，第 3 页。

〔2〕廖永林：《名与政治权力的正当性建构——前孔子之名与孔子之名》，载《乐山师范学院学报》2011 年第 6 期。

〔3〕［法］杜瑞乐：《从法术到"理性"：黑格尔与中国宗教》，张宁译，载刘东主编：《中国学术》2001 年第 2 辑，商务印书馆 2001 年版，第 130—149 页。

〔4〕［德］黑格尔：《历史哲学》，王造时译，上海世纪出版集团、上海书店出版社 2001 年版，第 132 页。

到了统治者通过命名构建权力正当性的理路。

“正名”思想更是名与权力正当性论证的典型。最早提到“正名”的是《国语》对晋文公重耳取得政权之初的施政纲领的记载：“举善援能，官方定物，正名育类。”其所谓的正名即是指公、大夫、士、庶人、工商、皂隶、官宰七种职分之人应各司其职，各守其分，做其职分限定之内的事。

在思想史上，孔子最早将“正名”提到为政之先的高度并阐发出一套权力合法性论证系统。孔子针对卫国父子相争的乱象提出了“正名”的主张。《论语·子路》记载，“子路曰：‘卫君待子而为政，子将奚先？’子曰：‘必也正名乎！’”〔1〕在此，“正名”是重建政治秩序的首要问题，乃“为政”之根本。名不正则言不顺，只有名正言顺又符合礼制原则才能获得政治权力的正当性。

“正名”作为“为政”之本，其目的在于礼制秩序的重建，而秩序的建构必须尊“道”、合“道”、护“道”。这既是一个严肃的伦理问题，也是一个重大的政治问题，关涉社会秩序的建立和稳固，关涉“治”“乱”这个秩序的根本。〔2〕孔子认为，只有居于此名，才能具有此种权力；相反，如果无此名而具有相应的权力则是僭越权力，是不正当的。一个有“天子”之名的人，才应当享有礼乐征伐的权力；而与之相反，诸侯乃至大夫如果制礼作乐，则是乱政，所谓是可忍孰不可忍。孔子认为“唯器与名，不可以假人……若以假人，与人政也。政亡，则国家从之，弗可止也已。”〔3〕如果乱了这种名之关系，甚至会带来国破政亡的悲剧。

有学者因此从现代宪法学的角度将正名问题解释为确立“权利

---

〔1〕《论语·子路》，见杨伯峻译注：《论语译注》，中华书局2006年版，第150页。

〔2〕参见任剑涛：《伦理与政治的内在关涉——孔子思想的再诠释》，载《孔子研究》1998年第3期。

〔3〕《左传·成公二年》，见《左传》（中册），郭丹、程小青、李彬源译注，中华书局2012年版，第873页。

和权力的关系”，讨论的也是合法性问题：“从宪法学上讲，制名制分不外乎要确立人与国、民与官的宪法关系。正名定分在于修权，而宪法关系可以说是修权关系，即明确权利和权力的关系。”〔1〕

这种“正名”除了维护传统礼制的所谓保守性，就其追求合法性而言也蕴含了一种内在的批判性与革命性。这也与“德政”理论相关，如果统治者失德，失去民心，德不配位，其后果也包括“失名”。如孟子的“正名”注重君臣之道。他认为为君须尽君道，保有君的德性，才能享有君的特权。如果君王暴虐无道，那么他已经不配为君，而是“一夫”而已；所谓：“君视臣如手足，则臣视君如腹心；君视臣如犬马，则臣视君如国人；君视臣如土芥，则臣视君如寇仇。”〔2〕

此外，古代典籍讨论的制名、审名、定名、定分等问题都关联正当性、合法性问题。如在黄老道家看来，“执道者”作为统治者首要政治任务是审名察形，即从“无名”“无形”中建立的“名”“形”，进而建立秩序和规则。〔3〕所谓“执道者之观于天下也，必审观事之所始起，审其形名。”〔4〕其他类似文献有如：“故人主不可以不审名分也，不审名分，是恶壅而愈塞也。”〔5〕而执掌礼、刑、名这些治国措施都被视为统治者特有的权力。《资治通鉴》载：“天子之职莫大于礼，礼莫大于分，分莫大于名。”〔6〕《礼记》则云：“是故礼者，君之在柄也；所以别嫌明微，傧鬼神，考制度，别仁义，所

---

〔1〕杜钢建：《定分修权与宪法正义——关于传统权利义务观的新仁学思考》，载《天津社会科学》1996 年第 1 期。

〔2〕《孟子·离娄下》，见《孟子》，山西古籍出版社 2003 年版，第 122—123 页。

〔3〕曹峰：《〈黄帝四经〉所见“执道者”与“名”的关系》，载《湖南大学学报（社会科学版）》2008 年第 3 期。

〔4〕《黄帝四经·经法·论约》，见《黄帝四经 关尹子 尸子》，张景、张松辉译注，中华书局 2020 年版，第 95 页。

〔5〕《吕氏春秋·审分》，见《吕氏春秋》，北方文艺出版社 2014 年版，第 236 页。

〔6〕《资治通鉴·周纪一》，见《资治通鉴》，岳麓书社 2018 年版，第 1 页。

以治政安君也。”[1]在历史上，江山易主、朝代鼎革时，统治者往往也通过颁布新律、改定年号等命名活动构建自己的权力合法性。

正名、制名、审名、定名、定分等问题的讨论还关联法律的起源与职能。如《商君书》所言：“古者未有君臣上下之时，民乱而不治。是以圣人列贵贱，制爵位，立名号，以制君臣上下之义。……民众而奸邪生，故立法制为度量以禁之。”[2]荀子在论及礼制起源时说：“先王恶其乱也，故制礼义以分之。”[3]圣人创立礼乐制度或法制来确定每个人的名分和利益，制止社会暴乱，维持文明发展。这从法律起源的角度论证了统治者立名号、制礼仪的合法性。

2. 名与权利义务关系构建

名之各种内涵中与法律联系最紧密之一即是“名分”“名位”观念，从现代法律科学的角度而言，这涉及权利义务关系的构建。正名也就是一个确立权利义务关系的立法分配过程。

名位代表一个人的政治权位，名分表示一个人的伦理角色，亦可将两种情况统言之曰名分。名分代表不同的身份或角色，定名分是分配职位及其相关的权力、权利、义务、责任的前提，是治理的重要手段，如“定府官，明名分”[4]，“故夫名分定，势治之道也；名分不定，势乱之道也”[5]。

名分的确立不是随意的，而是有一定的合法、合理的途径。如诸侯大夫的名位来自“王命诸侯”“策名委质”，等等，父子兄弟的

---

〔1〕《礼记·礼运》，见《礼记》(上)，胡平生、张萌译注，中华书局2017年版，第429页。

〔2〕《商君书·君臣》，见《商君书》，石磊译注，中华书局2011年版，第161页。

〔3〕《荀子·礼论》，见《荀子》，方勇、李波译注，中华书局2011年版，第300页。

〔4〕《管子·白心》，见《管子》(下)，李山、轩新丽译注，中华书局2019年版，第643页。

〔5〕《商君书·定分》，见《商君书》，石磊译注，中华书局2011年版，第179页。

名分则是通过血缘或家庭的关系产生。名分也代表一定的职责和担当，如“有卿之名，而无其实”则是治理的乱象。名分之间有严格的区分，一个人的名分代表自己的权责和利益，正确辨别名分加以合理分配是治理之要，所以孔子等人才反复强调“唯器与名不可以假人”〔1〕。

孔子认为，为政的前提是“必也正名乎”，这既是前述所谓权力正当性的论证，也涉及权利义务分配关系。《汉书·艺文志》便以正名分来解读孔子正名说：“古者名位不同，礼亦异数。”〔2〕不同身份、地位的人应享有不同的待遇规格。

确定名分，继而分配不同的资格、待遇与利益，这与现代法学所研究的权利、义务具有内在的一致性。康有为指出：“《春秋》有临一家之言焉，有临一国之言焉，有临天下之言焉，自臣民身家之权利义务，与国家君相之权利义务，天下万国之权利义务，皆规定焉。权利义务者，《春秋》、庄生谓之道名分也。令人人皆守明分，则各得其所矣。”〔3〕张岱年指出，“名分”或“分”是权利与义务的统一。〔4〕萧公权在《中国政治思想史》中也对孔子正名做了一种权利、义务式的解读：“以今语释之，正名者按盛周封建天下之制度，而调整君臣上下之权利与义务之谓。……推孔子之意，殆以为君臣父子苟能顾名思义，各依其在社会中之名位而尽其所应尽之事，用其所当用之物，则秩序井然，而后百废可举，万民相安。”〔5〕尽管孔子所谓正名是一种等级伦理的体现，现代权利义务是一种法律面前的平等关系，两者确实有实质差别，但两者也具有一些共同点，即都是

---

〔1〕 苟东锋：《孔子正名思想研究》，复旦大学 2012 年博士学位论文，第 59 页。

〔2〕《汉书·艺文志》，见《汉书》（第 6 册），中华书局 1962 年版，第 1737 页。

〔3〕 康有为：《刊布春秋笔削大义微言考题词》，载汤志钧编：《康有为政论集》（下册），中华书局 1981 年版，第 807 页。

〔4〕 张岱年：《中国古典哲学概念范畴要论》，中华书局 2017 年版，第 245 页。

〔5〕 萧公权：《中国政治思想史》，辽宁教育出版社 1998 年版，第 55 页。

先确定某种关系或某种身份继而再分配具体的资格或利益，统而言之，按照名之定义“各得其所”。这即是儒家“为政以德”“德者得也”的要求，每个人按照德性修养各得其所，得其所是。在罗马法中，依照《法学阶梯》，所谓正义即“正直生活，不害他人，各得其所”。

劳思光《新编中国哲学史》亦做此种解释：“此（《论语》“正名”章）即儒家最早之名分理论。孔子未言‘分’字，但言‘名’时即明白透显此意。为政以‘正名’为本，即是说以划定权分为本。盖一切秩序制度，基本上皆以决定权利义务为目的。”〔1〕这其实是先将正名理解为按照名之定义尽其所应尽之事，然后再以西方政治哲学中权利、义务的观念将这种“应尽之事”分为权利和义务两面。〔2〕

有学者系统地将名分与权利义务勾连起来，对传统法文化作出创造性的解释。杜钢建提出：“正名是定分的前提。名分确定后，权利也就确定了，从而义务也随之确定。因此，权利义务的确定必须从正名开始。”〔3〕他看到，“‘分’是中国传统文化中一个极为重要的概念，也是传统法哲学的一个基本范畴。忽略‘分’的思想，就会得出中国传统文化中没有权利观念的结论，形成当前法学界普遍流行的对传统法文化的一种偏见。正确认识权利义务观在传统法文化中的地位，必须重视‘分’的思想”〔4〕。这中间的“分”也可替换为“名”或者“名分”。权利义务观念在传统的名分概念中也有其体现。

---

〔1〕 劳思光：《新编中国哲学史》（一卷），广西师范大学出版社 2005 年版，第 91 页。

〔2〕 苟东锋：《孔子正名思想研究》，复旦大学 2012 年博士学位论文，第 322 页。

〔3〕 杜钢建：《定分修权与宪法正义——关于传统权利义务观的新仁学思考》，载《天津社会科学》1996 年第 1 期。

〔4〕 杜钢建：《定分修权与宪法正义——关于传统权利义务观的新仁学思考》，载《天津社会科学》1996 年第 1 期。

名分观念对传统律法产生了极大影响，被认为是中国传统法律思想的元概念，沟通了家国礼法，贯穿于历代法典，运用于司法审判之中。[1]甚至有学者直接指出，“传统法是名分法”[2]。在历史上，《唐律疏议》等法典显示，名分是断狱理论构造的基本材料，堪称整个中华礼法体系的根基与枢纽。“唐律名例篇（总则）中区别尊卑、长幼、亲疏等级名分规定适用法律的不同规则。无论刑法、民法、诉讼法都区别尊与卑、长与幼、亲与疏不同名分，规定了不同的法律责任和不同的权利义务。”[3]

大而言之，名之于法典的影响无处不在，纲常名教也是传统法典的核心。晋朝之后律典明确确立了“准五服以制罪”的刑法原则，名之思想直接成为司法准则。唐律将“名”之思想进行了系统的法典化。《新唐书·刑法志》序云：“唐之刑书有四：曰律、令、格、式。令者，尊卑贵贱之等数，国家之制度也。”“尊卑贵贱之等数”正是“正百物，叙尊卑，列贵贱”[4]这一名的职能的法制化。在《唐律疏议》等古代法典中，刑罚根据尊卑贵贱等名分关系会有显著区别，尊长犯卑幼者减免，而卑幼犯尊长者加重处罚。《唐律疏议》所谓“然尊卑贵贱，等数不同，刑名轻重，粲然有别”[5]。这一不平等的法制现象依照现代平权的法理来说，当然是不合理的。近代思想革命、法制革命的目标便在于推翻这种名教思想。但这一现象在古代社会确有其必然性。尤其明显的是，《唐律疏议》所定“十恶”正

---

〔1〕相关研究如周雪峰：《揭开“名分”的面纱——中国传统法文化的法哲学反思》，载《法学评论》2011 年第 3 期；徐燕斌：《礼·名分·合法性——中国传统政治研究的新维度》，载《燕山大学学报（哲学社会科学版）》2008 年第 3 期。

〔2〕周兴生：《传统法是名分法——以服制、哲学内核、体系构造及疑案判决为考察》，载《求是学刊》2013 年第 6 期。

〔3〕郑定、马健兴：《宗法制度与中国传统法律文化》，载《法学家》2002 年第 2 期。

〔4〕《隋书·经籍志三》，见《隋书》（第 4 册），中华书局 1973 年版，第 1004 页。

〔5〕袁文兴、袁超注译：《〈唐律疏议〉注译》，甘肃人民出版社 2017 年版，第 543 页。

是纲常名教的法律化。[1]《唐律疏议·名例》明确提出："五刑之中，十恶尤切，亏损名教，毁裂冠冕，特标篇首，以为明诫。"[2]律法规定用最严厉的刑罚手段规制"亏损名教"的行为。"不孝"等十恶行为被视为"名教不容"[3]。古代法典中还有很多直接涉及名的法律规定，比如自元代后设"干名犯义"专条，维持伦理纲常中的名分与教义。

3. 名法：名与法的融合

（1）名法之概念及历史演变

名与法作为两种治理方式，都有标准、规则这一层意思。甚至在历史上，名、法都曾被视作现实政治中最根本的因素，对形成和维持秩序产生重要作用。[4]名与法的联系极为紧密，乃至两者融合成了一个专门的范畴，即"名法"。名法最初的含义是指名分与法律，名、法两者其实是分开来用，只是并列在一起。如《管子》所谓"政者，名法是也，以名法治国，万物所不能乱"[5]。后来名、法直接合成了"名法"一词，其大致有两种意思。第一种即刑（形）名法术之学，为法家思想核心。第二种含义更广泛，名法思想是以名学为中心，援引名、法、儒、道各家思想因素，综合形成的一种政治思想，它以务实高效为宗旨，以综核名实为思想原则，以人才

---

〔1〕俞荣根：《儒家法思想通论（修订本）》，商务印书馆2018年版，第666页。

〔2〕《唐律疏议·名例》，见袁文兴、袁超注译：《〈唐律疏议〉注译》，甘肃人民出版社2017年版，第17页。

〔3〕《唐律疏议》180条："'疏'议曰：祖父母、父母既被囚禁，固身囹圄，子孙嫁娶，名教不容。"见袁文兴、袁超注译：《〈唐律疏议〉注译》，甘肃人民出版社2017年版，第388页。

〔4〕曹峰：《战国秦汉时期"名""法"对举思想现象研究》，载《西北大学学报》2012年第6期。

〔5〕《管子·白心》，见《管子》（下），李山、轩新丽译注，中华书局2019年版，第643页。

与法术思想为核心内容。[1]此外，在古代文献中，“名法”还有“有效的方法”之意，如唐代张怀瓘《书断·能品》有云：“草隶兼善，累纪专精，遍探名法，可谓赡闻之士也。”

春秋战国时期，诸子百家中法家与名家有很多融合的地方。战国秦汉时期名、法对举已成普遍现象。名家与法家的紧密关系也导向了名法并称。后来，尤其是汉魏之际形成更系统的名法思想。吕思勉精辟地论证道：“名法二字，古每连称，则法家与名家，关系亦极密也。……法因名立，名出于形，形源于理，理一于道，故名法之学，仍不能与道相背也。”[2]

曹峰发现，从战国中晚期到汉代初期，名和法常常放在同等的位置上，名、法连用，名、法并举的现象格外普遍。但这种现象仅见于战国中晚期到汉代初期这一特定的历史时期。[3]如《庄子·天下》有云：“以法为分，以名为表。以参为验，以稽为决，其数一二三四是也。”[4]法、名、参、稽并列，显然是因为这四者都是统治之术，虽然有各自的用处，但政治上的意义非常相近。《管子》有云：“圣人之治也，静身以待之，物至而名自治之。正名自治之，奇身名废”“名正法备，则圣人无事。”[5]《管子》的《七臣七主》篇有云：“法臣：法断名决，无诽誉。”其中提到“法断名决”表明，法和名是政治场合的两大重要工具，这里的“名”可以看作“法”的代名词，即“名”指用规范的、确定的语言表达的“法”。管子追求“名正法备”，表明“名”“法”具有同等的地位，两者在政治秩

---

〔1〕 黄前程：《汉魏之际的名法思想及其形成》，载《贵州社会科学》2010年第5期。

〔2〕 吕思勉：《先秦学术概论》，世界书局1933年版，第90页。

〔3〕 曹峰：《战国秦汉时期“名”“法”对举思想现象研究》，载《西北大学学报》2012年第6期。

〔4〕《庄子·天下》，见张松辉：《庄子译注与解释》（下），中华书局2011年版，第669页。

〔5〕《管子·白心》，见《管子》（下），李山、轩新丽译注，中华书局2019年版，第643页。

序的建立，标准、规范的形成上具有同样重要的作用。《商君书》也有类似的表述："故圣人为法，必使之明白易知，名正，愚知遍能知之。"〔1〕

在古典文献中，名、法并举现象最为普遍的是《尹文子》。"政者，名法是也，以名法治国，万物所不能乱。"〔2〕"名以正之，法以齐之。"〔3〕"名有三科，法有四呈。"〔4〕在这些地方，名与法大致都是指一种规范、标准、准则，都是治国的工具。

此后，汉魏之际名、法、儒、道诸家思想经过综合而形成一种政治思想，即名法思想。它以综核名实为原则，以刑名法术为核心内容，结合了形名、法术、礼教、道术等思想因素，但名学思想与方法是贯穿其中的思想纽带。名法思想注重实效、破除浮华、抑制世族，实际上是汉魏之际重构政治统治模式的思想基础，它是一种新型的治道思想。〔5〕

曹操是东汉末年至魏晋时期的名法派著名代表人物。曹魏集团司马懿、徐干等人都主张名法。《晋书·傅玄本传》载西晋傅玄语："魏武好法术，而天下贵刑名；魏文慕通达，而天下贱守节。"傅玄在《上晋武帝疏》中对于名法一词的含义进行了概括，认为魏武所好的法术就是借鉴了先秦刑名的一种法术之学。由于魏晋时期社会动荡、秩序混乱，察举制的腐败导致官员严重"名实不符"，如何重新回到"名副其实"的正常轨道是时代的一大问题。曹魏初便开始

---

〔1〕《商君书·定分》，见《商君书》，石磊译注，中华书局 2011 年版，第 180 页。

〔2〕《尹文子·大道下》，见《慎子、尹文子、公孙龙子全译》，高流水、林恒森译注，贵州人民出版社 1996 年版，第 148 页。

〔3〕《尹文子·大道下》，见《慎子、尹文子、公孙龙子全译》，高流水、林恒森译注，贵州人民出版社 1996 年版，第 139 页。

〔4〕《尹文子·大道上》，见《慎子、尹文子、公孙龙子全译》，高流水、林恒森译注，贵州人民出版社 1996 年版，第 106 页。

〔5〕刘泽华：《中国古代政治思想史》，南开大学出版社 2001 年版，第 284 页。

尝试采用“术兼名法”“校练名理”[1]的名理之学，即以道家简明的概念改造儒家，有融合诸家的趋向。在选官上以儒家的伦理道德为依据考核名实，审察名理。最终，名、法、儒、道诸子思想经过综合而形成当时的名法思想。

（2）名与法的联系与区别

名与法虽然常连用，但也有一定的区别。名和法作为两种不同的统治手段，有着分工上的不同。司马谈《论六家要旨》在政治作用上将名家和法家既并列又区分，《尹文子》有“名有三科，法有四呈”“名以正之，法以齐之”的说法，都证明了这一点。相比较而论，名比法更抽象，名可视为法的前提与标准。名是确定不移的制度的抽象化身，法则是具体的实施手段。当然，法在古代也有多义性，有时泛指一般的社会是非标准，有时狭义地专指处罚性的刑。当指前者时，名与法没有明显的区别，也可以说名包括在法中；当指后者时，名与法的内容就有主次之分、先后之别。[2]《尹文子》也有名在前、法在后的意识。如“君不可与臣业，臣不可侵君事，上下不相侵与，谓之名正，名正而法顺也”[3]。

在功能上，名法的关系可用纵—横来表达。纵者，名也，用名来确定社会的上下贵贱尊卑等级秩序。横者，法也，用法来确定社会上贵贱尊卑不同阶层都必须遵循的共同的秩序。可以理解为，名更注重等级性，而法更注重普遍性。因而在功能和作用上这两者是相辅相成的。

通过以上分析可见，名之概念具有丰富的政治法律意义，堪称中国传统法哲学的核心概念之一，相关的名法、刑名、正名、名分、

---

〔1〕《文心雕龙·论说》，见《文心雕龙》，上海古籍出版社 2015 年版，第 116 页。

〔2〕参见曹峰：《中国古代“名”的政治思想研究》，上海古籍出版社 2017 年版，第 90 页。

〔3〕《尹文子·大道上》，见《慎子、尹文子、公孙龙子全译》，高流水、林恒森译注，贵州人民出版社 1996 年版，第 127 页。

名位、名例、名教等都是重要的法哲学概念。名之思想也是传统法典的枢纽与灵魂。

四、框架与写作思路

本书主要分为绪论、古代典籍中的法与名、古代法典中的法与名、古代案例中的法与名、古典文学作品中的法与名等部分。绪论主要论述名之起源与演变、名在文明史上的重要意义、名与法律的关联等前提性问题，也可视为一篇“法哲学上的名”之专论。在绪论之后，从典籍论述、律典立法、案例呈现、文学表达四个方面来阐释名所具有的法律价值，试图更立体呈现名之法意。

康有为曾言：“凡天下之大，不外义理、制度两端。”〔1〕本书对名范畴的探析也注重从义理与制度两端展开。首章“古代典籍中的法与名”着重探讨义理，梳理传统典籍文献中所见“名”这一范畴的本质、内涵与作用，其后从诸子百家文献中总结了与法律关联最紧密的五个范畴——名法、刑名、正名、名分、名教，并分别加以阐释，以此展现古代哲人对名思想的深刻洞察。思想需有其制度依托，方能产生更大影响。诚如陈寅恪先生所言：“夫纲纪本理想抽象之物，然不能不有所依托，以为具体表现之用；其所依托以表现者，实为有形之社会制度。”〔2〕因此，在义理探讨之后注重从法典与案例等制度层面分析名之现实影响，故而有“古代法典中的法与名”“古代案例中的法与名”两章。法律实践之外，名之思想还广泛影响了古人的社会生活，或成为诗文歌咏的寄托，或成为小说描述的对象。文学是现实的反映，“古典文学作品中的法与名”不但着重从文学角

---

〔1〕〔清〕康有为：《康有为全集》（第1集），姜义华、张荣华编校，中国人民大学出版社2007年版，第147页。

〔2〕陈寅恪：《王观堂先生挽词并序》，见陈寅恪：《寒柳堂集》，上海古籍出版社1980年版，第6页。

度看待名之思想，更试图以此呈现名思想对社会心理的深刻印痕。从这四个模块的设计本身也可以看出，名这一重要范畴对我国古代社会的影响是全方位的。不但有思想家的论说阐释，使名成为思想史上的重要主题，更有国家正式立法与典章制度安排，使名在司法实践中留下了丰富案例。此外，名还进入日常生活，在文人的叹咏或者民间的记录中绵延不绝。

需要说明的是，典籍、法典、案例、文学作品的区分是相对的，四部分之间难免有交叉之处。古代没有今天意义上的学科区分，文史哲不分家是常态，有些素材既可能归入典籍，但也可能属于文学作品。本书的写作方式主要是史论结合。“中国传统法哲学基本范畴研究”丛书的旨趣之一即在于原汁原味呈现中国古代法律思想史中的核心范畴，避免后人过多的阐释，特别是先入为主或者附会西学的不当阐释。因此，本书进行了较为翔实的纯史料的梳理。但史料不是堆砌，其编排本身就体现了某种思想逻辑。对相关成体系的史料进行汇编，提炼主题，然后加以题序和题记，以阐释其法哲学底蕴，揭示其思想内涵，呈现其意义逻辑。采用这种做法，目的在于既避免脱离史料的过度阐释，也力求消除堆砌史料的呆板机械，力争做到论从史出、史论结合，在丰富的文献记载之上来展开关于名的法哲学理论探讨与价值分析。

第一章 古代典籍中的法与名

古代典籍文献中有丰富的法与名的论述。唐代刘知几有云："自圣贤述作，是曰经典。"经典文献出自先哲，具有权威性和典范性，具有巨大社会影响和广泛的社会认同。它们建构了古代的思想学术，引领着文化观念，润泽了社会心理，也对政治生活、制度构建起到智力支撑作用。

名是极具中国特色的重要范畴。古代有专门的名家学派，在《邓析子》《公孙龙子》《尹文子》等名家典籍中，名自然是其枢纽与灵魂，这些著作从逻辑的严密性角度对名作出全面的考察。除了名家学派，儒、道、法、墨、杂等其他诸子百家都对名这一概念有广泛的讨论。百家共同言名，参与名辩，构成中国思想史上一大瑰丽景观。在这些典籍中，名法、刑名、正名、名分、名教、名实等是高频出现的范畴，并对古代政治制度、法律典章产生了直接的影响。

本章先梳理了传统典籍文献中所见名这一范畴的本质、内涵与作用，其后从诸子百家文献中总结了与法律关联最密切的五个范畴——名法、刑名、正名、名分、名教并分别加以阐释，以此展现古代哲人对名思想的多元认识与深刻洞察，探析名与法之间的本质性联系。

其中所用到的典籍，有如儒家经典中的《论语》《孟子》《荀子》《春秋》《春秋繁露》《朱子语类》《孝经》《诗经》《周礼》《仪礼》《礼记》《左传》《公羊传》《传习录》，法家学派的《韩非子》《商君书》《管子》，名家学派的《邓析子》《公孙龙子》《尹文子》；墨家学派的《墨子》，道家学派的《老子》《庄子》《黄帝四经》，杂家的《吕氏春秋》《尸子》《淮南子》等，史学要籍中的《国语》《汉书》《隋书》《旧唐书》《宋史》《资治通鉴》等。

一、名之内涵、功用与各派言说

（一）名之内涵

从古代文献可见，名的含义极为纷繁复杂，用法也多种多样。或指具体名称，或指抽象概念，或作名词，或作动词，纷纷无定。本书绪论中已经详细梳理了名在古代文献中的二十种含义，此处不再赘述。归纳起来，其主要内涵仍是指称性的名和指导性的名这两种。前者是逻辑学意义上的名称，后者则是指政治学、法学意义上的标准、规范等含义，即《尹文子》所谓“命物之名”和“毁誉之名”的区分。古代典籍中这两种类型的名的代表性文本梳理分类如下。

1. 指称性的名

世间万物都有其名称。名的实质，是用语词表达概念，描述事物。诸子百家多讲“正名”，也对名表达概念、名称对应实体这个前提有一致的看法。名的指称性意义是讨论名的深层问题的前提。如《管子》所云：“凡物载名而来。”《墨子》云：“所以谓，名也。”《公孙龙子》云：“生于物之各有名。”要认识事物，必须给其命名。《尹文子》主张，大道没有具体的形状，但有形状的事物都有相应的名称。

生于物之各有名。[1]

所以谓，名也；所谓，实也。[2]

凡物载名而来。[3]

名者，实之宾也。[4]

名者，名形者也；形者，应名者也。然形非正名也，

---

〔1〕《公孙龙子·指物论》，见《慎子、尹文子、公孙龙子全译》，高流水、林恒森译注，贵州人民出版社 1996 年版，第 214 页。

〔2〕《墨子·经说上》，见《墨子》，方勇译注，中华书局 2011 年版，第 346 页。

〔3〕《管子·心术下》，见《管子》（下），李山、轩新丽译注，中华书局 2019 年版，第 636 页。

〔4〕《庄子·逍遥游》，见张松辉：《庄子译注与解释》（上册），中华书局 2011 年版，第 10 页。

名非正形也。则形之与名居然别矣，不可相乱，亦不可相无。无名，故大道无称；有名，故名以正形。[1]

有形者必有名，有名者未必有形。[2]

黄帝正名百物以明民共财。[3]

2. 指导性的名

指导性的名主要见于政治、伦理、法律领域。制度规范需要以名称来表达，如《管子》所谓“制断五刑，各当其名”。礼仪差等的不同安排也需要用不同的名称来区别。如天子之礼与诸侯之礼、常人之礼的区分。一旦命名，这种名本身就会超越其单纯的名称、概念的认知意义，而具有对行为实质性的引导意义。这种名也具有分配政治权力、社会资源的实质性功能。如《隋书》所谓“名者，所以正百物，叙尊卑，列贵贱”。名引申出尊卑名位及相关的名分、名声、名号等一系列含义。如果没有名，就不能建构起政治法律制度，不能维持社会秩序，不能维系伦理纲常。

名者，人治之大者，也可无慎乎？[4]

治天下之要在于正名。正名去伪，事成若化；苟能正名，天成地平。[5]

---

〔1〕《尹文子 · 大道上》，见《慎子、尹文子、公孙龙子全译》，高流水、林恒森译注，贵州人民出版社 1996 年版，第 108 页。

〔2〕《尹文子 · 大道上》，见《慎子、尹文子、公孙龙子全译》，高流水、林恒森译注，贵州人民出版社 1996 年版，第 106 页。

〔3〕《礼记 · 祭法》，见《礼记》(下册)，胡平生、张萌译注，中华书局 2017 年版，第 891 页。

〔4〕《礼记 · 大传》，见《礼记》(下册)，胡平生、张萌译注，中华书局 2017 年版，第 658 页。

〔5〕《尸子 · 发蒙》，见《黄帝四经　关尹子　尸子》，张景、张松辉译注，中华书局 2020 年版，第 469 页。

故至治之务，在于正名。[1]

名者，大理之首章也，录其首章之意，以窥其中之事，则是非可知，逆顺自着，其几通于天地矣。[2]

名者，所以正百物，叙尊卑，列贵贱。[3]

圣人之所以为治道者三：一曰“利”，二曰“威”，三曰“名”。夫利者，所以得民也；威者，所以行令也；名者，上下之所同道也。[4]

子路曰：“卫君待子而为政，子将奚先？”子曰：“必也正名乎！”[5]

策名、委质，贰乃辟也。[6]

（二）名之功用

名之内涵博大精深，其功用也“善莫大焉”。“名者，天地之纲，圣人之符”之类的称颂屡屡见于典籍。对应名的指称性与指导性这两种维度，名的功能大体上可以划分为认识论上的指称功能、认知功能和价值论上的社会治理、规范引导功能。

---

〔1〕《吕氏春秋·审分》，见〔战国〕吕不韦：《吕氏春秋》，北方文艺出版社 2014 年版，第 238 页。

〔2〕《春秋繁露·深察名号》，见〔汉〕董仲舒：《春秋繁露》，张世亮、钟肇鹏、周桂钿译注，中华书局 2012 年版，第 366 页。

〔3〕《隋书·经籍志三》，见《隋书》（第 4 册），中华书局 1973 年版，第 1004 页。

〔4〕《韩非子·诡使》，见《韩非子》，高华平等译注，中华书局 2010 年版，第 645 页。

〔5〕《论语·子路》，见杨伯峻译注：《论语译注》，中华书局 2006 年版，第 150 页。

〔6〕《左传·僖公二十三年》，见《左传》（上册），郭丹、程小青、李彬源译注，中华书局 2012 年版，第 452 页。

1. 指称事物

万物莫不有其名。名用来指称、代表事物，这是人们认识事物、区别事物的首要手段。这也是名的首要功能。名的本质和功用在于指称事实，区别不同的事物。名从产生之初就和实的概念紧密联系在一起。古代对名的讨论，基本都会从名实关系入手，以更好界定名的内涵。刘熙《释名》有云："名，明也，名实事使分明也。"董仲舒等认为，名生于真，名具有求真的意义，名能正确反映客观之实。人之所以制名，其目的在于要正确认识事物。

> 制断五刑，各当其名。〔1〕

> 凡物载名而来。〔2〕

> 所以谓，名也；所谓，实也。〔3〕

> 名者，名形者也；形者，应名者也。〔4〕

> 天下无指者，生于物之各有名，不为指也。〔5〕

> 故名足以指实，辞足以见极，则舍之矣。〔6〕

> 享鬼神者号一，曰祭；祭之散名：春曰祠，夏曰礿，秋曰尝，冬曰烝。猎禽兽者号一，曰田；田之散名：春苗，秋搜，冬狩，夏猕；无有不皆中天意者。物莫不有凡号，号

〔1〕《管子·正》，见《管子》（下），李山、轩新丽译注，中华书局2019年版，第690页。
〔2〕《管子·心术下》，见《管子》（下），李山、轩新丽译注，中华书局2019年版，第636页。
〔3〕《墨子·经说上》，见《墨子》，方勇译注，中华书局2011年版，第346页。
〔4〕《尹文子·大道上》，见《慎子、尹文子、公孙龙子全译》，高流水、林恒森译注，贵州人民出版社1996年版，第108页。
〔5〕《公孙龙子·指物论》，见《慎子、尹文子、公孙龙子全译》，高流水、林恒森译注，贵州人民出版社1996年版，第214页。
〔6〕《荀子·正名》，见《荀子》，方勇、李波译注，中华书局2011年版，第357页。

莫不有散名如是。是故事各顺于名，名各顺于天，天人之际，合而为一。同而通理，动而相益，顺而相受，谓之德道。诗曰："维号斯言，有伦有脊。"此之谓也。[1]

名生于真，非其真弗以为名。名者，圣人之所以真物也，名之为言真也。故凡百讥有黮黮者，各反其真，则黮黮者还昭昭耳。欲审曲直，莫如引绳；欲审是非，莫如引名；名之审于是非也，犹绳之审于曲直也。诘其名实，观其离合，则是非之情不可以相谰已。[2]

2. 认知世界

这是名的指称功能的自然延伸。名是人们认识事物、探索世界的一种工具、手段。名具有"举实""谓实"的指称功能，人们"循所闻而得其意"，可意识名之对象，了解名之所指。因而，人们借助已知的名去分析未知的事物，就可使"未知"变成"知"。[3]《墨子·经说下》所谓："夫名，以所明正所不智（知）。"名称一旦被听到，它所代表的实际事物就能被人知晓，这就是名的指称与认知功能。《荀子·正名》所谓："名闻而实喻，名之用也。"万物如果混同，世界永远只在混沌不明中，必须"分别制名以指实"，用不同的名代表不同的事物，这样才能"以辨同异"，才能认识世界。同时，名还具有交际、沟通功能。《墨经》所谓"以名示人"，即可借助事物的符号名称来表达思想，与他人交流。董仲舒在《春秋繁露》中详细讨论了名与号在认知世界、治理社会中的价值。名与号相关但

---

〔1〕《春秋繁露·深察名号》，见〔汉〕董仲舒：《春秋繁露》，张世亮、钟肇鹏、周桂钿译注，中华书局2012年版，第369页。

〔2〕《春秋繁露·深察名号》，见〔汉〕董仲舒：《春秋繁露》，张世亮、钟肇鹏、周桂钿译注，中华书局2012年版，第374页。

〔3〕陈道德、曾祥云：《符号学视野下的先秦名辩学研究》，人民出版社2017年版，第53页。

有区别，名是具体事物、个别与特殊事物的名称，号则是一类事物的名称。

黄帝正名百物以明民共财。[1]

故知者为之分别，制名以指实，上以明贵贱，下以辨同异。[2]

名闻而实喻，名之用也。[3]

知其所不知，说在以名取。[4]

说在宜。物尽同名：二与斗，爱，食与招，白与视，丽与，夫与履。一，偏弃之，谓而固是也。[5]

唯吾谓非名也，则不可。说在仮。或，过名也。[6]

夫名，以所明正所不智，不以所不智疑所明。[7]

尧、霍，或以名示人，或以实示人。[8]

有名，万物之母。[9]

形而不名，未必失其方圆白黑之实。名而不可，不寻名

---

〔1〕《礼记·祭法》，见《礼记》（下册），胡平生、张萌译注，中华书局2017年版，第891页。

〔2〕《荀子·正名》，见《荀子》，方勇、李波译注，中华书局2011年版，第360页。

〔3〕《荀子·正名》，见《荀子》，方勇、李波译注，中华书局2011年版，第364页。

〔4〕《墨子·经下》，见《墨子》，方勇译注，中华书局2011年版，第331页。

〔5〕《墨子·经下》，见《墨子》，方勇译注，中华书局2011年版，第331页。

〔6〕《墨子·经下》，见《墨子》，方勇译注，中华书局2011年版，第332页。

〔7〕《墨子·经说下》，见《墨子》，方勇译注，中华书局2011年版，第368页。

〔8〕《墨子·经说下》，见《墨子》，方勇译注，中华书局2011年版，第362页。

〔9〕《道德经》第一章，见《道德经》，张景、张松辉译注，中华书局2021年版，第6页。

以检其差。故亦有名以检形，形以定名。名以定事，事以检名。察其所以然，则形名之与事物，无所隐其理矣。[1]

名，明也，名实事使分明也。[2]

五号自赞，各有分，分中委曲，曲有名，名众于号，号其大全。名也者，名其别离分散也，号凡而略，名详而目，目者，遍辨其事也，凡者，独举其大也。[3]

古之圣人，謞而效天地，谓之号，鸣而施命，谓之名。名之为言鸣与命也，号之为言謞而效也，謞而效天地者为号，鸣而命者为名，名号异声而同本，皆鸣号而达天意者也。天不言，使人发其意；弗为，使人行其中；名则圣人所发天意，不可不深观也。[4]

3. 社会治理

名是社会治理的重要手段。制度规范需要以名称来表达，人们的伦理行为也需要以名来规范。有了这些名称符号的引导，社会才能区分名分等级，维持伦理纲纪。整个社会有章可循，井然分明，达到至治。名成为确立是非、制定秩序的根本性法则，具有重要的政治法律意义。古代典籍中“至治之务，在于正名”“治天下之要在于正名”之类说法比比皆是。如《韩非子》认为治国首务在于“信名”，信名则“群臣守职，善恶不逾，百事不怠”。

---

〔1〕《尹文子·大道上》，见《慎子、尹文子、公孙龙子全译》，高流水、林恒森译注，贵州人民出版社 1996 年版，第 106 页。

〔2〕《释名·释言语》，见〔汉〕刘熙：《释名》，中华书局 2016 年版，第 50 页。

〔3〕《春秋繁露·深察名号》，见〔汉〕董仲舒：《春秋繁露》，张世亮、钟肇鹏、周桂钿译注，中华书局 2012 年版，第 369 页。

〔4〕《春秋繁露·深察名号》，见〔汉〕董仲舒：《春秋繁露》，张世亮、钟肇鹏、周桂钿译注，中华书局 2012 年版，第 367 页。

治天下之要在于正名。正名去伪，事成若化；苟能正名，天成地平。〔1〕

故至治之务，在于正名。名正则人主不忧劳矣，不忧劳则不伤其耳目之主。〔2〕

名者，所以正百物，叙尊卑，列贵贱。〔3〕

其不可得变革者则有矣，亲亲也，尊尊也，长长也，男女有别，此其不可得与民变革者也。同姓从宗，合族属；异姓主名，治际会。名著而男女有别。其夫属乎父道者，妻皆母道也。其夫属于子道者，妻皆妇道也。谓弟之妻妇者，是嫂亦可谓之母乎？名者，人治之大者也，可无慎乎？〔4〕

位不可题，取不可乱，百官有司，各务其形，上循名以督实，下奉教而不违。〔5〕

治天下之端，在审辨大；辨大之端，在深察名号。名者，大理之首章也，录其首章之意，以窥其中之事，则是非可知，逆顺自着，其几通于天地矣。〔6〕

是以圣人贵名之正也。主处其大，臣处其细。以其名

---

〔1〕《尸子·发蒙》，见《黄帝四经　关尹子　尸子》，张景、张松辉译注，中华书局2020年版，第469页。

〔2〕《吕氏春秋·审分》，见《吕氏春秋》，北方文艺出版社2014年版，第238页。

〔3〕《隋书·经籍志三》，见《隋书》（第4册），中华书局1973年版，第1004页。

〔4〕《礼记·大传》，见《礼记》（下册），胡平生、张萌译注，中华书局2017年版，第656页。

〔5〕《邓析子·无厚》，见《邓析子》，中华书局1991年版，第2页。

〔6〕《春秋繁露·深察名号》，见〔汉〕董仲舒：《春秋繁露》，张世亮、钟肇鹏、周桂钿译注，中华书局2012年版，第366页。

听之，以其名视之，以其名命之。[1]

文公问箕郑曰："救饿奈何？"对曰："信。"公曰："安信？"曰："信名，信事，信义。信名则群臣守职，善恶不逾，百事不怠。"[2]

夫名以制义，义以出礼，礼以体政，政以正民。[3]

臣按：吕氏谓君子言分必及理，言理必及分，得则俱得、失则俱失，君臣上下夫岂较是非争曲直之所在哉？此非特名分所拘，而理固当如是也。[4]

臣按：人君之所以为君，所以砺天下之人而使之与我共国家之政而治天下之民者，爵号之名、车服之器而已，非有功者不可与，非有德者不可与，非有劳者不可与，非有才者不可与。为人君者谨司其出纳之权，不轻以假借于人焉，必有功德才能者然后与之，与之名与器即与之以政也，使人闻吾爵号之名即知所敬服，见吾车服之器即知所尊让，如是则吾之政令行矣。[5]

4. 引领价值

名也具有重要的精神引领功能。通过正名定分可以教化万民，

---

〔1〕《申子·大体》，见〔唐〕魏徵、虞世南、褚遂良等：《群书治要》（第3册），世界书局2011年版，第478页。

〔2〕《韩非子·外储说左上》，见《韩非子》，高华平等译注，中华书局2010年版，第429页。

〔3〕《左传·桓公二年》，见《左传》（上册），郭丹、程小青、李彬源译注，中华书局2012年版，第109页。

〔4〕〔明〕丘濬：《大学衍义补》（上），朱维铮主编：《中国经学史基本丛书》（第3册），上海书店出版社2012年版，第41页。

〔5〕〔明〕丘濬：《大学衍义补》（上），朱维铮主编：《中国经学史基本丛书》（第3册），上海书店出版社2012年版，第41页。

敦风化俗，规范民众行为，引领社会道德，维持纲常伦理。这是所谓“名教治天下”之宗旨。许多思想家认为“人禽之别”正在于人有“名分”之类的观念，有了礼仪、法制等规范建构，人才超越弱肉强食的动物性，获得人性提升。名关联人类的精神本质，具有重要的精神价值。

> 昔者周人有天下，诸侯宾服，名教通于天下，而夺于其下。〔1〕

> 是非之正，取之逆顺；逆顺之正，取之名号；名号之正，取之天地；天地为名号之大义也。〔2〕

> 我先王以名为教，使天下自劝。〔3〕

> 行仁蹈义，名教所先，历俗敦风，宜见褒奖。〔4〕

> 力不若牛，走不若马，而牛马为用，何也？曰：人能群，彼不能群也。人何以能群？曰：分。〔5〕

（三）诸子百家论名之要旨

名的使用极其广泛。在先秦的名家学派中，名自然是其学说的总纲与枢纽。而其他诸子百家都对名这一概念有广泛使用，这是

---

〔1〕《管子·山至数》，见《管子》（下），李山、轩新丽译注，中华书局 2019 年版，第 981 页。

〔2〕《春秋繁露·深察名号》，见〔汉〕董仲舒：《春秋繁露》，张世亮、钟肇鹏、周桂钿译注，中华书局 2012 年版，第 366 页。

〔3〕〔宋〕范仲淹：《近名论》，见《宋本范文正公文集》（第 2 册），国家图书馆出版社 2017 年版，第 32 页。

〔4〕《隋书·杨坚传》，见《隋书》（第 1 册），中华书局 1973 版第 13 页。

〔5〕《荀子·王制》，见《荀子》，方勇、李波译注，中华书局 2011 年版，第 127 页。

儒、道、法、墨、名等诸子百家共用的重要概念。百家争鸣也可谓百家争“名”。如儒家《论语》等典籍构建了系统的“正名论”，认为为政之要务是“必也正名乎”，“名不正则言不顺”；道家《道德经》将名关联天地本源，所谓“有名，万物之母”；法家《韩非子》《商君书》等专论刑名，以“刑名法术”之学扬名于世；杂家《吕氏春秋》《尸子》等也较为系统地讨论“循名责实”，将名验证于社会生活；墨家《墨子》则从“取实予名”谈名实关系，以实来规定名。晋代学者鲁胜最早对先秦名学做了初步概括，从整体上勾勒出诸子百家对名思想发展的贡献，从中也可看出诸家偏好。鲁胜《墨辩注序》认为：“孔子曰：‘必也正名，名不正则事不成。’墨子著书，作《辩经》以立名本。惠施、公孙龙述其学，以正形名显于世。孟子非墨子，其辩言正辞则与墨同。荀卿、庄周等皆非毁名家，而不能易其论也。”王琯在《公孙龙子悬解》中也对此做了总结：“惟当时诸子之言正名，有兼有专。兼者，如管子韩非以法家谈名，荀子以儒家谈名，墨子以墨家谈名，尸子吕子以杂家谈名。在其学说全部只占一域，或为所标主义之一种基念，或以论旨旁衍与名相通。”[1]足见诸子百家对名的关注。兹将各派对名范畴论述中典型的文本梳理如下。

1. 儒家：为政以正名为先

正名是孔子首倡的一种学说，儒家构建了系统的“正名论”，认为为政的首要要务是“必也正名乎”。后文对此有专节论述。

> 子路曰：“卫君待子而为政，子将奚先？”子曰：“必也正名乎！”子路曰：“有是哉，子之迂也！奚其正？”子曰：“野哉，由也！君子于其所不知，盖阙如也。名不正，则言不顺；言不顺，则事不成；事不成，则礼乐不兴；礼

[1] 王琯：《公孙龙子悬解》，中华书局1992年版，第23页。

乐不兴，则刑罚不中；刑罚不中，则民无所措手足。故君子名之必可言也，言之必可行也。君子于其言，无所苟而已矣。”〔1〕

故王者之制名，名定而实辨，道行而志通，则慎率民而一焉。〔2〕

《春秋》大元，故谨于正名，名非所始，如之何谓未善已善也。〔3〕

是非之正，取之逆顺；逆顺之正，取之名号；名号之正，取之天地；天地为名号之大义也。〔4〕

2. 道家：有名与无名

道家思想中，既有有名又有无名。在老子思想中，名关联道，与宇宙生成相关，是事物最本质的规律体现。命名就是道区分显现的过程，名架起了由道至物的桥梁。但名也可能偏离道，有其局限，也需要批判反思。庄子进一步强化了无名的一面。

（1）老子之论有名

以有名而论，名不但是事物的名称，也是道的显现，因此要追求“常名”“恒名”。在万物形成的世界中，必须依赖名来命名、区分，否则没有对事物概念的把握，便没有万物，因此说“有名，万物之母”。命名不仅是指认，而且是对事物本质的认识和表达。而天

〔1〕《论语·子路》，见杨伯峻译注：《论语译注》，中华书局2006年版，第150页。

〔2〕《荀子·正名》，见《荀子》，方勇、李波译注，中华书局2011年版，第358页。

〔3〕《春秋繁露·深察名号》，见〔汉〕董仲舒：《春秋繁露》，张世亮、钟肇鹏、周桂钿译注，中华书局2012年版，第369页。

〔4〕《春秋繁露·深察名号》，见〔汉〕董仲舒：《春秋繁露》，张世亮、钟肇鹏、周桂钿译注，中华书局2012年版，第366页。

地之始的“无名”并非真的无名，它应该有其常名，但是人类的认识能力还没有达到，只能称为“无名”。

> 无名，天地之始，有名，万物之母。[1]

> 始制有名，名亦既有，夫亦将知止，知止所以不殆。[2]

> 自今及古，其名不去，以阅众甫。吾何以知众甫之状哉？以此。[3]

> 可名于小，万物归焉而不为主；可名为大，以其终不自为大，故能成其大。[4]

> 是以圣人不行而知，不见而名，不为而成。[5]

（2）老子对名的批判与反思

当然，老子也有不少对名的批判之语，否定名的有效性。道是终极概念，比名更高。名对道的呈现与表达有其本质性局限，可能偏离了道，所以是“道隐无名”。能用名来描述的，并非真正的名，所谓“名可名，非常名”。尤其是严苛的法令、烦琐的礼教一类的“名”更是对道的背离，必须加以批判。所谓“法令滋彰，盗贼多有”。老子反对重刑酷法，主张法律轻缓宽疏，以宽和为本。治国应按道的原则，应天顺民，无为而治。老子深刻批判礼乐仁义、圣智

---

〔1〕《道德经》第一章，见《道德经》，张景、张松辉译注，中华书局2021年版，第6页。

〔2〕《道德经》第三十二章，见《道德经》，张景、张松辉译注，中华书局2021年版，第129页。

〔3〕《道德经》第二十一章，见《道德经》，张景、张松辉译注，中华书局2021年版，第84页。

〔4〕《道德经》第三十四章，见《道德经》，张景、张松辉译注，中华书局2021年版，第141页。

〔5〕《道德经》第四十七章，见《道德经》，张景、张松辉译注，中华书局2021年版，第198页。

巧利等所造成的文明异化，对于揭露以名为中心的“礼治”的弊端有其独特意义。

道可道，非常道。名可名，非常名。[1]

其上不皦，其下不昧。绳绳不可名，复归于无物。[2]

道常无名，朴虽小，天下莫能臣也。[3]

道常无为而无不为。侯王若能守之，万物将自化。化而欲作，吾将镇之以无名之朴。无名之朴，亦将不欲。不欲以静，天下将自正。[4]

道隐无名，夫唯道，善贷且成。[5]

天下多忌讳，而民弥贫；民多利器，国家滋昏；人多伎巧，奇物滋起；法令滋彰，盗贼多有。[6]

故失道而后德，失德而后仁，失仁而后义，失义而后礼。夫礼者，忠信之薄而乱之首。前识者，道之华，而愚之始。[7]

---

〔1〕《道德经》第一章，见《道德经》，张景、张松辉译注，中华书局 2021 年版，第 1 页。

〔2〕《道德经》第十四章，见《道德经》，张景、张松辉译注，中华书局 2021 年版，第 56 页。

〔3〕《道德经》第三十二章，见《道德经》，张景、张松辉译注，中华书局 2021 年版，第 129 页。

〔4〕《道德经》第三十七章，见《道德经》，张景、张松辉译注，中华书局 2021 年版，第 154 页。

〔5〕《道德经》第四十一章，见《道德经》，张景、张松辉译注，中华书局 2021 年版，第 171 页。

〔6〕《道德经》第五十七章，见《道德经》，张景、张松辉译注，中华书局 2021 年版，第 234 页。

〔7〕《道德经》第三十八章，见《道德经》，张景、张松辉译注，中华书局 2021 年版，第 157 页。

（3）庄子的无名思想

与老子相比，庄子进一步强化了“无名”的一面。其认为“道”是“可传而不可受、可得而不可见”的，不能通过人为构建的“名”去认识道。儒家礼、名无助于道，反而带来人的异化，庄子因此否定礼法名分。在名实关系上，庄子明确区分了主次，认为名由实派生出来，名作为符号系统极不稳定，变动不居，不能稳定呈现道。庄子将老子的“无为”之道推向“虚无”，主张绝对无为，否定一切仁义礼法。庄子认为，所谓的仁、义、礼、智是对人的自然本性的破坏，是导致社会分化和混乱的根源。仁义礼乐不过是大盗“窃国”的工具。对于儒家所推崇的礼仪，庄子批评其使人只注重外在形式而丧失人性的纯真与自然，“明乎礼义而陋乎知人心”。礼乐的产生造成“天下始分”，人民因等级名分的出现走向彼此分离对立状态，导致人的异化，败坏心性，造成社会动乱。至于世俗意义上的功名、声名，更是庄子所猛烈批判的，所谓“圣人无名”“名也者，相轧也”。庄子认为“名”是凶器，儒家所推举的贤人也不过是好名之徒，最终也会“殉名”而招祸。做事若为博取名声，就会“行名失己”，失去本真。

庄子认为，只有天道自然才是公正无私的，而一切人定法都是对自然的破坏，法律、教化不过都是治理的末端。治理之道在于“有莫举名”，无为而治。庄子因而猛烈抨击各学派的法律主张，将法律、教化与军事、音乐、礼制并列为“五末”，认为“赏罚利害，五刑之辟，教之末也；礼法度数，形（刑）名比详，治之末也”。所谓礼仪法度、刑罚奖赏并非治国之本，反而是治国的末学下策，制刑立法不仅无益于治国，反而产生祸乱。“刑名”“赏罚”，不过是“倒道而言，迕道而说”。其对法家的“法治”或者“刑名法术”更是大加鞭挞，认为它们是致乱之源。

故曰：至人无已，神人无功，圣人无名。[1]

名者，实之宾也。[2]

德荡乎名，知出乎争。名也者，相轧也；知也者，争之存也。二者凶器，非所以尽行也。且德厚信矼，未达人气，名闻不争，未达人心。[3]

是皆求名实者也，而独不闻之乎？名实者，圣人之所不能胜也，而况若乎！[4]

有莫举名，使物自喜，立乎不测，而游于无有者也。[5]

利害不通，非君子也；行名失已，非士也；亡身不真，非役人也。[6]

昔者子呼我牛也而谓之牛；呼我马也而谓之马。苟有其实，人与之名而弗受，再受其殃。[7]

---

〔1〕《庄子·逍遥游》，见张松辉：《庄子译注与解析》（上），中华书局 2011 年版，第 8 页。

〔2〕《庄子·逍遥游》，见张松辉：《庄子译注与解释》（上），中华书局 2011 年版，第 10 页。

〔3〕《庄子·人间世》，见张松辉：《庄子译注与解释》（上），中华书局 2011 年版，第 65 页。

〔4〕《庄子·人间世》，见张松辉：《庄子译注与解释》（上），中华书局 2011 年版，第 66 页。

〔5〕《庄子·应帝王》，见张松辉：《庄子译注与解释》（上），中华书局 2011 年版，第 151 页。

〔6〕《庄子·大宗师》，见张松辉：《庄子译注与解释》（上），中华书局 2011 年版，第 116 页。

〔7〕《庄子·天道》，见张松辉：《庄子译注与解释》（上），中华书局 2011 年版，第 264 页。

赏罚利害，五刑之辟，教之末也；礼法度数，形名比详，治之末也。〔1〕

小人则以身殉利，士则以身殉名。〔2〕

券内者，行乎无名；券外者，志乎期费。行乎无名者，唯庸有光；志乎期费者，唯贾人也，人见其跂，犹之魁然。〔3〕

但《庄子》一书思想也有混杂之处，其外篇、杂篇中也有一些肯定等级名分的论述，认为“尊卑先后之序”是天道，也是人道该效法之处。因为天尊地卑，所以君先而臣从、父先而子从也有其合理之处。明于大道者，也当效法取象天地秩序，审定刑名关系，确定名分职守，所谓“仁义已明而分守次之，分守已明而形名次之”，治国之道也当“必分其能，必由其名”。“礼法数度，形名比详”，是古已有之，虽然不是完善的“事上”“畜下”的治理之道，但也是臣民侍奉君王的办法。

君先而臣从，父先而子从，兄先而弟从，长先而少从，男先而女从，夫先而妇从。夫尊卑先后，天地之行也，故圣人取象焉。天尊地卑，神明之位也；春夏先，秋冬后，四时之序也。万物化作，萌区有状，盛衰之杀，变化之流也。夫天地至神，而有尊卑先后之序，而况人道乎！〔4〕

---

〔1〕《庄子·天道》，见张松辉：《庄子译注与解释》（上），中华书局 2011 年版，第 254 页。

〔2〕《庄子·骈拇》，见张松辉：《庄子译注与解释》（上），中华书局 2011 年版，第 167 页。

〔3〕《庄子·庚桑楚》，见张松辉：《庄子译注与解释》（下），中华书局 2011 年版，第 167 页。

〔4〕《庄子·天道》，见张松辉：《庄子译注与解释》（上），中华书局 2011 年版，第 255 页。

> 是故古之明大道者，先明天而道德次之，道德已明而仁义次之，仁义已明而分守次之，分守已明而形名次之，形名已明而因任次之，因任已明而原省次之，原省已明而是非次之，是非已明而赏罚次之。赏罚已明而愚知处宜，贵贱履位，仁贤不肖袭情。必分其能，必由其名。以此事上，以此畜下，以此治物，以此修身；知谋不用，必归其天，此之谓太平，治之至也。〔1〕

> 古之语大道者，五变而形名可举，九变而赏罚可言也……礼法数度，形名比详，古人有之，此下之所以事上，非上之所以畜下也。〔2〕

（4）黄老道家的名思想

黄老之学是继承了老子思想并加进一些假托黄帝之名的内容而形成的新学说。相对于传统道家的老子学说而言，黄老学已从玄虚回归现实，更重视法律对治国理政的现实功能。其经典《黄帝四经》有丰富的法治思想，也有深刻的名思想。有学者将《黄帝四经》中名的各种含义归为五类：一是作名称或名声解；二是作生成论意义上的名；三是与秩序、准则、规范相关联的名；四是表示职分、职守；五是作为“执道者”见知天下之工具。〔3〕

《黄帝四经》认为，道在创造万事万物的时候，总是先“建其形”而“立其名”。刑名是指事物本体与名称之间的关系，万物各有其永恒的属性，所以“执道者”在治理天下之时首先察道审名，

---

〔1〕《庄子·天道》，见张松辉：《庄子译注与解释》（上），中华书局2011年版，第255页。

〔2〕《庄子·天道》，见张松辉：《庄子译注与解释》（上），中华书局2011年版，第255页。

〔3〕曹峰：《〈黄帝四经〉所见“执道者”与“名”的关系》，载《湖南大学学报》2008年第3期。

正定是非曲直的标准。立法建制便是治国的首要政务，其中尤以建立名的制度和规范为要。圣人治理世界，在观照天下的时候，必定会详细审察事情起因，审其刑名，详究现象与本质。刑名已定，才可能逆顺有立，死生有分，万事才能合于天道，各就其位。总体上，可以将名视为黄老道家从“道”到“法”的逻辑中介，其具体内容包括政治生活和社会生活中的各种名分等级。

天地有恒常，万民有恒事，贵贱有恒位，畜臣有恒道，使民有恒度。天地之恒常，四时、晦明、生杀、柔刚。万民之恒事，男农、女工。贵之恒位，贤不肖不相放。畜臣之恒道，任能毋过其所长。使民之恒度，去私而立公。变恒过度，以奇相御。正奇有立，而名形弗去。凡事无小大，物自为舍。逆顺死生，物自为名。名形已定，物自为正。〔1〕

天下有事，必审其名。名□□循名厩理之所之，是必为福，非必为灾。是非有分，以法断之；虚静谨听，以法为符。审察名理名冬始，是胃厩理。唯公无私，见知不惑，乃知奋起。故执道者之观于天下［也］，见正道循理，能与曲直，能与冬始。故能循名厩理，刑名出声，声实调和。〔2〕

欲知得失，请必审名察刑。刑恒自定，是我俞静；事恒自包，是我无为。静。〔3〕

---

〔1〕《黄帝四经·经法·道法》，见《黄帝四经　关尹子　尸子》，张景、张松辉译注，中华书局2020年版，第23页。

〔2〕《黄帝四经·经法·名理》，见《黄帝四经　关尹子　尸子》，张景、张松辉译注，中华书局2020年版，第100—101页。

〔3〕《黄帝四经·十大经·名刑》，见《黄帝四经　关尹子　尸子》，张景、张松辉译注，中华书局2020年版，第198页。

> 故执道者之观于天下也，必审观事之所始起，审其刑名。刑名已定，逆顺有立，死生有分，存亡兴坏有处，然后参之于天地之恒道，乃定祸福、死生、存亡、兴坏之所在。〔1〕

> 道无始而有应。其未来也，无之；其已来，如之。有物将来，其刑先之；建以其刑，名以其名。〔2〕

3. 法家：刑名法术

法家商鞅、申不害、韩非子等以“刑名法术之学”扬名于世。他们的刑名之学带有极强烈的政治性和实践性色彩，从研究“法令之所谓”的法律之名实推进到君臣上下权利义务的政治之名实。名学则为他们设计的国家治理结构与政治官僚体系提供了系统化的方法论。法家学派的核心主张之一是循名责实、综核名实。法家将刑名之学施之于法制，统治者通过“责实”实行监察，予以赏罚。后文“刑名”一节对此有详细论述。

> 申子之学本于黄老而主刑名。著书二篇，号曰申子。韩非者，韩之诸公子也，喜刑名法术之学，而其归本于黄老。〔3〕

> 申子学号曰刑名。刑名者，循名以责实，其薄君卑臣，崇上抑下，合于六经也。〔4〕

---

〔1〕《黄帝四经·经法·论约》，见《黄帝四经　关尹子　尸子》，张景、张松辉译注，中华书局 2020 年版，第 95 页。

〔2〕《黄帝四经·称》，见《黄帝四经　关尹子　尸子》，张景、张松辉译注，中华书局 2020 年版，第 202 页。

〔3〕〔汉〕司马迁：《史记·老子韩非列传》，见夏松凉、李敏主编：《史记今注》（下），南京大学出版社 1994 年版，第 849 页。

〔4〕《汉书·元帝纪》，见《汉书》，中华书局 1962 年版，第 277 页。

人主将欲禁奸，则审合刑名。刑名者，言与事也。为人臣者陈而言，君以其言授之事，专以其事责其功。功当其事，事当其言，则赏；功不当其事，事不当其言，则罚。〔1〕

大不可量，深不可测，同合刑名，审验法式，擅为者诛，国乃无贼。〔2〕

君操其名，臣效其形，形名参同，上下和调也。〔3〕

修名而督实，按实而定名。名实相生，反相为情。名实当则治，不当则乱。名生于实，实生于德，德生于理，理生于智，智生于当。〔4〕

术者，因任而授官，循名而责实，操杀生之柄，课群臣之能者也，此人主之所执也。〔5〕

故名分未定，尧、舜、禹、汤且皆如鹜焉而逐之；名分已定，贪盗不取。今法令不明，其名不定，天下之人得议之。其议，人异而无定。〔6〕

---

〔1〕《韩非子·二柄》，见《韩非子》，高华平、王齐洲、张三夕译注，中华书局2010年版，第55页。

〔2〕《韩非子·主道》，见《韩非子》，高华平、王齐洲、张三夕译注，中华书局2010年版，第37页。

〔3〕《韩非子·扬权》，见《韩非子》，高华平、王齐洲、张三夕译注，中华书局2010年版，第62页。

〔4〕《管子·九守》，见《管子》（下），李山、轩新丽译注，中华书局2019年版，第981页。

〔5〕《韩非子·定法》，见《韩非子》，高华平等译注，中华书局2010年版，第620页。

〔6〕《商君书·定分》，见《商君书》，石磊译注，中华书局2011年版，第178页。

> 夫民之从事死制也，以上之设荣名、置赏罚之明也。〔1〕

4. 墨家：取实予名

先秦时期，在名学研究方面，成就最大的除名家之外当属墨家。墨家的逻辑出发点和归宿都是立名，墨家的知性论也是围绕名的研究而展开。西晋鲁胜的《墨辩注序》云："墨子著书，作辩经以立名本。"墨家在名和实的关系上，首倡取实予名，以实察名，较为科学地解决了名和实的关系问题。墨家反对儒家"以名制实"的正名论，而主张"以名举实""以实察名"。比如要判断"仁"与"不仁"，不能只从言论上去分辨，"非以其名也，以其取也"，要着眼于对事物本身的把握。墨子在《明鬼》篇提出"三表"，其中讲到"下原察百姓耳目之实"，要"以实察名"。作为词语的"名"与"实"并不是一一对应，因此要采用"以名举实"的"正名"观。

墨家还较为充分地讨论了名的分类。墨子把名分为三类，即达名、类名和私名。达名，即形式逻辑所讲的普通概念。物是万物的通名，也称为达名，或者称普通名词，例如"物""器""道""景"等外延十分广泛的普通概念；类名，即一类事物的概念，是指某一种类的名称，表同类事物的共同性质、属性，如"马"；私名，即形式逻辑所讲的单独概念，是个体名称或专有名词。

> 子墨子曰："今瞽曰：'钜者白也，黔者黑也。'虽明目者无以易之。兼白黑，使瞽取焉，不能知也。故我曰瞽不知白黑者，非以其名也，以其取也。今天下之君子之名仁也，虽禹汤无以易之。兼仁与不仁，而使天下之君子取焉，不能知也。故我曰：天下之君子不知仁者，非以其名也，

---

〔1〕《商君书·壹言》，见《商君书》，石磊译注，中华书局 2011 年版，第 76 页。

亦以其取也。”[1]

所以谓，名也；所谓，实也；名实耦，合也。[2]

诸圣人所先为，人欲名实，实不必名。[3]

名，达、类、私。[4]

名：物，达也，有实必待文多也。命之马，类也，若实也者，必以是名也。命之臧，私也，是名也，止于是实也。声出口，俱有名，若姓宇洒。[5]

以名举实，以辞抒意，以说出故。以类取，以类予。[6]

5. 名家：专决于名

名家是先秦以思维的形式、规律和名实关系为研究对象的学派，战国时称“刑名家”或“辩者”，西汉始称“名家”。名家以善于辩论而著称于世。先秦名家代表人物有邓析、公孙龙、宋钘、尹文、惠施等，后世名家人物有鲁胜、吕才、叶适、傅山、程智等。他们以人的认识本身为研究对象，侧重实与名和各命题关系的诠释，以解决名实不符的乱象。《尹文子》一书在历史上多被列入名家，但也有列入杂家。

在先秦思想史上，公孙龙首次提出了名的界说。他明确指出：“夫名，实谓也”，并从“物、实、位、正”四个范畴对名作出深入研究。公孙龙也把“正名”作为其名学的首要任务，“以正名实

〔1〕《墨子·贵义》，见《墨子》，方勇译注，中华书局2011年版，第416页。

〔2〕《墨子·经说上》，见《墨子》，方勇译注，中华书局2011年版，第346页。

〔3〕《墨子·大取》，见《墨子》，方勇译注，中华书局2011年版，第380页。

〔4〕《墨子·经上》，见《墨子》，方勇译注，中华书局2011年版，第380页。

〔5〕《墨子·经说上》，见《墨子》，方勇译注，中华书局2011年版，第345—346页。

〔6〕《墨子·小取》，见《墨子》，方勇译注，中华书局2011年版，第386页。

而化天下焉”。他将名学建立在名与实同异的基础上，提出“唯乎其彼此”的正名原则。邓析也提出“循名责实”“按实定名”的名实观思想，要做到“别殊类”“区异同”，也要靠“循名责实”和“正名”。但名家也有其片面性，所谓“专决于名而失人情”。邓析只注重“名”而不顾其“实”，公孙龙只强调“名”的绝对性，惠施则只强调“实”的相对性，常被批评为诡辩。

名家与法律实施颇多关联。邓析“造私刑”，被奉为法家先驱。惠施为魏惠王立法，也直接参与过立法活动。“所谓名家，就其社会根源说，是春秋、战国时期各国公布法令所引起的一个后果。”〔1〕名家对于语言与逻辑的自觉对古代法律有其贡献，如邓析便是由对法律条文的分析开始对逻辑思维和名实关系展开探讨。名家刑名思想对法律语言表述的准确性、法律贯彻的有效性产生了重要影响。但名家多奉行相对主义，流行诡辩，也会损害法律的权威。韩非子责之称：“坚白、无厚之词章，而宪令之法息。”〔2〕

> 名家使人俭而善失真；然其正名实，不可不察也。……名家苛察缴绕，使人不得反其意，专决于名而失人情，故曰“使人俭而善失真”。若夫控名责实，参伍不失，此不可不察也。〔3〕

> 名家者流，盖出于礼官。古者名位不同，礼亦异数。孔子曰：“必也正名乎。名不正，则言不顺，言不顺，则事不成。”此其所长也。及謷者为之，则苛钩𨱍析乱而已。〔4〕

〔1〕 冯友兰：《中国哲学史新编》（第1册），人民出版社1982年版，第181页。

〔2〕《韩非子·问辩》，见《韩非子》，高华平等译注，中华书局2010年版，第613页。

〔3〕〔汉〕司马迁：《史记·太史公自序》，见夏松凉、李敏主编：《史记今注》（下），南京大学出版社1994年版，第1617页。

〔4〕《汉书·艺文志》，见《汉书》（第6册），中华书局1962年版，第1737页。

邓析二篇，尹文子一篇，公孙龙子十四篇，成公生五篇，惠子一篇，黄公四篇，毛公九篇。[1]

公孙龙，六国时辩士也。疾名实之散乱，因资材之所长，为“守白”之论……欲推是辩，以正名实而化天下焉。[2]

夫名，实谓也。知此之非此也，知此之不在此也，则不谓也；知彼之非彼也，知彼之不在彼也，则不谓也。至矣哉，古之明王。审其名实，慎其所谓。至矣哉，古之明王。[3]

循名责实，实之极也；按实定名，名之极也。[4]

6. 杂家：辨正名分

杂家博采各家之说，“于百家之道无不贯通”，以“兼儒墨、合名法”为特点。其中也对“正名”有较为系统的论说。如《吕氏春秋》认为，国家大治首先在于辨正名分。端正名分，则百事可成，君主便可拱垂而治。与法家一样，杂家也多持循名责实、综核名实之说。

故至治之务，在于正名。名正则人主不忧劳矣，不忧劳则不伤其耳目之主。[5]

人主出声应容，不可不审。凡主有识，言不欲先。人

---

〔1〕《汉书·艺文志》，见《汉书》（第6册），中华书局1962年版，第1736页。

〔2〕《公孙龙子·迹府》，见《慎子、尹文子、公孙龙子全译》，高流水、林恒森译注，贵州人民出版社1996年版，第176页。

〔3〕《公孙龙子·名实论》，见《慎子、尹文子、公孙龙子全译》，高流水，林恒森译注，贵州人民出版社1996年版，第214页。

〔4〕《邓析子·转辞》，见《邓析子》，中华书局1991年版，第6页。

〔5〕《吕氏春秋·审分》，见《吕氏春秋》，北方文艺出版社2014年版，第238页。

唱我和，人先我随，以其出为之入，以其言为之名，取其实以责其名，则说者不敢妄言，而人主之所执其要矣。[1]

桓公尝以此霸矣，管仲之辩名实审也。[2]

言寡而令行，正名也。君人者，苟能正名，愚智尽情，执一以静，令名自正，令事自定，赏罚随名，民莫不敬。[3]

名定则物不竞，分明则私不行。物不竞，非无心，由名定，故无所措其心。私不行，非无欲，由分明，故无所措其欲。然则心欲人人有之，而得同于无心无欲者，制之有道也。[4]

若夫名分，圣之所审也。造父之所以与交者少，操辔，马之百节皆兴。明王之所以与臣下交者少，审名分，群臣莫敢不尽力竭智矣。天下之可治，分成也；是非之可辨，名定也。[5]

故有道之主，灭想去意，清虚以待，不伐之言，不夺之事，循名责实，使自司任而弗诏，责而弗教；以不知为道，以奈何为宝。[6]

---

〔1〕《吕氏春秋·审应》，见《吕氏春秋》，北方文艺出版社 2014 年版，第 260 页。

〔2〕《吕氏春秋·正名》，见《吕氏春秋》，北方文艺出版社 2014 年版，第 234 页。

〔3〕《尸子·分》，见《黄帝四经　关尹子　尸子》，张景、张松辉译注，中华书局 2020 年版，第 454 页。

〔4〕《尹文子·大道上》，见《慎子、尹文子、公孙龙子全译》，高流水、林恒森译注，贵州人民出版社 1996 年版，第 118 页。

〔5〕《尸子·发蒙》，见《黄帝四经　关尹子　尸子》，张景、张松辉译注，中华书局 2020 年版，第 461 页。

〔6〕《淮南子·主术训》，见《淮南子》（上），陈广忠译注，中华书局 2012 年版，第 475 页。

二、名　法

名法在典籍中有几种用法。其一是名家与法家的并称，如班固《艺文志》所谓“兼儒墨，合名法”。其二是名与法这两种治理手段的并称，所谓“名法并举”，这种用法主要见于战国中晚期到汉代初期。其三，“名法”是一个专门的范畴。名法思想是以名学为中心，以综核名实为思想原则，援引名、法、儒、道各家思想因素综合形成的一种政治思想。这尤其盛行于汉魏之际，不少人用“名法之治”来指称曹魏的统治方式。

（一）名法并举

从战国中晚期到汉代初期，名和法常常被放在同等的位置上，名法连用，名法并举的现象格外普遍。比如《庄子·天下》将法、名、参、稽并列，这四者都是统治之术。《管子》有云：“名正法备”“法断名决”，名可以看作法的代名词，名指的就是用规范的、确定的语言表达的法。

在古典文献中，名法并举现象最为普遍的是《尹文子》，其中“名以正之，法以齐之”“名有三科，法有四呈”等说法屡见不鲜。在这些地方，名与法大致都是指一种规范、标准、准则，都是治国的工具。

> 以法为分，以名为表。以参为验，以稽为决，其数一二三四是也。百官以此相齿。以事为常，以衣食为主，蕃息畜藏，老弱孤寡为意，皆有以养，民之理也。[1]

> 名正法备，则圣人无事。[2]

---

〔1〕《庄子·天下》，见张松辉：《庄子译注与解释》（下），中华书局2011年版，第669页。

〔2〕《管子·白心》，见《管子》（下），李山、轩新丽译注，中华书局2019年版，第643页。

夫法者，所以兴功惧暴也。律者，所以定分止争也。令者，所以令人知事也。法律政令者，吏民规矩绳墨也。……法臣：法断名决，无诽誉。故君法则主位安，臣法则货赂止，而民无奸，呜呼美哉。[1]

故圣人为法，必使之明白易知，名正，愚知遍能知之。[2]

仁、义、礼、乐、名、法、刑、赏，凡此八者，五帝、三王治世之术也。故仁以道之，义以宜之，礼以行之，乐以和之，名以正之，法以齐之……名者，所以正尊卑，亦所以生矜篡；法者所以齐众异，亦所以乖名分。[3]

名有三科，法有四呈。一曰命物之名，方圆白黑是也；二曰毁誉之名，善恶贵贱是也；三曰况谓之名，贤愚爱憎是也。一曰不变之法，君臣上下是也；二曰齐俗之法，能鄙同异是也；三曰治众之法，庆赏刑罚是也；四曰平准之法，律度权量是也。[4]

君子非乐有言，有益于治，不得不言。君子非乐有为，有益于事，不得不为。故所言者，不出于名法权术，所为者，不出于农稼军阵，周务而已。[5]

---

〔1〕《管子·七臣七主》，见《管子》（下），李山、轩新丽译注，中华书局 2019 年版，第 760 页。

〔2〕《商君书·定分》，见《商君书》，石磊译注，中华书局 2011 年版，第 180 页。

〔3〕《尹文子·大道下》，见《慎子、尹文子、公孙龙子全译》，高流水、林恒森译注，贵州人民出版社 1996 年版，第 139 页。

〔4〕《尹文子·大道上》，见《慎子、尹文子、公孙龙子全译》，高流水、林恒森译注，贵州人民出版社 1996 年版，第 106 页。

〔5〕《尹文子·大道上》，见《慎子、尹文子、公孙龙子全译》，高流水、林恒森译注，贵州人民出版社 1996 年版，第 115 页。

> 政者，名法是也。以名法治国，万物所不能乱。奇者，权术是也，以权术用兵，万物所不能敌。凡能用名法权术而矫抑残暴之情，则己无事焉。己无事，则得天下矣。[1]

> 尹文子学本庄老，其书自道以至名，自名以至法，以名为根，以法为柄。[2]

（二）名与法之区别

名与法也有一定的区别。相比较而论，名比法更抽象，名可视为法的前提与标准。名是确定不移的制度的抽象化身，法则是具体的实施手段。当然，法在古代也有多义性，有时泛指一般的社会是非标准，有时狭义地专指处罚性的“刑”。当指前者时，名与法没有明显的区别，都是一种较为抽象的标准；当指后者时，名与法的内容就有主次之分、先后之别。《尹文子》有云：“以名稽虚实，以法定治乱”，名对应名实之别的抽象标准，而法对应治乱赏罚的具体措施。而在《黄帝四经》中，名可视为黄老道家从“道”到“法”的逻辑中介，这部作品是“道、名、法”三元结构。[3]比如其云：“天下有事，必审其名……是非有分，以法断之；虚静谨听，以法为符。”治理天下，必须首先审定名理，以名先定是非标准，违背了名便以法去审理处断。其中关系颇类似古代的礼刑论，如《后汉书·陈宠传》所云：“礼之所去，刑之所取，失礼则入刑，相为表里者也。”可见，名是法的前提与基础。在内容上，名为主，法为次；

---

〔1〕《尹文子·大道下》，见《慎子、尹文子、公孙龙子全译》，高流水、林恒森译注，贵州人民出版社 1996 年版，第 148 页。

〔2〕《文心雕龙·诸子》，见黄叔琳注、李详补注：《增订文心雕龙校注》，杨明照校注拾遗，中华书局 2000 年版，第 231 页。

〔3〕曹峰：《〈黄帝四经〉所见“执道者”与“名”的关系》，载《湖南大学学报》2008 年第 3 期。

在作用次序上，先用名，后用法。

在功能上，名法的关系可用纵—横来表达。《尹文子》有云："名者，所以正尊卑……法者，所以齐众异。"纵者，名也，用名来确定社会的上下贵贱尊卑等级秩序。横者，法也，用法来确定社会上贵贱尊卑不同阶层都必须遵循的共同的秩序。可见，名更注重等级性，而法更注重普遍性。名与法在功能和作用上是相辅相成的。

> 以律均清浊，以名稽虚实，以法定治乱，以简治烦惑，以易御险难。〔1〕

> 名者，所以正尊卑，亦所以生矜篡。法者，所以齐众异，亦所以乖名分。〔2〕

> 君不可与臣业，臣不可侵君事，上下不相侵与，谓之名正，名正而法顺也。〔3〕

> 天下有事，必审其名。名□□循名厩理之所之，是必为福，非必为灾。是非有分，以法断之；虚静谨听，以法为符。审察名理名冬始，是胃厩理。〔4〕

（三）名法作为治国策略

名法多用来描述名、法并用的治国策略，如"术兼名法"。有时

---

〔1〕《尹文子·大道上》，见《慎子、尹文子、公孙龙子全译》，高流水、林恒森译注，贵州人民出版社 1996 年版，第 113 页。

〔2〕《尹文子·大道下》，见《慎子、尹文子、公孙龙子全译》，高流水、林恒森译注，贵州人民出版社 1996 年版，第 140 页。

〔3〕《尹文子·大道上》，见《慎子、尹文子、公孙龙子全译》，高流水、林恒森译注，贵州人民出版社 1996 年版，第 127 页。

〔4〕《黄帝四经·经法·名理》，见《黄帝四经　关尹子　尸子》，张景、张松辉译注，中华书局 2020 年版，第 100—101 页。

也用来指称法律，如“名法霜严”。名与法融合还组成了“名法”这个专门的范畴。尤其是在涉及三国时期的评论中，“名法”时有出现。汉魏之际，名、法、儒、道诸子思想经过综合而形成一种新的政治思想即名法思想。它以综核名实为原则，以刑名法术为核心内容，以名学思想与方法为思想纽带。名法思想注重实效、破除浮华、抑制世族。曹操是名法派著名代表人物，他轻视儒家经典中的纲常道义，提倡名法之治。司马懿、徐干等曹魏集团成员也主张名法。对名法思想的实质，也有名理学、刑名学、黄老学和名法学等不同说法。但需要注意的是，“名法”这一概念并非汉魏间人自己创造的表达，而是后人的概括，因此在汉魏文献中直接提及“名法”之处并不多。名法作为治国策略，常与德教对称使用。但在这种用法中，著者一般有扬德教而贬名法的倾向，这是传统“德主刑辅”思想的体现。

魏之初霸，术兼名法，傅嘏王粲，校练名理。〔1〕

近者魏武好法术而天下贵刑名，魏文慕通达，而天下贱守节。〔2〕

又曰：“论儒者以德化为本，谈法者以刻削为体。道教治世之粱肉，刑宪乱世之药石。故以教化比雨露，名法方风霜。是以有耻且格，敬让之枢纽；令行禁止，为国之关楗。然则天下治者，赏罚而已矣。”〔3〕

封述，字君义，渤海蓨人也。父轨，廷尉卿、济州刺史。述有干用，年十八为济州征东府铠曹参军。高道穆为御史中尉，启为御史。迁大司马清河王开府记室参

〔1〕《文心雕龙·论说》，见〔南朝梁〕刘勰《文心雕龙》，上海古籍出版社 2015 年版，第 116 页。
〔2〕《晋书·傅玄传》，见《晋书》（第 5 册），中华书局 1974 年版，第 1317—1318 页。
〔3〕《南齐书·崔祖思传》，见《南齐书》（第 2 册），中华书局 1972 年版，第 517 页。

> 军，兼司徒主簿。太昌中，除尚书三公郎中，以平干称。天平中，增损旧事为《麟趾新格》，其名法科条，皆述删定。[1]

> 更可异者，自居正以钱谷为考成，而神宗中叶大启矿税。居正以名法为科条，而神宗末造丛脞万几。呜呼！手实之祸，萌自催科，申、商之后，流为清静，则犹居正之贻患也。[2]

三、刑　名

刑名这一范畴是名之观念在政治法律领域最重要的运用之一。“刑”“形”二字古代有时通用，“刑名”和“形名”大致也可相通，其核心问题都在于名实相符。

“刑名”分为两层含义。广义的刑名指事物的外在形态，万物都有其形态，强调名实相应。狭义的刑名主要局限在法律、政治的范围，研究法律领域中的名实关系、赏罚奖惩、刑罚名称，斟酌法律条文词语等问题。当其意局限于法律范围时，“刑名”所包含的“刑”“名”两个词其实意义相近，二者皆有法律、规范之意。刑名也可具体指刑罚的名称，甚至指代法律。刑名学有时可视为古代法律学的代称。

最早讨论刑名之学的是名家的邓析。邓析称“循名责实，实之极也；按实定名，名之极也”，并将刑名学付诸实践。法家提出了系统的刑名法术之说，这甚至成为法家的代名词。法家刑名法术之学将儒家正名论与黄老形名论进行融合，应用于社会治理之中，审

---

〔1〕《北齐书·封述传》，见《北齐书》（卷四十三），中华书局1972年版，第573页。

〔2〕《明史纪事本末·江陵柄政》，见〔清〕谷应泰：《明史纪事本末》（卷六十一），中华书局1977年版。

合刑名成为其治理的方法论。法家刑名之术的内容颇为繁杂，涉及形—名、语言—行事、法令—行为、赏罚—功罪、职位—职事，等等，但其核心都在于名实相应。商鞅主张以法定名分，将名法律化。韩非子主张“有言者自为名，有事者自为形”。“名”就一定有一个事物的“形”与之相对应，反之事物的“形”也必然与其“名”相匹配。因此，法家提倡要“刑名参同”（《韩非子·扬权》）、“审合刑名”（《韩非子·二柄》）。如果“名”与“形”不对应，就会导致天下失序，会受到相应的刑罚处置，以重建秩序。在此，“名”再次显示其不仅是一个语言与称呼，而是政治与法律的制度建构，是一种现实秩序。

（一）刑名与法家学派

战国时以管仲、李悝、商鞅、申不害为代表的法家学派主张循名责实，慎赏明罚，后人称之为“刑名之学”。法家刑名法术之学将儒家正名论与黄老形名论进行了融合，应用于社会治理之中。刑名法术之学成为法家的标志。审合刑名成为其治理的方法论。法家的刑名学兼有广义与狭义这两个维度，既有逻辑学因素，又有政治学成分，而以后者为主。

法家刑名之术其核心在于名实相应。如在刑名关系上，要求刑与名相应；在“职位—职事”关系上，可视官职为“名”，政绩为“形”，要求政绩与官职相符；在“法令—行为”关系上，要求法令与行动一致。法家认为，运用刑名可以明赏罚、别贵贱、定职分。法家的“刑名法术”之学本质是为君主专制服务的。《汉书·元帝纪》颜师古注引刘向《别录》称：“刑名者，以名责实，尊君卑臣，崇上抑下”，一语道破了“刑名法术”实为尊君专制的工具本质，对此必须予以批判性审视。

鞅少好刑名之学，事魏相公叔痤为中庶子。[1]

申子之学本于黄老而主刑名。著书二篇，号曰申子。韩非者，韩之诸公子也，喜刑名法术之学，而其归本于黄老。[2]

御史大夫张叔者，名欧，安丘侯说之庶子也。孝文时以治刑名言事太子。然欧虽治刑名家，其人长者。[3]

孝文时颇征用，然孝文帝本好刑名之言。[4]

及窦太后崩，武安侯田蚡为丞相，绌黄老、刑名百家之言，延文学儒者数百人，而公孙弘以春秋白衣为天子三公，封以平津侯。[5]

今废仁义之术，而任刑名之徒，则复吴、秦之事也。[6]

申、韩刑名，旨归赏罚，《春秋》教也。[7]

---

〔1〕〔汉〕司马迁：《史记·商君列传》，见夏松凉、李敏主编：《史记今注》(下)，南京大学出版社1994年版，第893页。

〔2〕〔汉〕司马迁：《史记·老子韩非列传》，见夏松凉、李敏主编：《史记今注》(下)，南京大学出版社1994年版，第849页。

〔3〕〔汉〕司马迁：《史记·万石张叔列传》，见夏松凉、李敏主编：《史记今注》(下)，南京大学出版社1994年版，第1262—1263页。

〔4〕〔汉〕司马迁：《史记·儒林列传》，见夏松凉、李敏主编：《史记今注》(下)，南京大学出版社1994年版，第1494页。

〔5〕〔汉〕司马迁：《史记·儒林列传》，见夏松凉、李敏主编：《史记今注》(下)，南京大学出版社1994年版，第1494页。

〔6〕《盐铁论·刑德》，见王利器：《盐铁论校注》，中华书局1992年版，第568页。

〔7〕《文史通义·诗教》，见〔清〕章学诚：《文史通义校注》，叶瑛校注，中华书局1985年版，第60页。

（二）侧重逻辑关系的形名

“形”指形体、实体，“名”指名称、概念。形名指形体与名称的关系、实体和概念的关系，认为事物的“形”和事物的“名”必须相当。讨论形名问题的主要为先秦时期那些名家、墨家学者，“形名之家”相当于这些专事“名辩之学”的名家和墨家的代称。其他学派也有一定的讨论。《庄子·天道》引用的故书就提到了“形名者，古人有之”。《尹文子》对形名的讨论尤其密集。《韩非子》也密集讨论“刑名”或“形名”，其意也指事物的外在形态。

> 故书曰：“有形有名。”形名者，古人有之，而非所以先也。古之语大道者，五变而形名可举，九变而赏罚可言也。〔1〕

> 物固有形，形固有名。〔2〕

> 明君之督大臣，缘身而责名，缘名而责形，缘形而责实。〔3〕

> 大道不称，众有必名。生于不称，则群形自得其方圆。名生于方圆，则众名得其所称也。〔4〕

> 夫形名之家皆曰：“白马非马也。”〔5〕

---

〔1〕《庄子·天道》，见张松辉：《庄子译注与解释》（上），中华书局 2011 年版，第 255 页。

〔2〕《管子·心术上》，见《管子》（下），李山、轩新丽译注，中华书局 2019 年版，第 626 页。

〔3〕《邓析子·转辞》，见《邓析子》，中华书局 1991 年版，第 7 页。

〔4〕《尹文子·大道上》，见《慎子、尹文子、公孙龙子全译》，高流水、林恒森译注，贵州人民出版社 1996 年版，第 101 页。

〔5〕《战国策·赵策》，见《战国策》，缪文远、缪伟、罗永莲译，中华书局 2015 年版，第 344 页。

道有度数，故神明可交也。物有相胜，故水火可用也。东西南北，故形名可信也。[1]

有言者自为名，有事者自为形，形名参同，君乃无事焉，归之其情。[2]

凡得道者，形不可得而见，名不可得而扬，今汝已有形名矣，何道之所能乎。[3]

虚无有，秋毫成之，必有形名；形名立，则黑白之分已。故执道者之观于天下也，无执也，无处也，无为也，无私也。是故天下有事，无不自为形声号矣。形名已立，声号已建，则无所逃迹匿正矣。[4]

（三）侧重政治法律的刑名

"刑"在战国初期的意思是规范与法度，而到战国后期则具有"刑罚"的意义。"刑名之学"直接与法律相联系，专门研究政治法律问题的"形名之学"即"刑名之学"。春秋时期，礼崩乐坏，名实大乱，于是"刑名"问题成为研究重点，以使"名实相符"，建立秩序。随之也就出现了"刑名之学"，讨论者主要为商鞅、韩非子等法家学者。"刑名法术"还成了一个固定连用的词语。刑名还有其他引申含义，有时刑名可代指刑律，也可指代刑事案件。

---

〔1〕《鹖冠子·世兵》，见黄怀信：《鹖冠子校注》，中华书局 2014 年版，第 261 页。

〔2〕《韩非子·主道》，见《韩非子》，高华平等译注，中华书局 2010 年版，第 34 页。

〔3〕《淮南子·说山训》，见《淮南子》（下），陈广忠译注，中华书局 2012 年版，第 911—912 页。

〔4〕《黄帝四经·经法·道法》，见《黄帝四经　关尹子　尸子》，张景、张松辉译注，中华书局 2020 年版，第 20 页。

1. 刑名的内涵与功能

刑字从词源来看乃一假借字，其本字或为“型”，即铸造用的模型，或为“井刂”，即刑罚之刑。前者与正名之说相关，型名要相称。后者则发展为法律中的刑名之学，要求罪刑相称、赏罚得当。前者作为模型有其固定的形状和名称，这是一种标准，后者在法律中更加讲究规范统一，这两者本质上是相通的。儒家正名以礼，法家循名以法，都强调对臣民的规范统治。形名学主要研究法律领域中的名实关系、赏罚奖惩、刑罚名称、斟酌法律条文词语等问题。法家刑名之术的内容颇为繁杂，但其核心都在于“名”与“形”的对应，如果不对应，则会受到相应的刑罚处置。

刑名是法家重要的治国方略。《吕氏春秋·正名》有言：“凡乱者，刑名不当也。”运用刑名可以明赏罚、别贵贱、定职分。有了正确的名（名称、法令），则社会有序，天下大治；而如果名出现偏差，就会天下大乱。因此主张“循名责实”“刑名参同”“审名定分”的刑名思想，要求事、功与名、言完全相符。

> 凡乱者，刑名不当也。〔1〕

> 人主将欲禁奸，则审合刑名。刑名者，言与事也。为人臣者陈而言，君以其言授之事，专以其事责其功。功当其事，事当其言，则赏；功不当其事，事不当其言，则罚。〔2〕

> 故审名以定位，明分以辩类。〔3〕

---

〔1〕《吕氏春秋·正名》，见《吕氏春秋》，北方文艺出版社 2014 年版，第 233 页。

〔2〕《韩非子·二柄》，见《韩非子》，高华平等译注，中华书局 2010 年版，第 55 页。

〔3〕《韩非子·扬权》，见《韩非子》，高华平等译注，中华书局 2010 年版，第 62 页。

秦居闰位，任刑名为政本；汉执灵图，杂霸道而为业。[1]

申子者，韩昭釐之左。韩，晋别国也。地墽民险，而介于大国之间，晋国之故礼未灭，韩国之新法重出，先君之令未收，后君之令又下，新故相反，前后相缪，百官背乱，不知所用，故刑名之书生焉。[2]

胡寅曰："怀天下者当以仁，理天下者当以义，律令者聊以记刑名之数耳，岂所恃以为治也？惟明于经训者乃能用法，徒贵习法之熟而无保国化民之本，是李斯所以亡秦者也。"[3]

2. 循名责实、综核名实

法家学派的核心主张之一是循名责实、综核名实，名家、杂家也有此说。循即因循、依照，责即要求、责问。循名责实意为依据其名义考察其实际，以求名实得以相符。类似的表述还有"控名责实""求名责实""循名督实""循名核实""循名校实""循名考实""循名课实""责实循名"。《管子》已有"修名而督实"之语，申子之"刑名"已接近"循名责实"之意，商鞅"刑名"之说提倡信赏必罚。韩非之刑名说则集其大成。法家将形名之学施于法制，统治者通过"责实"实行监察，予以赏罚。君主奉形名参验之术，希望臣民恪尽职守、上下和调，君主以收"无事而治天下"的功效。这在涉及官员考核时尤为常见。

---

〔1〕《隋书·薛道衡传》，见《隋书》（第5册），中华书局1973年版，第1408页。

〔2〕《淮南子·要略》，见《淮南子》（下），中华书局2012年版，第1271页。

〔3〕〔明〕丘濬：《大学衍义补》（下），朱维铮主编：《中国经学史基本丛书》（第4册），上海书店出版社2012年版，第227页。

修名而督实，按实而定名。名实相生，反相为情。名实当则治，不当则乱。名生于实，实生于德，德生于理，理生于智，智生于当。[1]

术者，因任而授官，循名而责实，操杀生之柄，课群臣之能者也，此人主之所执也。[2]

物固有形，形固有名，名当，谓之圣人。故必知不言，无为之事，然后知道之纪。殊形异埶，不与万物异理，故可以为天下始。[3]

循名实而定是非，因参验而审言辞。[4]

循名责实，实之极也；按实定名，名之极也。[5]

循名责实，君之事也；奉法宣令，臣之职也。[6]

故有道之主，灭想去意，清虚以待，不伐之言，不夺之事，循名责实，使自司任而弗诏，责而弗教；以不知为道，以奈何为宝。[7]

是故曰：正名去伪，事成若化；以实核名，百事皆成。

〔1〕《管子·九守》，见《管子》（下），李山、轩新丽译注，中华书局2019年版，第981页。

〔2〕《韩非子·定法》，见《韩非子》，高华平等译注，中华书局2010年版，第620页。

〔3〕《管子·心术上》，见《管子》（下），李山、轩新丽译注，中华书局2019年版，第626页。

〔4〕《韩非子·奸劫弑臣》，见《韩非子》，高华平等译注，中华书局2010年版，第132页。

〔5〕《邓析子·转辞》，见《邓析子》，中华书局1991年版，第6页。

〔6〕《邓析子·无厚》，见《邓析子》，中华书局1991年版，第1页。

〔7〕《淮南子·主术训》，见《淮南子》（上），陈广忠译注，中华书局2012年版，第475页。

夫用贤使能，不劳而治；正名覆实，不罚而威。[1]

运理群物，考验事实，各载其名。[2]

3. 刑名代指刑律

刑名也可代指刑律。比如《史记·秦始皇本纪》所载李斯《会稽刻石》将秦国治国的模式概括为“秦圣临国，始定刑名”。“掌刑名”指执掌法律，“坐刑名”“陷刑名”“冒犯刑名”指触犯法律。不过在古代“德教优于刑罚”的思想背景下，“重刑名”等说法多蕴含一种批判指责的意味。

秦圣临国，始定刑名，显陈旧章。初平法式，审别职任，以立恒常。[3]

十年十月辛亥诏曰：凡在职司，必当廉慎，苟怀贪污，实紊政经，为理之先，固在惩诫。共犯赃官，本据律文，刑名甚重，顷者多从宽宥，不足惩奸，切在申明，使其知惧。[4]

广陈封建，深中机宜，详辨刑名，该覈政体。[5]

谕之曰：“立法贵在简当，使人易晓。若条绪繁多，或一事而两端，可轻可重，使贪吏得藉手为奸，则所以禁残

〔1〕《尸子·分》，见《黄帝四经　关尹子　尸子》，张景、张松辉译注，中华书局 2020 年版，第 459 页。

〔2〕〔汉〕司马迁：《史记·秦始皇本纪》，见夏松凉、李敏主编：《史记今注》（上），南京大学出版社 1994 年版，第 107 页。

〔3〕〔汉〕司马迁：《史记·秦始皇本纪》，见夏松凉、李敏主编：《史记今注》（上），南京大学出版社 1994 年版，第 107 页。

〔4〕《册府元龟·刑法部·定律令第四》，见〔宋〕王钦若等：《册府元龟》（第 13 册），台湾中华书局 1996 年版，第 7351 页。

〔5〕《晋书·李重传》，见《晋书》（第 5 册），中华书局 1974 年版，第 1313 页。

暴者，适以贼良善，非良法也。夫网密则水无大鱼，法密则国无全民。卿等宜尽心参究，凡刑名条目，吾与卿面议斟酌之，庶可为久远之法。”[1]

仲良言于高祖曰：“周代之律，其属三千，秦法已来，约为五百。若远依周制，繁紊更多。且官吏至公，自当奉法，苟若徇己，岂顾刑名？请崇宽简，以允惟新之望。”高祖然之。于是采定《开皇律》行之，时以为便。[2]

陛下求治之心，操之太急。酝酿而为功利，功利不已，转为刑名；刑名不已，流为猜忌；猜忌不已，积为壅蔽。[3]

风纪之官但以刑名为事，而于弼教新民之意若不相关，无惑乎江河之日下已！[4]

细宜详审，勿陷刑名。甘州且（具）寮，尤须择地。傥被尘点，不得怨人。如到覆亡，卒难迴避，各求生路，无事守株。[5]

本司与刑部、都察院皆掌天下刑名，而刑部分设四部，各有郎中、员外郎、主事。[6]

---

〔1〕中华书局编辑部编：《历代纪事本末》（第2册），中华书局1997年版，第2170页。

〔2〕《旧唐书·列传第三十》，见《旧唐书》（第8册），中华书局1975年版，第2739—2740页。

〔3〕《明史·刘宗周传》，见《明史》（第22册），中华书局1974年版，第6578页

〔4〕《日知录·清议》，见〔清〕顾炎武：《顾炎武全集》（第18卷），上海古籍出版社2011年版，第533页。

〔5〕《张瓌诈称节度》，见唐耕耦、陆宏基编：《敦煌社会经济文献真迹释录》（第2辑），全国图书馆文献缩微复制中心1990年，第629页。

〔6〕《明史·职官二·都察院》，见《明史》（第5册），中华书局1974年版，第1768页。

故先王忧人心之易弛而流也，劳来之以德教，而不切聂之以事功；移易之以礼乐，而不督责之以刑名。[1]

埜又尝寄父褐，复贻书责曰："汝掌刑名，当洗冤释滞，以无忝任使，何从得此褐，乃以污我。"封还之。埜奉书跪诵，泣受教。成化初，谥忠肃。[2]

4. 刑名指刑罚之名称

刑名也可专指刑罚之名称，如死刑、徒刑等，也可指刑律典的篇名。三国时魏制新律，于律首作《刑名》篇，晋于《刑名》中又分《法例》篇，北齐合为《名例》，成为律典的开篇，历代沿袭这一做法。

刑名从商，爵名从周，文名从《礼》。[3]

律始于《刑名》者，所以定罪制也；终于《诸侯》者，所以毕其政也。王政布于上，诸侯奉于下，礼乐抚于中，故有三才之义焉，其相须而成，若一体焉。刑名所以经略罪法之轻重，正加减之等差，明发众篇之多义，补其章条之不足。[4]

旧律因秦《法经》，就增三篇，而《具律》不移，因在第六。罪条例既不在始，又不在终，非篇章之义。故（新律）集罪例以为《刑名》，冠于律首。[5]

---

〔1〕《读通鉴论·明帝》，见〔清〕王夫之：《船山全书》（第10册），岳麓书社2011年版，第476页。

〔2〕《明史·邝埜传》，见《明史》（第15册），中华书局1974年版，第4503页。

〔3〕《荀子·正名》，见《荀子》，方勇、李波译注，中华书局2011年版，第357页。

〔4〕〔晋〕张斐：《注律表》，见《晋书》（第3册），中华书局1974年版，第928页。

〔5〕《晋书·刑法志》，见《晋书》（第3册），中华书局1974年版，第924页。

其刑名有五。一曰死刑二，有绞，有斩。[1]

更命吕公着等定议刑名，议不称安石意，乃自具奏。初，曾公亮以中书论正刑名为非，安石曰："有司用刑不当，则审刑、大理当论正；审刑、大理用刑不当，即差官定议；议既不当，即中书自宜论奏，取决人主。此所谓国体。岂有中书不可论正刑名之理？"[2]

请检详刑名重于旧律者，以敕律参考，裁定其当。[3]

请自今诸州所奏大辟，情理无可悯，刑名无可疑，令刑部还之，使依法处断。[4]

5. 刑名引申为刑事案件

刑名也可指刑事案件。比如在明朝，刑部、都察院、大理寺称"三法司"，各地的刑事案件要移文刑部详议是否平允。因此有"刑部受天下刑名""掌天下刑名"之说。"断刑名""决刑名"指审判刑事案件，古人经常教诲要"审谨刑名"，即谨慎对待刑狱之事，公平判案。

刑部受天下刑名，都察院纠察，大理寺驳正。[5]

（刑部）掌天下刑名及徒隶、勾覆、关禁之政令。[6]

---

〔1〕《隋书·刑法志》，见许嘉璐主编：《二十四史全译·隋书》（上），汉语大词典 2004 年版，第 627 页。

〔2〕《宋史·刑法志三》，见《宋史》（第 15 册），中华书局 1985 年版，第 5007 页

〔3〕《宋史·刑法志三》，见《宋史》（第 15 册），中华书局 1985 年版，第 5009 页

〔4〕《宋史·刑法志三》，见《宋史》（第 15 册），中华书局 1985 年版，第 5012 页

〔5〕《明史·刑法志》，见《明史》（第 8 册），中华书局 1974 年版，第 2305 页。

〔6〕《明史·职官一》，见《明史》（第 6 册），中华书局 1974 年版，第 1755 页。

若代官已到，旧观各照已定限期，交割户口、钱粮、刑名等项及应有卷宗、籍册完备，无故十日在外不离任所者，依赴任过限论，减二等。[1]

若各衙门追究钱粮、鞫问刑名公事，当该官吏将奏准合行事理妄称奉旨追问者，斩。[2]

外省刑名，遂总汇于按察使司，而督抚受成焉。[3]

（四）形名与刑名之异同

“刑”“形”二字古代有时通用，“刑名”和“形名”也可相通，其核心问题都在于名实相符。如伍非百按：“‘刑名’即‘形名’，亦即‘名实’。申韩诸人，皆以法家而兼名家，通言谓之‘形名法术’。析言之，则或称‘形名’或称‘法术’。”[4]

但两者也有所区别。在使用范围上，“形名”较“刑名”宽泛一些，可以认为二者是包含关系，即“形名”包含“刑名”。从内容上说，“形名之学”以研究逻辑关系为主，而“刑名之学”则与法律相联系，以解释法条术语为主，兼论法条术语间的逻辑关系。[5]形名更抽象，更具哲学意味。专门研究政治法律问题的“形名之学”即“刑名之学”，重点是法律领域中的名实关系。“刑名”是“形名”在政治法律领域中的运用。

从使用主体来说，讨论“形名”问题的主要为名家、墨家学者，

---

〔1〕《大明律》，怀效锋点校，法律出版社 1999 年版，第 33 页。

〔2〕《大明律》，怀效锋点校，法律出版社 1999 年版，第 192 页。

〔3〕《清史稿·刑法志三》，见《二十五史·清史稿》（上），上海书店、上海古籍出版社 1986 年版，第 9347 页。

〔4〕 伍非百：《中国古名家言》，四川大学出版社 2009 年版，第 795 页。

〔5〕 吴保平：《韩非的刑名逻辑思想》，学习出版社 2019 年版，第 35 页。

讨论“刑名”问题的主要为法家学者。汉代许慎的《说文解字》将“刑”与“形”字做了明确的区分：“荆，罚罪也，从井从刀”[1]，“形，象形也，从彡幵声”[2]。此后，“刑名”与“形名”混用的现象大大减少。

当然，两者区分并非绝对，两者的联系极为紧密。刑名也将名实理论作为其法律学说的基础，也可以说，形名是刑名法术的理论基础。法家学者也有较多关于“形名”问题的讨论，名家学者对“形名”的讨论也蕴含了政治指向。韩非著作中“形名”和“刑名”并言之处尤多。《黄帝四经》全书中出现诸多“刑”而无“形”字，但这里的“刑”同时具备形状、法度和刑罚的意思，如“毋失吾恒刑”。清代袁枚《随园随笔·辨讹》还专门批判了将“形名”与“刑名”割裂的看法。

> 有言者自为名，有事者自为形，形名参同，君乃事焉……大不可量，深不可测，同合刑名，审验法式，擅为者诛，国乃无贼。[3]

> 古之语大道者，五变而形名可举，九变而赏罚可言也。骤而语形名，不知其本也；骤而语赏罚，不知其始也。倒道而言，迕道而说者，人之所治也，安能治人！骤而语形名赏罚，此有知治之具，非知治之道；可用于天下，不足以用天下，此之谓辩士，一曲之人也。礼法数度，形名比详，古人有之，此下之所以事上，非上之所以畜下也。[4]

---

〔1〕〔汉〕许慎：《说文解字》，社会科学文献出版社 2005 年版，第 271 页。

〔2〕〔汉〕许慎：《说文解字》，社会科学文献出版社 2005 年版，第 480 页。

〔3〕《韩非子·主道》，见《韩非子》，高华平等译注，中华书局 2010 年版，第 37 页。

〔4〕《庄子·天道》，见张松辉：《庄子译注与解释》（上），中华书局 2011 年版，第 255 页。

有物始［生］，建于地而溢于天，莫见其刑；大盈冬天地之间而莫知其名。莫能见知，故有逆成。[1]

谨守吾正名，毋失吾恒刑，以视后人。[2]

申韩形名之学，其法在审合形名，故曰“不知其名，复修其形”，今称为刑罚之刑，误矣。[3]

四、正　名

（一）正名的由来与发展

“正名”就是辨正名称、名分，使名实相符，尤其是指以名规范人们的社会行为。这既是认识论的重要问题，更是重建政治秩序的首要要务。

从思想史上看，孔子将正名提到为政之先的高度并初步阐发出一整套系统，成为“正名”的代表，具有重大的影响和深远的意义。《吕氏春秋》《荀子》等都著专门的《正名》篇。由于名具有多重意义，正名也具有偏重价值判断的“正名分”与偏向事实判断的“正名实（形名）”两个维度，在古代思想中以前者为主。如《吕氏春秋》中《正名》篇主要偏于与语言相关的名，而其《审分》篇则明显偏于政治意义上的名。《商君书》《管子》《韩非子》《尸子》等的“正名”问题，则主要是名分职守、国家管理等问题，政治性更强。

---

〔1〕《黄帝四经·经法·名理》，见《黄帝四经　关尹子　尸子》，张景、张松辉译注，中华书局2020年版，第98页。

〔2〕《黄帝四经·十大经·正乱》，见《黄帝四经　关尹子　尸子》，张景、张松辉译注，中华书局2020年版，第147页。

〔3〕《随园随笔·辨讹》，见〔清〕袁枚：《袁枚全集》（第5册），江苏古籍出版社1993年版，第286页。

1. 孔子“正名论”及后世影响

卫庄公、卫出公父子争国，孔子自楚返卫，针对卫国君臣父子名分紊乱之局提出“正名”。孔子认为，要依据先王遗留的不变的“名”（周礼）来纠正当时混乱的伦常关系，以恢复“君君、臣臣、父父、子子”的理想秩序，这是“以名正实”。正君主之名，要确立君主的权威，规范君主的行为。正臣之名，则是理顺君臣关系，恪守忠君之道。正父子之名，让家庭和睦。正名就是要求君臣父子的行为符合各自身份，不逾越本分。在孔子看来，“正名”乃“为政”之根本，是其核心思想。

孔子之后，孟子、荀子都对“正名”有过较为系统的阐述。程朱陆王等后世儒学都对孔子“正名论”加以解说以阐发其思想。司马光《资治通鉴》开篇即抨击“三家分晋”乱名，倡导“天子之职莫大于礼，礼莫大于分，分莫大于名”。尤其是，南宋时期，朝廷偏安，孔子《春秋》中正名思想所包含的“尊王攘夷”思想在宋代外族欺凌的背景下得到了极大张扬。胡安国《春秋传》、朱熹《通鉴纲目》等极大张扬民族大义。而为树立皇帝的正统地位，朱熹进一步发展了孔子的“正名”思想，讲“天分”与“定分”。朱子指出：“天分即天理也，父安其父之分，子安其子之分，君安其君之分，臣安其臣之分，则安得私。”（《朱子语类》卷九五）。在君臣父子尊卑的封建秩序中，朱熹特别看重君臣名分，认为君臣名分是最大的“义”。正是围绕着君臣名分，朱熹进一步建构了系统的“三纲五常”。朱子学传入日本之后，日本更是诞生了“大义名分”思想。在日本近代史的日常社会与大众媒体通用文字上，“大义名分”是一个惯用语，其意主要是指“主张某个行动的正当性而铺陈出来的一套道理、说辞或根据”，在政治层面则主要指“作为一个臣民身分的人所必遵守奉行的道理、分限”。[1] 日本水户学代表人物藤田幽谷专

---

〔1〕童长义：《日本近世“大义名分”语词形成史》，载许倬云、张广达主编：《唐宋时期的名分秩序》，台湾政大出版社 2016 年版，第 279 页。

门著有《正名论》，系统阐述了“大义名分”思想，成为推翻幕府、开展明治维新的精神动力。由此也可见孔子“正名”思想的世界性影响。

“正名”被视为孔子思想的核心。胡适称孔子的政治哲学为“正名主义”，并将此视作“孔子学说的中心问题”。康有为甚至提出“盖今一切名号，皆孔子所正也”〔1〕。

> 子路曰：“卫君待子而为政，子将奚先？”子曰：“必也正名乎！”〔2〕

> 孔子曰：“鲁卫之政，兄弟也。”是时，卫君辄父不得立，在外，诸侯数以为让。而孔子弟子多仕于卫，卫君欲得孔子为政。子路曰：“卫君待子而为政，子将奚先？”孔子曰：“必也正名乎！”子路曰：“有是哉，子之迂也！何其正也？”孔子曰：“野哉由也！夫名不正则言不顺，言不顺则事不成，事不成则礼乐不兴，礼乐不兴则刑罚不中，刑罚不中则民无所措手足矣。夫君子为之必可名，言之必可行。君子于其言，无所苟而已矣。”〔3〕

> 此在《谷梁》梁亡一传本有端绪，何也？梁亡，郑弃其师，义主正名，而文仍旧史，以此推之，则不论其文之加损不加损，而其义皆有所取，不计其与旧史本意同异何如也。〔4〕

> 《春秋传》曰：“古者名位不同，节文异数。”孔子曰：

〔1〕〔清〕康有为：《论语注》，中华书局1984年版，第192页。

〔2〕《论语·子路》，见杨伯峻译注：《论语译注》，中华书局2006年版，第150页。

〔3〕〔汉〕司马迁：《史记·孔子世家》，见夏松凉、李敏主编：《史记今注》（下），南京大学出版社1994年版，第702页。

〔4〕〔清〕钟文烝：《春秋谷梁经传补注》，骈宇骞、郝淑慧点校，中华书局2009年版，第16页。

“名不正则言不顺，言不顺则事不成。”《周官》：宗伯“以九仪之命，正邦国之位，辨其名物之类”是也。拘者为之，则苛察缴绕，滞于析辞而失大体。〔1〕

天子之职莫大于礼，礼莫大于分，分莫大于名。〔2〕

是时出公不父其父而祢其祖，名实紊矣，故孔子以正名为先。谢氏曰：正名虽为卫君而言，然为政之道，皆当以此为先。〔3〕

今既不闻，则是非国政也。语意与魏征献陵之对略相似。其所以正名分，抑季氏，而教冉有之意深矣。〔4〕

君子修《春秋》，以史法为经法而例立，于是有变史例以为例者，于是有自变其例以为例，此其正名尽辞以当王法，岂不尤备乎哉？夫例者义而已矣。〔5〕

问：“孔子正名。先儒说上告天子、下告方伯、废辄立郢，此意如何？”

先生曰：“……圣人盛德至诚，必已感化卫辄，使知无父之不可以为人，必将痛哭奔走，往迎其父。父子之爱，本于天性，辄能悔痛真切如此，蒯聩岂不感动底豫？蒯聩既还，辄乃致国请戮。聩已见化于子，又有夫子至诚调和其间，当亦决不肯受，仍以命辄。群臣百姓又必欲得辄为君。辄乃自暴其罪恶，请于天子，告于方伯诸侯，而必欲

〔1〕《隋书·经籍志三》，见《隋书》（第4册），中华书局1973年版，第1004页。

〔2〕〔宋〕司马光：《资治通鉴》，岳麓书社2018年版，第1页。

〔3〕〔宋〕朱熹：《四书集注》，张茂泽整理，三秦出版社1998年版，第215页。

〔4〕〔宋〕朱熹：《四书集注》，张茂泽整理，三秦出版社1998年版，第220页。

〔5〕〔清〕钟文烝：《春秋谷梁经传补注》，骈宇骞、郝淑慧点校，中华书局2009年版，第13页。

致国于父。聩与群臣百姓亦皆表辄悔悟仁孝之美，请于天子，告于方伯诸侯，必欲得辄而为之君。于是集命于辄，使之复君卫国。辄不得已，乃如后世上皇故事，率群臣百姓尊聩为太公，备物致养，而始退复其位焉。则君君、臣臣、父父、子子，名正言顺，一举而可为政于天下矣。孔子正名，或是如此。”[1]

礼莫大于分，分莫大于名，不可不慎也。夫既摄回天子之政，则谓之摄政，不亦名正而言顺乎！名正言顺，然后礼乐兴。礼乐兴，然后天下治。为政者岂可以正名为迂也哉。[2]

2. 正名的早期用法

最早提到正名说法的并非孔子。早在《国语》中，晋文公重耳取得政权之初其施政纲领中首次提到了“正名育类”，其所谓的正名即是指公、大夫、士、庶人、工商、皂隶、官宰七种职分之人应各司其职，各守其分。《管子》中也有“正名自治之，奇身名废”“守慎正名”等说法。《礼记》认为黄帝成为华夏始祖的原因便在于“黄帝正名百物以明民共财”。

元年春，公及夫人嬴氏至自王城。秦伯纳卫三千人，实纪纲之仆。公属百官，赋职任功，弃责薄敛，施舍分寡。救乏振滞，匡困资无。轻关易道，通商宽农。懋穑劝分，省用足财、利器明德，以厚民性。举善援能，官方定物，

〔1〕〔明〕王阳明：《传习录·陆澄录》，见邓阳译注：《传习录译注》，花城出版社 1998 年版，第 75 页。

〔2〕〔日〕藤田幽谷：《正名论》，转引自童长义：《日本近世“大义名分”语词形成史》附录，载许倬云、张广达主编：《唐宋时期的名分秩序》，台湾政大出版社 2016 年版，第 317 页。

正名育类。[1]

守慎正名，伪诈自止。[2]

是以圣人之治也，静身以待之，物至而名自治之。正名自治之，奇名自废。[3]

姑形以形，以形务名，督言正名，故曰“圣人”。[4]

黄帝正名百物以明民共财。[5]

3. 孟子的正名思想

孟子的正名注重君臣之道。他认为，为君者须尽君道，保有君的德性，才能享有君的特权。为臣者当尽臣道，恪守职分。其进步之处在于，强调了君的责任，如果君王暴虐无道，那么他已经不配为君，而是一“夫”而已。君臣的权利义务带有双向性，如果“君视臣如土芥，则臣视君如寇仇”。如果暴君无道，臣民也可起而反抗，这一思想带有革命性，对后世影响甚大。

在社会生活上，孟子的“五伦”之说将人伦结构建构于名的观念之上。父子、君臣、夫妇、长幼、朋友应各自完成自身之职分，要做到父子有亲，君臣有交，才能和谐有序。后来这发展出系统的“三纲五常”名教理论。蒙学经典《三字经》表达为：“学为己，明

---

〔1〕《国语·晋语四》，见《国语》，陈桐生译注，中华书局 2013 年版，第 411 页。

〔2〕《管子·正》，见《管子》（下），李山、轩新丽译注，中华书局 2019 年版，第 692 页。

〔3〕《管子·白心》，见《管子》（下），李山、轩新丽译注，中华书局 2019 年版，第 643 页。

〔4〕《管子·心术上》，见《管子》（下），李山、轩新丽译注，中华书局 2019 年版，第 632 页。

〔5〕《礼记·祭法》，见《礼记》（下），胡平生、张萌译注，中华书局 2017 年版，第 891 页。

人伦，君臣义，父子亲。夫妇别，男女正，长幼序，朋友信。”这在民间影响极大。

> 欲为君，尽君道；欲为臣，尽臣道。[1]

> 君视臣如手足，则臣视君如腹心；君视臣如犬马，则臣视君如国人；君视臣如土芥，则臣视君如寇仇。[2]

> 父子有亲，君臣有交，夫妇有别，长幼有序，朋友有信。[3]

4. 荀子正名思想

荀子著《正名》一篇，构建了系统的正名思想，讨论了名的种类、制名的目的、制名的根据、命名的原则。有论者称：“荀子既承儒家之宗，复采名家之要，著为斯篇，是谓集名家之大成者。”[4] 在荀子看来，礼的形成、道的运行、法的实施、社会的运转、国家的安定，都须依赖名的正确使用。荀子之正名除了政治领域，还涉及逻辑正名。荀子融合道、墨、名、法诸家，改造了孔孟的正名，体现了儒法合流的趋势。他认为，正名即是给事物制定正确的名称，或是纠正事物已有但却混乱的名称，以最终实现“名实相符”的目标。《荀子》还列举了正名的方式方法，并称此为“制名之枢要”。书中讨论了“有循于旧名”“正确制名”“谨守用名之界限”等正名方式。如针对社会人伦，要重视发扬继承已有的法规制度，遵循社会上已经存在并被人们广为接受的名，即“有循于旧名”。制名必须严格遵循一定原则，要依实而定。

---

〔1〕《孟子·离娄上》，见《孟子》，山西古籍出版社 2003 年版，第 105 页。

〔2〕《孟子·离娄下》，见《孟子》，山西古籍出版社 2003 年版，第 122—123 页。

〔3〕《孟子·滕文公上》，见《孟子》，山西古籍出版社 2003 年版，第 77 页。

〔4〕 伍非百：《中国古名家言》，四川大学出版社 2009 年版，第 740 页。

今圣王没，名守慢，奇辞起，名实乱，是非之形不明，则虽守法之吏，诵数之儒，亦皆乱也。若有王者起，必将有循于旧名，有作于新名。[1]

故王者之制名，名定而实辨，道行而志通，则慎率民而一焉。故析辞擅作名以乱正名，使民疑惑，人多辨讼，则谓之大奸，其罪犹为符节、度量之罪也。故其民莫敢托为奇辞以乱正名，故其民悫。悫则易使，易使则公。其民莫敢托为奇辞以乱正名，故壹于道法，而谨于循令矣。如是则其迹长矣。迹长功成，治之极也。是谨于守名约之功也。[2]

凡爵列、官能、赏庆、刑罚，皆报也，以类相从者也。一物失称，乱之端也。夫德不称位，能不称官，赏不当功，罚不当罪，不祥莫大焉。[3]

（二）正名之内涵

由于名具有多重意义，所以正名也具有偏重价值判断的“正名分”与偏向事实判断的“正名实（形名）”两种解释。孔子正名思想已初步具有两种维度，但以政治伦理之名为主。荀子正名已明确可分为正社会人伦之名与正客观事物之名。名家之正名更偏重正形名、正名实。《吕氏春秋》中《正名》篇侧重于与语言相关的名，而其《审分》篇则明显偏于政治意义上的名。

1. 正名分

儒家学者主要重在政治伦理维度，将正名理解为正名位、名分、

〔1〕《荀子·正名》，见《荀子》，方勇、李波译注，中华书局2011年版，第359页。
〔2〕《荀子·正名》，见《荀子》，方勇、李波译注，中华书局2011年版，第358—359页。
〔3〕《荀子·正论》，见《荀子》，方勇、李波译注，中华书局2011年版，第283页。

礼数等。正名即回到“君君、臣臣、父父、子子”的礼制秩序，期望社会中每一个成员都能各安其分，各尽其责。正名也体现依据德行来确定等级，选贤与能，授予官职，明确职分。

齐景公问政于孔子。孔子对曰：“君君、臣臣、父父、子子。”公曰：“善哉！信如君不君、臣不臣、父不父、子不子，虽有粟，吾得而食诸？”〔1〕

定公问：“君使臣，臣事君，如之何？”孔子曰：“君使臣以礼，臣事君以忠。”〔2〕

为人君，止于仁；为人臣，止于敬；为人子，止于孝；为人父，止于慈；与国人交，止于信。〔3〕

政者，正也。君为正，则百姓从政矣，君之所为，百姓之所从也。〔4〕

论德而定次，量能而授官，皆使人载其事，而各得其所宜，上贤使之为三公，次贤使之为诸侯，下贤使之为士大夫，是所以显设之也。〔5〕

若夫谪德而定次，量能而授官，使贤不肖皆得其位，能不能皆得其官，万物得其宜，事变得其应，慎墨不得进其谈，惠施、邓析不敢窜其察，言必当理，事必

---

〔1〕《论语·颜渊》，见杨伯峻译注：《论语译注》，中华书局 2006 年版，第 142 页。

〔2〕《论语·八佾》，见杨伯峻译注：《论语译注》，中华书局 2006 年版，第 32 页。

〔3〕《礼记·大学》，见《礼记》（下），胡平生、张萌译注，中华书局 2017 年版，第 1165 页。

〔4〕《礼记·哀公问》，见《礼记》（下），胡平生、张萌译注，中华书局 2017 年版，第 960 页。

〔5〕《荀子·君道》，见《荀子》，方勇、李波译注，中华书局 2011 年版，第 197 页。

当务，是然后君子之所长也。[1]

不正其名，不分其职，而数用刑罚，乱莫大焉。[2]

史疾为韩使楚，楚王问曰："客何方所循？"曰："治列子圉寇之言。"曰："何贵？"曰："贵正。"王曰："正亦可为国乎？"曰："可。"王曰："楚国多盗，正可以圉盗乎？"曰："可。"曰："以正圉盗，奈何？"顷间有鹊止于屋上者，曰："请问楚人谓此鸟何？"王曰："谓之鹊。"曰："谓之乌，可乎？"曰："不可。"曰："今王之国有柱国、令尹、司马、典令，其任官置吏，必曰廉洁胜任。今盗贼公行而弗能禁也，此乌不为乌，鹊不为鹊也。"[3]

受命之君，天意之所予也。故号为天子者，宜视天为父，事天以孝道也；号为诸侯者，宜谨视所候奉之天子也；号为大夫者，宜厚其忠信，敦其礼义，使善大于匹夫之义，足以化也；士者，事也，民者、瞑也；士不及化，可使守事从上而已。[4]

2. 正名实（形名）

除了政治上的正名，也有偏于逻辑名辩的正名，强调认知中的名实合一。如《吕氏春秋》中《正名》篇即偏于语言、逻辑相关的名。荀子也提出了认知领域的正名，以期实现"名定而实辨""名闻

〔1〕《荀子·儒效》，见《荀子》，方勇、李波译注，中华书局 2011 年版，第 197 页。

〔2〕《吕氏春秋·审分》，见《吕氏春秋》，北方文艺出版社 2014 年版，第 238 页。

〔3〕《战国策·韩策二》，见《战国策》，缪文远、缪伟、罗永莲译，中华书局 2015 年版，第 550—552 页。

〔4〕《春秋繁露·深察名号》，见〔汉〕董仲舒：《春秋繁露》，张世亮、钟肇鹏、周桂钿译注，中华书局 2012 年版，第 368 页。

而实喻”的逻辑目的。董仲舒提倡“名生于真”，正名要使“名物如其真”。这一路径主要见于名家。如公孙龙提倡“正其所实者，正其名也”[1]。要使概念正确，就必须正确反映事物的本质；而要正确反映事物的本质，就必须依靠正确的概念。杂家也有不少正名实的论述，如《尸子》主张，若详究名实合一这一要领，则百事都可成功，事事都能治理。论定对与错、实行赏与罚都要依据名与实。

> 天地与其所产焉，物也。物以物其所物而不过焉，实也。实以实其所实而不旷焉，位也。出其所位，非位，位其所位焉，正也。以其所正，正其所不正；以其所不正，疑其所正。其正者，正其所实也；正其所实者，正其名也。[2]

> 凡乱者，形名不当也。人主虽不肖，犹若用贤，犹若听善，犹若为可者。其患在乎所谓贤从不肖也，所为善而从邪辟，所谓可从悖逆也。是形名异充，而声实异谓也。[3]

> 是故曰：审一之经，百事乃成；审一之纪，百事乃理。名实判为两，合为一。是非随名实，赏罚随是非。是则有赏，非则有罚，人君之所独断也。[4]

> 《春秋》辨物之理，以正其名，名物如其真，不失秋毫之末，故名陨石，则后其五，言退鹢，则先其六。圣人之谨于正名如此。“君子于其言，无所苟而已”，五石六鹢之

---

〔1〕《公孙龙子·名实论》，见《慎子、尹文子、公孙龙子全译》，高流水、林恒森译注，贵州人民出版社 1996 年版，第 212 页。

〔2〕《公孙龙子·名实论》，见《慎子、尹文子、公孙龙子全译》，高流水、林恒森译注，贵州人民出版社 1996 年版，第 212 页。

〔3〕《吕氏春秋·正名》，见《吕氏春秋》，北方文艺出版社 2014 年版，第 233 页。

〔4〕《尸子·发蒙》，见《黄帝四经　关尹子　尸子》，张景、张松辉译注，中华书局 2020 年版，第 464 页。

辞是也。[1]

名实相应则定，名实不相应则静。名自命也，物自正也，事自定也（争）。三名察则尽知情伪而［不］惑矣。有国将昌，当罪先亡。[2]

夫辩者，将以明是非之分，审治乱之纪，明同异之处，察名实之理，处利害，决嫌疑。焉摹略万物之然，论求群言之比。以名举实，以辞抒意，以说出故。以类取，以类予。有诸己不非诸人，无诸己不求诸人。[3]

（三）正名之目的与价值

正名作为为政之要务，关涉“治”“乱”大局，其目的在于重建礼制秩序。荀子曾明确提出其正名的目的就是“上以明贵贱，下以别同异”，归于“齐一天下”。既要实现认知上的“别同异”，区分各不相同的事物，指导人们理性地认识世界，更要在政治、伦理上“明贵贱，序人伦”，引导人民安分守己，同异分别，贵贱分明，完成“齐一天下”之旨，做到“迹长功成，治之极也”。《黄帝四经》等许多典籍认为，名称是根据万物的自然属性界定的，万物在名分的规范下自然得到安定，万事也会在名与物相符的情况下自得其位。名实相符则国家安定，名实不相符则国家出现纷争。

孔子之正名并非只针对卫国，也具有一种普遍性价值，是解决政治问题的共同方案。正名乃重建礼制秩序的起点，也是安顿心灵

〔1〕《春秋繁露·深察名号》，见〔汉〕董仲舒：《春秋繁露》，张世亮、钟肇鹏、周桂钿译注，中华书局2012年版，第376页。

〔2〕《黄帝四经·经法·论》，见《黄帝四经　关尹子　尸子》，张景、张松辉译注，中华书局2020年版，第79页。

〔3〕《墨子·小取》，见《墨子》，方勇译注，中华书局2011年版，第386页。

秩序的重大举措。正名让人各守其“所”而不失为“人”，也具有生命价值的本体论意义。

正名除了有维护传统礼制的“保守性”，也蕴含了一种内在的批判性与革命性。这与“德政”理论相关，如果统治者失德，失去民心，德不配位，其后果也包括“失名”。孟子的正名强调君臣之道，他认为为君须尽君道，保有君的德性，才能享有君的特权。如果君王暴虐无道，那么他已经不配为君，而是“一夫”而已。对于失掉民心的天子、诸侯可以“征诛”“变置”。这肯定了民众反抗、推翻暴君的正义性，跟后世法学所提倡的反抗权思想是相通的。

> 异形离心交喻，异物名实玄纽，贵贱不明，同异不别；如是，则志必有不喻之患，而事必有困废之祸。故知者为之分别，制名以指实；上以明贵贱，下以辨同异。贵贱明，同异别；如是，则志无不喻之患，事无困废之祸，此所为有名也。〔1〕

> 是故治国之端在正名，名之正，兴五世，五传之外，美恶乃形，可谓得其真矣，非子路之所能见。〔2〕

> 是正名号者于天地，天地之所生，谓之性情。性情相与为一瞑，情亦性也，谓性已善，奈其情何？故圣人莫谓性善，累其名也。〔3〕

> 是时出公不父其父而祢其祖，名实紊矣，故孔子以正

---

〔1〕《荀子·正名》，见《荀子》，方勇、李波译注，中华书局2011年版，第360页。

〔2〕《春秋繁露·玉英》，见〔汉〕董仲舒：《春秋繁露》，张世亮、钟肇鹏、周桂钿译注，中华书局2012年版，第70页。

〔3〕《春秋繁露·深察名号》，见〔汉〕董仲舒：《春秋繁露》，张世亮、钟肇鹏、周桂钿译注，中华书局2012年版，第380页。

名为先。谢氏曰：正名虽为卫君而言，然为政之道，皆当以此为先。[1]

名正在治，名丧则乱。使名丧者，淫说也。[2]

治天下之要在于正名。正名去伪，事成若化；苟能正名，天成地平。[3]

三名：亦曰正名，一曰立而偃，二曰倚名法而乱，三曰强主灭而无名。三名察则事有应矣。[4]

正名以御之，则尧舜之智必尽矣；明分以示之，则桀纣之暴必止矣。贤者尽，暴者止，则治民之道不可以加矣。[5]

夫观群臣亦有绳，以名引之，则虽尧舜不服矣。[6]

贼仁者谓之贼，贼义者谓之残，残贼之人谓之一夫。闻诛一夫纣矣，未闻弑君也。[7]

是故得乎丘民而为天子，得乎天子为诸侯，得乎诸侯为大夫。诸侯危社稷，则变置。[8]

---

〔1〕〔宋〕朱熹：《四书集注》，张茂泽整理，三秦出版社 1998 年版，第 215 页。

〔2〕《吕氏春秋·正名》，见《吕氏春秋》，北方文艺出版社 2014 年版，第 233 页。

〔3〕《尸子·发蒙》，见《黄帝四经　关尹子　尸子》，张景、张松辉译注，中华书局 2020 年版，第 469 页。

〔4〕《黄帝四经·经法·论》，见《黄帝四经　关尹子　尸子》，张景、张松辉译注，中华书局 2020 年版，第 77 页。

〔5〕《尸子·发蒙》，见《黄帝四经　关尹子　尸子》，张景、张松辉译注，中华书局 2020 年版，第 466 页。

〔6〕《尸子·发蒙》，见《黄帝四经　关尹子　尸子》，张景、张松辉译注，中华书局 2020 年版，第 467 页。

〔7〕《孟子·梁惠王下》，见《孟子》，山西古籍出版社 2003 年版，第 27 页。

〔8〕《孟子·梁惠王下》，见《孟子》，山西古籍出版社 2003 年版，第 235 页。

五、名　分

名与分有重要关联，很多时候可以互相替代。名、分以及组合成的名分，三者都是法律思想史上重要的概念。名分表示一个人在伦理关系中具体的身份或角色，其功能在于明尊卑、别贵贱、序长幼等。明分方能使群、定分始可止争。

（一）名与分

《说文解字》云："分，别也，从八，从刀。刀以分别物也。"分在先秦时期就是一个重要的概念，管子、荀子、慎子、商鞅、韩非子、尸子等思想家都有重要论述。荀子的论说尤其经典，他首次系统地阐述了分的思想。《礼记·礼运》述"大同"的理想社会云："男有分，女有归。"郑玄释"分"曰："分犹职也。""分"作为动词有分割、分离、区分、分配之意，作为名词是指分割后的结果，衍生出份额、份数、成分等意。"分"与西方之近代"权利"观念尤其是"所有权"观念有一定的相通之处。也可用"分"来代表名分，指身份以及由此而来的地位，与"位分"（指地位和身份）一词含义基本相同。《管子》专门有"制分"一章，《商君书》有"定分"一章，《吕氏春秋》有"审分"一章，《尸子》有"分"一章，对此做了较为系统的阐述，也足见诸子百家对这一问题的高度重视。如《尸子》鲜明主张"若夫名分，圣之所审也"。《吕氏春秋》则称："故人主不可以不审名分也。不审名分，是恶壅而愈塞也。"

1. 分与礼制起源

荀子首次系统地阐述了"分"的思想，建立了一个"礼—分—群"的思想体系。为了避免相互争夺、秩序混乱，先王制定了礼义，根据礼义确定了各自的名分，使秩序稳定。人优于其他物种之处在于前者"能群"，关键则在于"分"，人人自觉守"分"乃是礼法的核心意旨，也是社会和谐的根本。

> 人生而有欲，欲而不得，则不能无求，求而无度量分界，则不能不争。争则乱，乱则穷。先王恶其乱也，故制礼义以分之。[1]

> 《礼》者，法之大分，类之纲纪也。[2]

> 力不若牛，走不若马，而牛马为用，何也？曰：人能群，彼不能群也。人何以能群？曰：分。分何以能行？曰：义。故义以分则和，和则一,一则多力，多力则强，强则胜物，故宫室可得而居也。故序四时，载万物，兼利天下，无它故焉，得之分义也。[3]

> 故人道莫不有辨，辨莫大于分，分莫大于礼，礼莫大于圣王。[4]

> 小辩不如见端，见端不如见本分。小辩而察，见端而明，本分而理；圣人士君子之分具矣。[5]

> 离居不相待则穷，群而无分则争。穷者患也，争者祸也。救患除祸，则莫若明分使群矣。[6]

2. 分之地位与作用

荀子认为，“明分”是事关人类社会生存发展的关键。人人恪守

〔1〕《荀子·礼论》，见《荀子》，方勇、李波译注，中华书局 2011 年版，第 357 页。
〔2〕《荀子·劝学》，见《荀子》，方勇、李波译注，中华书局 2011 年版，第 7 页。
〔3〕《荀子·王制》，见《荀子》，方勇、李波译注，中华书局 2011 年版，第 127 页。
〔4〕《荀子·非相》，见《荀子》，方勇、李波译注，中华书局 2011 年版，第 60 页。
〔5〕《荀子·非相》，见《荀子》，方勇、李波译注，中华书局 2011 年版，第 65 页。
〔6〕《荀子·富国》，见《荀子》，方勇、李波译注，中华书局 2011 年版，第 138 页。

本分，乃是天下治辨的关键，也是礼法规范的本意。“分”体现在多个方面，如政治上的上下贵贱等级之分、家族中的尊卑亲疏之分、社会职业之分、财富以及品德之分等。每个人应各得其所，尽其所能。

> 无分者，人之大害也；有分者，天下之本利也……兼足天下之道在明分。〔1〕

> 先王恶其乱也，故制礼义以分之，使有贫富贵贱之等，足以相兼临者，是养天下之本也。书曰：“维齐非齐”，此之谓也。〔2〕

> 贵贵、尊尊、贤贤、老老、长长，义之伦也。行之得其节，礼之序也。〔3〕

> 传曰：“农分田而耕，贾分货而贩，百工分事而劝，士大夫分职而听，建国诸侯之君分土而守，三公总方而议，则天子共己而已矣。”出若入若，天下莫不平均，莫不治辨，是百王之所同也，而礼法之大分也。〔4〕

> 故先王案为之制礼义以分之，使有贵贱之等，长幼之差，知愚、能不能之分，皆使人载其事而各得其宜，然后使悫禄多少厚薄之称，是夫群居和一之道也。故仁者在上，则农以力尽田，贾以察尽财，百工以巧尽械器，士大夫以上至于公侯，莫不以仁厚知能尽官职，夫是之谓至平。〔5〕

> 夫名多不当其实，而事多不当其用者，故人主不可以

---

〔1〕《荀子·富国》，见《荀子》，方勇、李波译注，中华书局 2011 年版，第 142 页。
〔2〕《荀子·王制》，见《荀子》，方勇、李波译注，中华书局 2011 年版，第 117 页。
〔3〕《荀子·大略》，见《荀子》，方勇、李波译注，中华书局 2011 年版，第 435 页。
〔4〕《荀子·王霸》，见《荀子》，方勇、李波译注，中华书局 2011 年版，第 173 页。
〔5〕《荀子·荣辱》，见《荀子》，方勇、李波译注，中华书局 2011 年版，第 51 页。

不审名分也。不审名分，是恶壅而愈塞也。[1]

（二）名分之含义

先秦时通常以名分指名位及其应守的职分。古人强调把名位与职责相结合，这类似现代法理中权利与义务相辅相成的关系。《吕氏春秋》中提出“审名分”的命题，汉代高诱注释为：“名，虚实爵位之名也；分，杀生与夺之分也。”《尸子·分》提出君臣、父子、上下、长幼、贵贱、亲疏等层面要“皆得其分”才是天下大治。名分表达了等级亲疏关系。名分也有其逻辑认知层面的意思，如在《尹文子》中，则用名分特指含有客观性或主观性两种不同成分的名称。

定府官，明名分，而审责于群臣有司，则下不乘上，贱不乘贵，法立数得，而无比周之民，则上尊而下卑，远近不乖。[2]

《易》以道阴阳，《春秋》以道名分。[3]

我爱白而憎黑，韵商而舍徵，好膻而恶焦，嗜甘而逆苦。白黑、商徵、膻焦、甘苦，彼之名也。爱憎、韵舍、好恶、嗜逆，我之分也。定此名分，则万事不乱。[4]

故人主不可以不审名分也，不审名分，是恶壅而愈塞也。（高诱注：名，虚实爵位之名也；分，杀生与夺之

---

〔1〕《吕氏春秋·审分》，见《吕氏春秋》，北方文艺出版社 2014 年版，第 236 页。

〔2〕见《管子》（上），李山、轩新丽译注，中华书局 2019 年版，第 133 页。

〔3〕《庄子·天下》，见张松辉：《庄子译注与解析》（下），中华书局 2011 年版，第 670 页。

〔4〕《尹文子·大道上》，见《慎子、尹文子、公孙龙子全译》，高流水、林恒森译注，贵州人民出版社 1996 年版，第 214 页。

分也。)[1]

天地生万物，圣人裁之。裁物以制分，便事以立官。君臣、父子、上下、长幼、贵贱、亲疏，皆得其分，曰治。爱得分，曰仁。施得分，曰义。虑得分，曰智。动得分，曰适。言得分，曰信。皆得其分，而后为成人。[2]

臣按：名分之等乃天下自然之理，高卑有不易之位，上下有一定之分，皆非人力私意之所为者也。[3]

臣按：名分生于上下之际，名分一定则下之于上有顺而无逆、有令而无违，上得以率于下，下不得以犯乎上，一有犯焉则刑戮加之矣。犯且不可，况敢废立之哉？此人君为治所以必谨于礼以正名分，而防其陵替之渐也。[4]

（三）名分的功能与作用

1. 名分与所有权归属

商鞅所论“百人逐兔”的故事广为传流，《慎子》《尹文子》《吕氏春秋》中也有相似举例，可谓法家对名分最有代表性的解释和阐述。其中名分有表达所有权归属之意，而法律的职能正在于定分止争。“律者，定分止争也”的说法形象地表达了名分与法律的

---

〔1〕《吕氏春秋·审分》，见《吕氏春秋》，北方文艺出版社 2014 年版，第 236 页。

〔2〕《尸子·分》，见《黄帝四经　关尹子　尸子》，张景、张松辉译注，中华书局 2020 年版，第 453 页。

〔3〕〔明〕丘濬：《大学衍义补》（上），朱维铮主编：《中国经学史基本丛书》（第 3 册），上海书店出版社 2012 年版，第 40 页。

〔4〕〔明〕丘濬：《大学衍义补》（上），朱维铮主编：《中国经学史基本丛书》（第 3 册），上海书店出版社 2012 年版，第 42 页。

紧密联系。

> 一兔走，百人逐之，非以兔为可分以为百，由名分之未定也。夫卖兔者满市，而盗不敢取，由名分已定也。[1]

> 一兔走街，而人追之，贪人具存，人莫非之，以兔为未定分也。积兔满市，过而不顾，非不欲兔也，分定之后，虽鄙不争。[2]

> 慎子曰："今一兔走，百人逐之，非一兔足为百人分也，由分未定也。分未定，尧且屈力，而况众人乎！积兔在市，行者不顾。非不欲兔也，分已定矣。分已定，人虽鄙不争。故治天下及国在乎定分而已矣。"[3]

2. 正名审分，定分止争

古人认为，"正名审分"是"治"的关键所在。《尹文子》高度赞扬名分的重大作用："定此名分，则万事不乱也。"[4]审名定分，则可分是非、辨善恶、知荣辱、明贵贱、促和谐。确定名分以使每个人的行为边界清晰，人们才能恪守名分，安分守己，最终实现天下大治。依现代法理而言，则是确定各自的权利义务，维持秩序，实现和谐。法律的目的便在于定分，进而止争。

> 人主为法于上，下民议之于下，是法令不定，以下为

---

〔1〕《商君书·定分》，见《商君书》，石磊译注，中华书局 2011 年版，第 178 页。

〔2〕《慎子·逸文》，见《慎子、尹文子、公孙龙子全译》，高流水、林恒森译注，贵州人民出版社 1996 年版，第 58 页。

〔3〕《吕氏春秋·慎势》，见《吕氏春秋》，北方文艺出版社 2014 年版，第 254 页。

〔4〕《尹文子·大道上》，见《慎子、尹文子、公孙龙子全译》，高流水、林恒森译注，贵州人民出版社 1996 年版，第 111 页。

上也。此所谓名分之不定也。夫名分不定，尧、舜犹将皆折而奸之，而况众人乎？此令奸恶大起、人主夺威势、亡国灭社稷也道也。[1]

定此名分，则万事不乱也。[2]

则“好非人，人非好”也。则“好牛”、“好马”、“好人”之名自离矣。故曰：名分不可相乱也。[3]

古者天子一畿，诸侯一同，各守其分，不得相侵。[4]

夫法者，所以兴功惧暴也。律者，所以定分止争也。令者，所以令人知事也。法律政令者，吏民规矩绳墨也。……法臣：法断名决，无诽誉。故君法则主位安，臣法则货赂止而民无奸，呜呼美哉。[5]

故尚贤使能，则主尊下安；贵贱有等，则令行而不流；亲疏有分，则施行而不悖；长幼有序，则事业捷成而有所休。故仁者，仁此者也；义者，分此者也。[6]

若夫名分，圣之所审也。造父之所以与交者少，操辔，马之百节皆兴。明王之所以与臣下交者少，审名分，群臣

---

〔1〕《商君书·定分》，见《商君书》，石磊译注，中华书局2011年版，第178页。

〔2〕《尹文子·大道上》，见《慎子、尹文子、公孙龙子全译》，高流水、林恒森译注，贵州人民出版社1996年版，第112页。

〔3〕《尹文子·大道上》，见《慎子、尹文子、公孙龙子全译》，高流水、林恒森译注，贵州人民出版社1996年版，第111页。

〔4〕《淮南子·本经训》，见《淮南子》（上），陈光中译注，中华书局2012年版，第414页。

〔5〕《管子·七臣七主》，见《管子》（下），李山、轩新丽译注，中华书局2019年版，第760页。

〔6〕《荀子·君子》，见《荀子》，方勇、李波译注，中华书局2011年版，第395页。

莫敢不尽力竭智矣。天下之可治，分成也；是非之可辨，名定也。[1]

凡人主必审分，然后治可以至，奸伪邪辟之途可以息，恶气苟疾无自至。……有道之主其所以使群臣者亦有辔，其辔何如？正名审分是治之辔已。[2]

法之所加，各以其分，蒙其赏罚，而无望于君也，是以怨不生而上下和矣。[3]

正名以定分，求情而责实，别是非，明善恶，此《春秋》之所以作也。[4]

臣按：所谓名者非止于位分之谓，凡有所称呼者皆名也；所谓分者非止于等级之谓，凡有所分别者皆分也。是以不但朝廷之上、位署之间有之，则凡一家之内、亲属之中皆有所谓名与分焉。名分之在人家者尤严于男女之际，妇人尊卑大小本无定位，随其夫以为尊卑大小，其名分显著灼然知其为尊为卑、为昭为穆，以之定昏姻、别内外而淫乱贼逆之祸不作矣。此名所以为人治之大，而不可不慎者也。[5]

臣按：名分之等乃天下自然之理，高卑有不易之位，

---

〔1〕《尸子·发蒙》，见《黄帝四经　关尹子　尸子》，张景、张松辉译注，中华书局2020年版，第461页。

〔2〕《吕氏春秋·审分》，见《吕氏春秋》，北方文艺出版社2014年版，第236页。

〔3〕《慎子·知忠》，见《慎子、尹文子、公孙龙子全译》，高流水、林恒森译注，贵州人民出版社1996年版，第42页。

〔4〕〔宋〕欧阳修：《欧阳修全集》，中国书店1986年版，第132页。

〔5〕〔明〕丘濬：《大学衍义补》（上），朱维铮主编：《中国经学史基本丛书》（第3册），上海书店出版社2012年版，第40页。

上下有一定之分，皆非人力私意之所为者也。[1]

（四）日本“大义名分”思想——兼及“名”的世界影响

名思想在世界范围内也产生重要影响，其中一个典型即是近代日本极为流行“大义名分”思想。“大义名分”源自日本朱子学，可远溯至中国儒家名分思想。在日本近代史的日常社会与大众媒体通用文字上，“大义名分”是一个惯用语。综合日本历史最悠久、学术信誉最卓著的三大辞书即岩波书店的《庄辞苑》、三省堂书店的《大辞林》及小学馆的《日本国语大辞典》可见，“大义名分”的权威解释是“当要发起一个行动，为了主张这个行动的正当性而铺陈出来的一套道理、说辞或根据”[2]。此外，这三大辞书中关于此一四字名词有另一个主要用法，即在第二次世界大战前日本民族意识与军国主义高涨的明治大正到昭和前期，其意为：“作为一个臣民身分的人所必遵守奉行的道理、分限。”这主要在政治意义上使用，这个定义在战后日本社会只剩下学术研究与历史语言的意义。[3]

1. 日本“大义名分”思想的中国渊源

名分思想源自孔子《春秋》，庄子曾以“春秋以道名分”概括孔子《春秋》要旨。端正君臣名分、尊王攘夷等思想都蕴含其中。宋代因为外族欺凌，朝廷偏安，名分紊乱，此一系思想得到格外重视。司马光《资治通鉴》开篇即抨击“三家分晋”乱名，倡导“分莫大于名”。南宋时期，朝廷偏安，胡安国《春秋传》、朱熹《通鉴

---

〔1〕〔明〕丘濬：《大学衍义补》（上），朱维铮主编：《中国经学史基本丛书》（第3册），上海书店出版社2012年版，第40页。

〔2〕童长义：《日本近世“大义名分”语词形成史》，载许倬云、张广达主编：《唐宋时期的名分秩序》，台湾政大出版社2016年版，第279页。

〔3〕童长义：《日本近世“大义名分”语词形成史》，载许倬云、张广达主编：《唐宋时期的名分秩序》，台湾政大出版社2016年版，第279页。

纲目》等皆以“正名”立论，以张扬民族大义。为树立皇帝的正统地位，朱熹系统阐述了“天分”与“定分”。朱子指出：“天分即天理也，父安其父之分，子安其子之分，君安其君之分，臣安其臣之分，则安得私”（《朱子语类》卷九五），认为君臣名分是最大的“义”。朱熹在分析司马光《资治通鉴》时指出其中贯穿了一种“大义名分”的思想，自此，“大义名分”的概念出现。〔1〕朱子提倡在治理国家的过程中，要明确主从关系，竭尽臣子的本分。这也引申为行为所遵循的基本理念或行为的正当理由。朱舜水在明朝灭亡后流亡日本，将朱子学也将大义名分这一观念传播到日本。“大义名分”成为日本倒幕运动的精神动力。日本历代志士以朱子学为指导思想，宣扬“大义名分”，讨伐幕府等“乱臣贼子”，宣扬天皇权威，展现了中国“正名论”的世界影响。日本水户学代表人物藤田幽谷（1774—1826）专门著有《正名论》，系统阐述了“大义名分”思想，强调尊皇，其间几乎处处与中国《资治通鉴》中的“名分论”对应。

时至今日，“大义名分”仍然是日本文化的惯用语，在电视剧或漫画中也时常可见，以体现一种大义凛然之气势。辜鸿铭在《中国人的精神》中阐述了他专门向日本人介绍“名分大义”时如何翻译，他提出“国家宗教的信仰第一条款就是名分大义——荣誉和责任的原则——它也可以称为：荣誉的法典”〔2〕。

> 甚矣！名分之于天下国家，不可不正且严，其犹天地之不可易邪。〔3〕

〔1〕参见王猛：《日本政治文化中的“大义名分”与公私观念》，载《黑河学院学报》2015年第6期。

〔2〕辜鸿铭：《中国人的精神》，黄兴涛、宋小庆译，海南出版社1996年版，第49页。

〔3〕［日］藤田幽谷：《正名论》，转引自童长义：《日本近世“大义名分”语词形成史》，载许倬云、张广达主编：《唐宋时期的名分秩序》，台湾政大出版社出版2016年版，第314页。

> 礼莫大于分，分莫大于名，不可不慎也。夫既摄回天子之政，则谓之摄政，不亦名正而言顺乎！名正言顺，然后礼乐兴。礼乐兴，然后天下治。为政者岂可以正名为迂也哉。[1]

需要说明的是，中国古代“大义名分”这样的组合式表述并不常见，多分别使用“大义”“名分”的表达。笔者所见，只《金史》中有极少的“晓以名分大义”的用法，在此一并辑录。

> 三年正月己酉，蔡城破，哀宗传立承麟，即自缢于幽兰轩。权点检内族斜烈矫制召承御石盏氏、近侍局大使焦春和、内侍局殿头宋珪赴上前，晓以名分大义，及侍从官巴良弼、阿勒根文卿皆从死。[2]

> 近侍局大使焦春和内侍局殿头宋珪共赴帝尸前，色埒默，晓以名分大义，与三人皆从死。[3]

2. 日本“大义名分”思想发展脉络

日本重视“大义名分”是出于倒幕运动现实政治的需要。在日本历史上，幕府实力严重威胁皇权。而按照“大义名分”，幕府将军作为臣子必须恪守上下尊卑的名分，听命于天皇。天皇及其支持者重视朱子学，就是企图以此来正自己的“名分”，维护天皇权力。“大义名分”首先出现于镰仓时代末期。后醍醐天皇是儒学爱好者，更是司马光《资治通鉴》卷首名分论实践者。[4]经历了1274年的文

---

〔1〕［日］藤田幽谷：《正名论》，转引自童长义：《日本近世“大义名分”语词形成史》，载许倬云、张广达主编：《唐宋时期的名分秩序》，台湾政大出版社出版2016年版，第317页。

〔2〕《金史》（第9册），中华书局1974年版，第2706页。

〔3〕《钦定重订大金国志》卷二十六。

〔4〕童长义：《日本近世“大义名分”语词形成史》，载许倬云、张广达主编：《唐宋时期的名分秩序》，台湾政大出版社2016年版，第292页。

永之役和1281年的弘安之役后，幕府统治转向衰落。后醍醐天皇及公卿贵族认为时机已经到来，于是打出“大义名分”的旗号倒幕。1333年，“大义名分”论帮助后醍醐天皇推翻了镰仓幕府的统治。之后，在年号的运用上，他以中国历史上光武中兴重振皇家权威自诩，使用光武帝所用过的年号“建武”，把自己施行的亲政称为“建武新政”，史称“建武中兴”。但后来，在足利尊氏的打击下，后醍醐天皇逃至吉野山，建立南朝。后醍醐天皇近臣北畠亲房（1293—1354）则撰写了《神皇正统记》，以朱子学为指导思想，宣扬“大义名分”，讨伐“乱臣贼子”，主张公家、武士应当遵循传统秩序，辅佐天皇，倡导“以下克上，非道也”。

江户时代，朱子学强调的“大义名分”中“上下有别”“下服从于上”的思想，为江户幕府从上而下等级严密的幕藩体制提供了思想论证。江户后期“大义名分”更是勤王倒幕的“理论根据”。被誉为海南朱子学派“崎门始祖”的山崎暗斋（1618—1682）提出，君主凌驾于臣上，如同天尊地卑，乃自然形成的规律：“礼曰，天先乎地，君先乎臣。”山崎暗斋弟子浅见斋（1652—1711）亦认为君臣关系如同天伦衍生出的自然亲子关系，臣下须为君尽坦诚之心。“上下尊卑，各立名分，乃万古不动之物。”浅见斋所著《中国辨》有言：“读儒书者不明书中真意，不知名分大义之实，诚可悲之至也。”这是日本文献首次将“大义”“名分”两个词合并连用，对后世影响深远。据说浅见斋一生通读朱子《通鉴纲目》多达42回。“江户时代以全日本260藩藩士为主的日本知识人，重视《资治通鉴》《通鉴纲目》的风气，恐不下中国本土。”[1]水户学代表人物藤田幽谷的《正名论》，系统阐述了“大义名分”思想，强调尊皇。开篇即呼吁：“甚矣！名分之于天下国家，不可不正且严，其犹天地之不可易

〔1〕童长义：《日本近世“大义名分”语词形成史》，载许倬云、张广达主编：《唐宋时期的名分秩序》，台湾政大出版社2016年版，第297页。

邪。”他主张民众忠于自己直属的主君，来间接履行尊皇义务。“是故，幕府尊皇室，则诸侯尊幕府，诸侯崇幕府，则卿大夫尊诸侯，然后上下相保，万邦协和，甚矣！名分之不可不正且严也。”[1]藩士、大名对其直属上级的主君尽忠就是尊皇。

后来，倒幕派打着“大义名分”的旗帜推翻了德川幕府，天皇终于重新掌握了实权。明治维新之后，歌颂倒幕英雄的《近世伟人传》所描述的这些豪杰之士其显著贡献便在于“先说大义名分，遂及我神武天皇以下”。而绘图史话《近世纪闻》则称：“志士生在皇国之中，若无精诚之心，则天下大义名分无以立也。”至此，从幕府末年兴起的“大义名分”成为日本最响亮的口号之一。[2]但这也有负面影响，“大义名分”后来成为日本扩张侵略的借口之一。

> 赖朝功勋不比昔日，却偏掌天下。君主不能心安理得也……后白河之时，奸臣当道。天下之民，几乎涂炭。[3]
>
> 探究以下克上，非道也。[4]
>
> 礼曰，天先乎地，君先乎臣……朱子更转语说得文王心出。夫然后天下之为君臣者定矣。[5]

---

〔1〕［日］藤田幽谷：《正名论》，转引自童长义：《日本近世“大义名分”语词形成史》，载许倬云、张广达主编：《唐宋时期的名分秩序》，台湾政大出版社 2016 年版，第 316 页。

〔2〕童长义：《日本近世“大义名分”语词形成史》，载许倬云、张广达主编：《唐宋时期的名分秩序》，台湾政大出版社 2016 年版，第 308 页。

〔3〕［日］北畠亲房：《新订〈神皇正统记〉》，宫地直一校注，（东京）改造社 1942 年版，第 255 页。

〔4〕［日］北畠亲房：《新订〈神皇正统记〉》，宫地直一校注，（东京）改造社 1942 年版，第 256 页。

〔5〕日本古典学会编：《新编山崎暗斋全集》（第 1 卷），东京ぺりかん社 1978 年版，第 85 页。

> 上下尊卑，各自确立名分。万古不可动摇者，如同天地之位。无论如何，君指导臣，臣无论在何处，皆服从君而无二心。乃各位当然之道理。[1]

> 其强势既如此，而犹执臣礼事回皇室，不敢自称王者，以名分之存故也。名分所存，天下仰之。强霸之主，西灭东起，而回天皇之尊自若也。[2]

> 是故，幕府尊皇室，则诸侯尊幕府，诸侯崇幕府，则卿大夫尊诸侯，然后上下相保，万邦协和，甚矣！名分之不可不正且严也。[3]

六、名　教

与名相关，名教也是礼法传统中一个常用范畴，其意简而言之，指以正名定分为主的封建礼教。从“纲常名教”这一常见的连用词汇可看出，“名教”的主要含义是儒家所倡导的以“三纲五常”为核心的伦理道德、礼仪节文及其制度规范。因为儒家礼教以“正名分”为中心，故使用了“名教”一词。名教即通过确定名分来教化天下，以维护社会的伦理纲常、等级制度。孔子“正名”思想的要旨便在于通过对名的地位、作用以及名实关系的种种安排来导出理想的社会秩序，这是名教的思想渊源。西汉大儒董仲舒倡导“深察

---

〔1〕［日］仓本长治编：《浅见斋集》，东京诚文堂新光社 1937 年版，第 224 页。

〔2〕［日］藤田幽谷：《正名论》，转引自童长义：《日本近世“大义名分”语词形成史》，载许倬云、张广达主编：《唐宋时期的名分秩序》，台湾政大出版社 2016 年版，第 316 页。

〔3〕［日］藤田幽谷：《正名论》，转引自童长义：《日本近世“大义名分”语词形成史》，载许倬云、张广达主编：《唐宋时期的名分秩序》，台湾政大出版社 2016 年版，第 316 页。

名号”以教化万民。汉武帝“立为名分，定为名目，号为名节，制为功名”，确立符合统治利益的政治观念、道德规范并用它对百姓进行教化，故称“以名为教”。

庞朴指出：“所谓‘以名为教’，就是把适合某种需要的观念和规范立为名分，定为名目，号为名节，制为功名，以此来进行教化。”〔1〕冯友兰在《名教之分析》中说：“所谓名教，大概是指社会里的道德制度，与所谓礼教的意义差不多。”〔2〕有学者梳理了与名教相近的一系列概念：“名教的含义也近于‘德教’、‘王教’、‘风教’、‘儒教’。称为‘礼教’，系侧重于礼仪有助教化，称‘德教’是取其道德之义，称‘王教’是由于王权介入教化，称‘风教’是着眼于风俗与教化的联系，称‘儒教’是因名教为儒家所标榜。至于称之为‘名教’，则是强调以名为教。”〔3〕

（一）名教的起源与内容

1. 名教的词源与演变

从词源上而言，名教一词最早出现于《管子》“名教通于天下”，最初是指名声与教化。孔子倡导正名分，推崇礼治德化。西汉大儒董仲舒倡导“深察名号”以教化万民。名教一词的普遍使用是在魏晋，其含义发生了变化。在魏晋玄学语境中，名教代表以正名为核心的儒家思想，而与道家“自然”概念相对举。自晋始，名教一词内涵不断扩大、泛化。宋明以后，名教被称作“天理”，成为人们言行的桎梏。如违犯封建伦理纲常，即被视为“名教罪人”。

---

〔1〕 庞朴：《中国的名家》，中国国际广播出版社 2010 年版，第 6 页。

〔2〕 冯友兰：《三松堂全集》（第 11 卷），河南人民出版社 2001 年版，第 81 页。

〔3〕 张海燕：《魏晋玄学的名教与自然之辨》，载王守常、汪晖、陈平原编：《学人》（第 11 辑），江苏文艺出版社 1997 年版。

昔者周人有天下，诸侯宾服，名教通于天下，而夺于其下。[1]

卫之君子多以礼教自持。[2]

孔子作《春秋》，即名教之书也。善者褒之，不善者贬之，使后世君臣爱令名而劝，畏恶名而慎矣。[3]

若缙绅之族，犯亏名教，不孝及内乱者，发诏弃之，终身不齿。[4]

凡以教化不立而万民不正也。夫万民之从利也，如水之走下，不以教化堤防之，不能止也。是故教化立而奸邪皆止者，其堤防完也；教化废而奸邪并出，刑罚不能胜者，其堤防坏也。古之王者明于此，是故南面而治天下，莫不以教化为大务。[5]

夫玄道冥寂，理绝形声，诱引迷途，称谓斯起。故一虽玄统，而犹是名教。既谓之一，岂曰无言乎！[6]

"疏"：梦是昏睡之时，觉是了知之日。仲尼颜子，犹拘名教，为昏于大梦之中，不达死生，未尝暂觉

〔1〕《管子·山至数》，见《管子》（下），李山、轩新丽译注，中华书局 2019 年版，第 981 页。

〔2〕《列子·杨朱》，见杨伯峻：《列子集释》，中华书局 1979 年版，第 229 页。

〔3〕《近名论》，见〔宋〕范仲淹：《宋本范文正公文集》（第 2 册），国家图书馆出版社 2017 年版，第 33 页。

〔4〕《隋书·刑法志》，见许嘉璐主编：《二十四史全译·隋书》（第 1 册），汉语大词典出版社 2004 年版，第 619 页。

〔5〕《汉书·董仲舒传》，见许嘉璐主编：《二十四史全译·汉书》（第 2 册），汉语大词典出版社 2004 年版，第 1196 页。

〔6〕〔清〕郭庆藩：《庄子集释》（卷一·下），中华书局 2006 年版，第 82 页。

者也。[1]

圣人贵名教，老庄明自然。[2]

礼之降杀，因时而寝兴，诚无常矣。至于君亲相准，名教之重，莫之改也。权制之作，盖出近代，虽曰适事，实弊薄之始。先王崇之，后世犹怠，而况因循，又从轻降，义弗可矣。[3]

Ethics(名教学中略)英之usage(风俗)也。罗甸语又谓Moral Philosophy(名教学)。Moral之语为自mos之字生者，即英之custom(风俗)也。虽有此二名，皆为同一意义。名教者自习而起，(中略)以人之风俗为名教之元。[4]

2. 名教内容

在一般意义上，名教是指以三纲五常为核心的封建伦理道德。《后汉纪·献帝纪》记载晋代袁宏所谓："夫君臣父子，名教之本也。"董仲舒提出了系统化的三纲五常，发展出封建社会基本伦理道德体系。其中君与臣、父与子、夫与妇、长与幼以及朋友是传统纲常名教所特别强调的关系。朱熹也对三纲五常的教化之道进行了系统解说，提出"盖三纲五常，天理民彝之大节，而治道之本根也"。以此为核心的宋明理学成为传统社会后期的主流价值观。

---

〔1〕〔清〕郭庆藩：《庄子集释》(卷三·上)，中华书局2006年版，第276页。

〔2〕《晋书·阮瞻传》，见《晋书》(第5册)，中华书局1974年版，第1363页

〔3〕《晋书·康帝纪》，见《晋书》(第1册)，中华书局1974年版，第185页。

〔4〕[日]大久保利谦编：《西周全集》(第2卷)，东京宗高书房1981年版，第159页，中文参见武汉大学聂长顺教授译。1870年日本大儒西周在《百学连环》中将Ethics和Moral Philosophy的汉字学名厘定为"名教学"，故有此论。

夫君臣父子，名教之本也。然则名教之作，何为者也？盖准天地之性，求之自然之理，拟议以制其名，因循以弘其教，辩物成器，以通天下之务者也。是以高下莫尚于天地，故贵贱拟斯以辩物；尊卑莫大于父子，故君臣象兹以成器。天地无穷之道，父子不易之体，以无穷之天地，不易之父子，故尊卑永固而不逾，名教大定而不乱，置之六合，充塞宇宙，自今及古，其名不去者也。〔1〕

宇宙之间，一理而已，天得之而为天，地得之而为地，而凡生于天地之间者，又各得之以为性。其张之为三纲，其纪之为五常，盖皆此理之流行，无所适而不在。〔2〕

五教，父子有亲，君臣有义，夫妇有别，长幼有序，朋友有信，以五者当然之理而为教令也。〔3〕

昔者帝舜以百姓不亲，五品不逊，而使契为司徒之官，教以人伦，父子有亲，君臣有义，夫妇有别，长幼有序，朋友有信。又虑其教之或不从也，则命皋陶作士，明刑以弼五教，而期于无刑焉。盖三纲五常，天理民彝之大节，而治道之本根也。〔4〕

名教大极，忠孝而已。〔5〕

---

〔1〕《后汉书·孝献帝纪》，见《后汉书》（第1册），中华书局2007年版，第107页。

〔2〕〔宋〕朱熹：《晦庵先生朱文公文集》，见朱杰人等主编：《朱子全书》（20），上海古籍出版社、安徽教育出版社2010年版，第3376页。

〔3〕〔宋〕朱熹：《晦庵先生朱文公文集》，见朱杰人等主编：《朱子全书》（20），上海古籍出版社、安徽教育出版社2010年版，第3170页。

〔4〕〔宋〕朱熹：《晦庵先生朱文公文集》，见朱杰人等主编：《朱子全书》（20），上海古籍出版社、安徽教育出版社2010年版，第656页。

〔5〕《宋书·郑鲜之传》，见《宋书》（第6册），中华书局1974年版，第1691页。

谅由君臣义重，名教所先，故能明大节于当时，立清风于身后。[1]

君亲名教之重也，权制出于近代耳。[2]

（二）名教的社会功能与实施方式

1. 名教的社会功能

以名为教，通过名的制定、认可和传播，使伦理纲常成为全社会的共识，各等级的人安于自己的名分，建立长幼有序、尊卑有别的秩序，可收历俗敦风、明理匡世之功效。尤其是，这种方式无须国家强制，更多依赖教化的柔性引导，便可实现教化德政，追求天下大治，更彰显治理优势。北宋范仲淹谓“以名为教，使天下自劝”。相比于威之以刑，或者诱之以利，励之以名显然更为高明。

我先王以名为教，使天下自劝。汤解网，文王葬枯骨，天下诸侯闻而归之，是三代人君已因名而重也。太公直钩以邀文王，夷齐饿死于西山，仲尼聘七十国以求行道，是圣贤之流，无不涉乎名也。[3]

行仁蹈义，名教所先，历俗敦风，宜见褒奖。[4]

将欲尊师重道，用阐阙繇，讲信修睦，敦奖名教。[5]

隋文帝以田德懋有孝行，降玺书褒之曰：“皇帝谢田

〔1〕《旧唐书·太宗纪上》，见《旧唐书》（第1册），中华书局1975年版，第34页。

〔2〕《宋书·礼志二》，见《宋书》（第2册），中华书局1974年版，第394页。

〔3〕〔宋〕范仲淹：《近名论》，见《宋本范文正公文集》（第2册），国家图书馆出版社2017年版，第32页。

〔4〕《隋书·杨坚传》，见《隋书》（第1册），中华书局1973版，第13页。

〔5〕《隋书·炀帝纪上》，见《隋书》（第1册），中华书局1973版，第44页。

德懋。知在穷疾，哀毁过礼，倚庐墓所，负土成坟。朕以孝治天下，思弘名教，复与汝通家，情义素重，有闻孝感，嘉叹兼深。春日暄和，气力何似？”〔1〕

乞命翰林儒臣将九经、十九史及诸儒先所著述有补于正道名教者，严加校正，字画行款必须正当归一，命工锓梓藏于国子监，付典籍掌之，遇天下板本有缺文疑义咸来取正，是亦一道德以同文之一端也。〔2〕

海内希风之流遂共相标榜，指天下名士，为之称号：上曰“三君”，次曰“八俊”，次曰“八顾”……顾者，言能以德行引人者也。〔3〕

褒德显仁，哲王令典。故太尉、忠穆公执德高邈，在否弥宣，贞洁之风，义著千载。每念其事，怆然伤怀。忠贞之胤，蒸尝宜远，所以大明至节，崇奖名教。可访其宗族，袭爵主祀。〔4〕

清庙斋郎崔珍，太子左奉御薛伯阳，并地袭衣冠，躬履名教，风猷美茂，才艺纷纶。〔5〕

古之人未始以彼害名教之体者何？达其旨故也。达其旨，故不惑其迹。〔6〕

〔1〕〔明〕丘濬：《大学衍义补》（下），朱维铮主编：《中国经学史基本丛书》（第4册），上海书店出版社2012年版，第31页。

〔2〕〔明〕丘濬：《大学衍义补》（下），朱维铮主编：《中国经学史基本丛书》（第4册），上海书店出版社2012年版，第104页。

〔3〕《后汉书·党锢传序》，见《后汉书》（第1册），中华书局2007年版，第639页。

〔4〕《晋书·嵇绍传》，见《晋书》（第8册），中华书局1974年版，第2301页。

〔5〕《新唐书·诸帝公主》，见《新唐书》（第12册），中华书局1975年版，第3656页。

〔6〕《晋书·戴逵传》，见《晋书》（第8册），中华书局1974年版，第2457页。

> 有晋始自中朝，迄于江左，莫不崇饰华竞，祖述玄虚。摈阙里之典经，习正始之余论。指礼法为流俗，目纵诞以清高。遂使宪章弛废，名教颓毁。[1]

2. 名教的实施方式

名教既可理解为名词，也可理解为动词。作名词可称“以名为教”，作动词可理解为“以名教人”。名教是一种社会治理机制，有其内在机理。名是君子自我教化、自我激励之工具。名教的实施离不开圣人的教化、士人阶层的推动、社会舆论的监督，也离不开名本身的激励作用。顾炎武谓“使之以名为利”，而在范仲淹看来，教化之道也当以名为本。人们追慕美名，害怕留下恶名，可以因势利导，引导人们追求道德。袁中道认为以名为教，事实上是以“好名之心”去对抗“情欲”，利用普通人可以感知的荣耀、名望等世俗的价值，激励人们摒弃邪恶，追求美名。这些做法可将空洞的道德概念转化成具体的道德实践。

> 若以某邀名为过，则圣人崇名教而天下始劝。庄叟云“为善无近名”，乃道家自全之说，岂治天下者之意乎？名教不崇，则为人君者谓尧舜不足慕，桀纣不足畏；为人臣者谓八元不足尚，四凶不足耻，天下岂复有善人乎？人不爱名，则圣人之权去矣。经曰：“立身扬名。”又曰：“善不积，不足以成名。”又曰：“耻没世而名不称。”又曰：“荣名以为宝。”是则教化之道无先于名。三古圣贤何尝不着于名乎？某患邀之未至尔。[2]

叶时曰：“以大宰系邦国之九两，参之以司徒安万民之

---

〔1〕《晋书·儒林传序》，见《晋书》（第8册），中华书局1974年版，第2346页。

〔2〕范仲淹：《上资政晏侍郎书》。

六俗，而皆以师儒行乎其中，诚以九两无师儒之系则无以淑人心，六俗无师儒之联则无以厚民俗。师者所以宗主名教者也，儒者所以扶持名教者也。”[1]

后之为治者宜何术之操？曰：唯名可以胜之。名之所在，上之所庸，而忠信廉洁者显荣于世；名之所去，上之所摈，而怙侈贪得者废锢于家。即不无一二矫伪之徒，犹愈于肆然而为利者。《南史》有云：“汉世士务修身，故忠孝成俗。至于乘轩服冕，非此莫由，晋、宋以来，风衰义缺。故昔人之言曰名教，曰名节，曰功名，不能使天下之人以义为利。而犹使之以名为利，虽非纯王之风，亦可以救积污之俗矣。”[2]

3. 名教与刑政结合

德礼与刑罚、名教与名法相须为用。德教可以柔化刑罚的严酷，而律法也能更有力保障德教推动。只有明确统一法规制度，使是非清楚，赏罚分明，才能更有力地保证教化落地。

圣王之治民也，进则使无由得其所利，退则使无由避其所害，必使反乎安其位，乐其群，务其职，荣其名，而后止矣。故逾其官而离其群者必使有害，不能其事而失其职者必使有耻。是故圣王之教民也，以仁错之，以耻使之，修其能致其所成而止。[3]

---

〔1〕〔明〕丘濬：《大学衍义补》（上），朱维铮主编：《中国经学史基本丛书》（第3册），上海书店出版社2012年版，第507页。

〔2〕《日知录·名教》，见〔清〕顾炎武：《顾炎武全集》（第18册），上海古籍出版社2011年版，第533页。

〔3〕《管子·法禁》，见《管子》（下），李山、轩新丽译注，中华书局2019年版，第263页。

德礼为政教之本，刑罚为政教之用，犹昏晓阳秋相须而成者也。[1]

“疏”议曰：五刑之中，十恶尤切，亏损名教，毁裂冠冕，特标篇首，以为明诫。[2]

“疏”议曰：祖父母、父母既被囚禁，固身囹圄，子孙嫁娶，名教不容。[3]

臣按：刑者弼教之具，教以天理人伦为本，苟背逆天理、伤害人伦，则得罪于名教大矣，置之于死夫复何疑？神宗而为此言可谓至明也已矣。[4]

伽行次荥阳，哀其辛苦，悉呼而谓之曰：“卿辈既犯国刑，亏损名教，身婴缧绁，此其职也。”[5]

4. 作为名教范本的《白虎通义》：以名之训诂构建礼教法典

《白虎通义》又称《白虎通》，是班固等人根据汉章帝建初四年（79年）经学辩论的结果撰集而成，集两汉今文经学大成。它以神秘化了的阴阳、五行为基础，解释自然、社会、伦理、人生和日常生活的种种现象。陈寅恪先生在《王观堂先生挽词并序》中说：“吾中国文化之定义，具于《白虎通》三纲六纪之说，其意义为抽象理

---

〔1〕《唐律疏议·名例》，见袁文兴、袁超注译：《〈唐律疏议〉注译》，甘肃人民出版社2017年版，第2页。

〔2〕《唐律疏议·名例》，见袁文兴、袁超注译：《〈唐律疏议〉注译》，甘肃人民出版社2017年版，第17页。

〔3〕《唐律疏议》第180条，见袁文兴、袁超注译：《〈唐律疏议〉注译》，甘肃人民出版社2017年版，第388页。

〔4〕〔明〕丘濬：《大学衍义补》（下），朱维铮主编：《中国经学史基本丛书》（第4册），上海书店出版社2012年版，第207页。

〔5〕《隋书·王伽传》，见《隋书》（第6册），中华书局1973年版，第1686页。

想最高之境，犹希腊柏拉图所谓 Edos 者。”[1]《白虎通》堪称一部名教法典。其以“三纲六纪”为核心，构建了古代社会秩序的最基本因素，而其对“三纲六纪”的解释正是以对“名”的训诂、引证等方式呈现出来的。全书一共汇集了 43 条名词解释，内容涉及社会、礼仪、风俗、国家政治制度、伦理道德等方面。以下辑录《白虎通》中对“三纲六纪”的解释。在这些文字中，《白虎通》首先以文字训诂的形式具体分析了“君臣”“父子”“夫妇”“朋友”的字义与由来，但其主旨并不在释名，而力图通过释名，发掘隐含于这些名称之中的规范性的意蕴，并以此来导引、规范人的具体行为，这就是所谓“以名为教”。

> 三纲者何谓也？谓君臣、父子、夫妇也。六纪者，谓诸父、兄弟、族人、诸舅、师长、朋友也。故《含文嘉》曰：“君为臣纲，父为子纲，夫为妻纲。”又曰：“敬诸父兄，六纪道行，诸舅有义，族人有序，昆弟有亲，师长有尊，朋友有旧。”何谓纲纪？纲者，张也；纪者，理也。大者为纲，小者为纪，所以张理上下，整齐人道也。人皆怀五常之性，有亲爱之心，是以纲纪为化，若罗纲之有纪纲而万目张也。《诗》云：“亹亹我王，纲纪四方。”
>
> 君臣，父子，夫妇，六人也，所以称三纲何？一阴一阳谓之道，阳得阴而成，阴得阳而序，刚柔相配，故六人为三纲。
>
> 三纲法天、地、人，六纪法六合。君臣法天，取象日月屈信归功天也。父子法地，取象五行转相生也。夫妇法人，取象人合阴阳有施化端也。六纪者为三纲之纪者也。师长君臣之纪也，以其皆成己也。诸父兄弟父子之纪也，以其有亲恩连也；诸舅朋友夫妇之纪也，以其皆有同志为

[1] 陈寅恪：《寒柳堂集》，上海古籍出版社 1980 年版，第 6 页。

纪助也。

君臣者，何谓也？君，群也，下之所归心也。臣者，繵坚也，属志自坚固也。《春秋传》曰："君处此，臣请归也。"

父子者，何谓也？父者，矩也，以法度教子也。子者，孳也，孳孳无已也。故《孝经》曰："父有争子，则身不陷于不义。"夫妇者，何谓也？夫者，扶也，以道扶接也；妇者，服也，以礼屈服也。《昏礼》曰："夫亲脱妇之缨。"《传》曰："夫妇判合也。"〔1〕

〔1〕《白虎通·三纲六纪》，见〔清〕陈立撰：《白虎通疏证》，中华书局1994年版，第373—376页。

第二章 古代法典中的法与名

思想需有其制度依托，方能产生更大影响。诚如陈寅恪先生曾言：“夫纲纪本理想抽象之物，然不能不有所依托，以为具体表现之用；其所依托以表现者，实为有形之社会制度。”〔1〕古代法典便是名思想得以传播与实施的制度载体。中华法系法典化传统源远流长。战国李悝编写的《法经》肇启古代刑事法典化传统。其后秦王朝一统天下，强调“一切皆有法式”。汉代通过引礼入法，为法典化的传统注入儒家的精神特质。魏晋南北朝贡献了《北魏律》《北齐律》《新律》等优秀法典。《唐律疏议》是中华法系的最高代表，其后则有《宋刑统》《大明律》《大清律例》等重要法典。

从形式而言，名之概念见于律典首先在于历代律典之中单设“名例律”，承担了律典总则的功能，系统介绍了刑罚种类及适用原则。受益于名，律典得以体系化、系统化。

从内容而言，名之于法典的影响无处不在。如“名分”堪称传统法典的根基与枢纽，古代法甚至可称“名分法”。纲常名教也是传统法的核心。晋朝之后律典明确确立了“准五服以制罪”的刑法原则，名之思想直接成为司法准则。如俞荣根等学者所言，《唐律疏议》所定“十恶”正是纲常名教的法律化。〔2〕《唐律疏议·名例》明确提出：“五刑之中，十恶尤切，亏损名教，毁裂冠冕，特标篇首，以为明诫。”〔3〕进而用最严厉的刑罚手段规制“亏损名教”的行为。“不孝”等十恶行为被视为“名教不容”〔4〕。古代法典中还有很多直接涉名的法律规定，比如自元代后设“干名犯义”专条，维持伦理纲

---

〔1〕陈寅恪：《王观堂先生挽词并序》，见陈寅恪：《寒柳堂集》，上海古籍出版社 1980 年版，第 6 页。

〔2〕俞荣根：《儒家法思想通论（修订本）》，商务印书馆 2018 年版，第 666 页。

〔3〕《唐律疏议·名例》，见袁文兴、袁超注译：《〈唐律疏议〉注译》，甘肃人民出版社 2017 年版，第 17 页。

〔4〕《唐律疏议》180 条：“‘疏’议曰：祖父母、父母既被囚禁，固身囹圄，子孙嫁娶，名教不容。”见袁文兴、袁超注译：《〈唐律疏议〉注译》，甘肃人民出版社 2017 年版，第 388 页。

常中的名分与教义。再如，诸多法典中有与姓名直接相关的名籍制度、除名制度、避讳制度，等等。

本章涉及的古代法典类文献主要有：《法经》、睡虎地秦简、岳麓秦简、汉代《二年律令》、《泰始律》、《北齐律》、《曹魏律》、《唐律疏议》、《宋刑统》、《大明律》、《大清律例》；格典类《大元通制条格》及式典类《唐六典》等；也涉及历代《刑法志》等文献记载的相关法典情况。此外，还简要涉及作为国法补充的家法族规。

一、名例律与法典

名之概念对律典最大的影响莫过于律典之中单设“名例律”。名例律承担了律典总则的功能，系统介绍了刑罚种类及适用原则。名例篇的名，意为“五刑之罪名”，是惩罚犯罪的刑罚的名称与等级；例是指“五刑之体例”，即适用法律的原则。

名例可以追溯到战国李悝制定《法经》中的《具法》。《具法》是关于适用刑罚时给予加减的制度，其作用类似于刑罚适用原则。《晋书·刑法志》有云：“是时承用秦汉旧律，其文起自魏文侯师李悝。悝撰次诸国法，著《法经》。以为王者之政，莫急于盗贼，故其律始于《盗贼》。盗贼须劾捕，故著《网捕》二篇。其轻狡、越城、博戏、借假不廉、淫侈逾制以为《杂律》一篇，又以《具律》具其加减。是故所著六篇而已，然皆罪名之制也。”

商鞅主张“改法为律”，《具法》更名为《具律》。当时《具律》位于律典的末篇。《九章律》中，规定刑罚加减的《具律》被放置于中间位置。三国时期，《曹魏律》把《具律》放于篇首，并改名为“刑名”，让其引导整部律典。从此，律典中关于刑罚种类及适用原则的内容一般被置于第一篇。《晋书·刑法志》有云：“旧律因秦《法经》，就增三篇，而《具律》不移，因在第六。罪条例既不在始，又不在终，非篇章之义。故集罪例以为《刑名》，冠于律首。”

西晋《泰始律》同样将《刑名》放在第一篇，总领其他各篇，同时将专门规定法律适用一般原则的内容从《刑名》中分出，命名为《法例》，列于《刑名》之后。《刑名》只用于规定刑罚体系和处罚犯罪的刑罚名称。

宋、齐、梁及后魏都沿用了这一成果。《北齐律》将《刑名》和《法例》合并为一篇，称为《名例》，为法典的首篇。此后的隋、唐、宋、元、明、清各代均沿用这一做法，并且不断丰富和发展，足见《名例律》对后世立法的影响深远。在《唐律疏议》中，《名例律》主要规定五刑、十恶、八议、官当、亲属相容隐、犯罪的追诉、自首减免、老幼减免、共同犯罪、数罪的处罚、化外人犯罪等通行全律的原则、制度以及期亲、加减、监临主守等术语，是全律的核心所在。此后各个朝代大致沿袭。直至清末，律典引进“总则”和“分则”的概念，“名例”这个名称不再使用。清代律学大家沈之奇《大清律辑注》释“名例”时对这一过程做了简要总结：“李悝造法经，其六曰具法。汉曰具律，魏改为刑名，晋分为刑名、法例。沿至北齐，乃曰名例，隋唐以后因之，至今不改。其义例与唐律为准，分合损益，法益精密。名例为诸律之准则，故列于首。”

名例篇的诞生是名之概念以及相应的刑名学对古代法律发展的重大贡献。从形式上看，有了名例篇的提纲挈领，律不再是杂乱无章的，而是统合各种社会关系的整套规范体系，具有统一性、系统性与逻辑性，呈现出“相须而成，若一体焉”的状态。帛书《黄帝书》曾表达这种理想状态为：“天下成法，故曰不多，一言而止。循名复一，民无乱纪。”[1]名例篇对律中的所有罪责刑名都要进行调整与引导，这种精湛的立法技术也使得律典更为简约，深具艺术上的美感。立法简约也成为古代法典的宝贵传统。古代立法者相信圣人

〔1〕 马王堆汉墓帛书整理小组编：《经法》，文物出版社 1976 年版，第 73 页。

可以“审名”而治天下，名例篇的诞生也让这种高远的追求具有技术上的可行性。而从内容上看，《名例律》也深刻渗透了名之概念及相应的名分思想。以《唐律疏议》为例，危害皇权、悖逆礼教最严重的十恶重罪和体现贵族官僚司法特权的八议制度等都直接置于名例篇之中，这是等级制度法律化的直接表现。除名例篇外的其他十一篇，从卫禁篇、职制篇直到断狱篇，都是按照对皇权危害程度由大到小的逻辑顺序次第排列的。这种排列的顺序本身就是等级名分思想的典型写照，体现了“尊尊”“亲亲”等级名分。

（一）《曹魏律》刑名篇

《新律》在隋朝以前即已失传，仅《晋书·刑法志》中保存有《新律序》的部分内容。

> 旧律因秦《法经》，就增三篇，而《具律》不移，因在第六。罪条例既不在始，又不在终，非篇章之义。故（新律）集罪例以为《刑名》，冠于律首……改汉旧律不行于魏者皆除之，更依古义制为五刑。其死刑有三，髡刑有四，完刑、作刑各三，赎刑十一，罚金六，杂抵罪七，凡三十七名，以为律首。[1]

（二）《唐律疏议》名例篇

《唐律疏议》是中华法系的代表，集传统律典立法的大成，其名例篇也在历代法典中最具代表性，故本书较为详细地列出其内容，后世相同内容则不再重复论述。《唐律疏议·名例律》共六卷五十七条，包括以下内容：五刑，十恶，八议，及请、减、赎、当

〔1〕《曹魏律》序，见《晋书》（第3册），中华书局1974年版，第924页。

等特权法规。此外，还具体规定了官吏、更为罪、自首、同职犯公坐、共犯罪、二罪从重、同居相为隐、徒流家无兼丁、化外人相犯等原则及法律名词，如“反坐”“罪之”“监临主守”“日”“年”“众”“谋”“加减”“从”“准”“皆”等概念及适用。从现代法学话语而论，这些内容广泛涉及犯罪行为、责任能力、时效、刑罚的适用（过失、自首、累犯、并合论罪、减免、类推、亲属容隐、外国人犯罪的处理原则）和法律用语的解释等。总体上相当于现代刑法总则内容，但也有部分内容属于现代刑事立法分则中的具体犯罪。以下辑录最重要的五刑、十恶、八议及对名例的解说等内容，其他部分不再赘述。

1.《唐律疏议》对名例的解说

“疏”议曰：……昔者，三王始用肉刑。赭衣难嗣，皇风更远，朴散淳离，伤肌犯骨。尚书大传曰：“夏刑三千条。”周礼“司刑掌五刑”，其属二千五百。穆王度时制法，五刑之属三千。周衰刑重，战国异制，魏文侯师于李悝，集诸国刑典，造《法经》六篇：一、《盗法》；二、《贼法》；三、《囚法》；四、《捕法》；五、《杂法》；六、《具法》。商鞅传授，改法为律。汉相萧何，更加悝所造《户》、《兴》、《厩》三篇，谓《九章之律》。魏因汉律为一十八篇，改汉具律为《刑名第一》。晋命贾充等，增损汉、魏律为二十篇，于魏《刑名律》中分为《法例律》。宋齐梁及后魏，因而不改。爰至北齐，并《刑名》、《法例》为《名例》。后周复为《刑名》。隋因北齐，更为《名例》。唐因于隋，相承不改。名者，五刑之罪名；例者，五刑之体例。名训为命，例训为比，命诸篇之刑名，比诸篇之法例。但名因罪立，事由犯生，命名即刑应，比例即事表，故以名例为首篇。[1]

2.《律音义》对名例的解读

名例第一

主物之谓名，统凡之谓例。法律之名既众，要须例以表之，故曰《名例》。汉作九章，散而未统。魏朝始集罪例，号为刑名。晋贾充增定律二十篇，以刑名、法例揭为篇冠。至北齐，赵郡王叡等奏上齐律十二篇，并曰名例，后循而不改。

五刑之名尚矣。古者大刑用甲兵，次斧钺；中刑用刀锯，次钻凿；薄刑用鞭扑。虞书："五刑曰墨，曰劓，曰剕，曰宫，曰大辟。"又云："流宥五刑，鞭作官刑，扑作教刑，金作赎刑。"则五者之外，似别有流、赎、鞭、扑之品也。三代而降，其制略同。秦法凝惨，始有"夷三族"、"具五刑"之名。汉文帝去三肉刑，又以完代刑。魏制五刑，则死刑三，髡刑四，完、作刑各三，赎刑十一。晋以枭首、斩、弃市三死，与髡作、输赎二等为五刑。梁世略依前代，制刑十五等及鞭、杖督之差。[2]

3. 五刑刑名

此处只列举条文内容，省去疏议部分。

笞刑五：［六］笞一十。赎铜一斤。笞二十。赎铜二斤。笞三十。赎铜三斤。笞四十。赎铜四斤。笞五十。赎铜五斤。

---

〔1〕袁文兴、袁超注译：《〈唐律疏议〉注译》，甘肃人民出版社 2017 年版，第 2 页。

〔2〕〔宋〕孙奭等撰：《律音义》，见《唐律疏议》。

杖刑五：杖六十。赎铜六斤。杖七十。赎铜七斤。杖八十。赎铜八斤。杖九十。赎铜九斤。杖一百。赎铜十斤。

徒刑五：一年。赎铜二十斤。一年半。赎铜三十斤。二年。赎铜四十斤。二年半。赎铜五十斤。三年。赎铜六十斤。

流刑三：二千里。赎铜八十斤。二千五百里。赎铜九十斤。三千里。赎铜一百斤。

死刑二：绞。斩。赎铜一百二十斤。[1]

4. 十　恶

十恶是名例律规定的重要内容。十恶是指直接危及君主专制统治秩序以及严重破坏封建伦常关系的重大犯罪行为。在《北齐律》"重罪十条"基础上，隋朝《开皇律》正式确立十恶制度，唐朝沿袭之。犯十恶者，"为常赦所不原"。

一曰谋反。谓谋危社稷。

二曰谋大逆。谓谋毁宗庙、山陵及宫阙。

三曰谋叛。谓谋背国从伪。

四曰恶逆。谓殴及谋杀祖父母、父母，杀伯叔父母、姑、兄姊、外祖父母、夫、夫之祖父母、父母。

五曰不道。谓杀一家非死罪三人，支解人，造畜蛊毒、厌魅。

六曰大不敬。谓盗大祀神御之物、乘舆服御物；盗及伪造御宝；合和御药，误不如本方及封题误；若造御膳，误

---

〔1〕参见袁文兴、袁超注译：《〈唐律疏议〉注译》，甘肃人民出版社2017年版，第1—15页。

犯食禁；御幸舟船，误不牢固；指斥乘舆，情理切害及对捍制使，而无人臣之礼。

七曰不孝。谓告言、诅詈祖父母父母，及祖父母父母在，别籍、异财，若供养有阙；居父母丧，身自嫁娶，若作乐，释服从吉；闻祖父母父母丧，匿不举哀，诈称祖父母父母死。

八曰不睦。谓谋杀及卖缌麻以上亲，殴告夫及大功以上尊长、小功尊属。

九曰不义。谓杀本属府主、刺史、县令、见受业师，吏、卒杀本部五品以上官长；及闻夫丧匿不举哀，若作乐，释服从吉及改嫁。

十曰内乱。谓奸小功以上亲、父祖妾及与和者。[1]

5. 八　议

八议也是《名例律》规定的重要内容。所谓八议，是指法律规定的八种特殊人物犯罪，不能适用普通诉讼审判程序，司法官员也无权直接审理管辖，必须奏请皇帝裁决，由皇帝根据其身份及具体情况减免刑罚的制度。这八种人是：议亲，议故，议贤，议能，议功，议贵，议勤，议宾。八议最早源于西周的八辟，在曹魏的《新律》中首次入律。

一曰议亲。谓皇帝袒免以上亲及太皇太后、皇太后缌麻以上亲，皇后小功以上亲。

二曰议故。谓故旧。

三曰议贤。谓有大德行。

四曰议能。谓有大才艺。

---

〔1〕 袁文兴、袁超注译：《〈唐律疏议〉注译》，甘肃人民出版社 2017 年版，第 17—34 页。

五曰议功。谓有大功勋。

六曰议贵。谓职事官三品以上，散官二品以上及爵一品者。

七曰议勤。谓有大勤劳。

八曰议宾。谓承先代之后为国宾者。[1]

（三）《宋刑统》名例篇

宋太祖建隆四年（963年），工部尚书判大理寺窦仪等人奏请朝廷建议修订法律。朝廷同意后，由窦仪等人主持其事。并于同年七月完成，由太祖诏"付大理寺刻板摹印，颁行天下"，《宋刑统》成为历史上首部刊印颁行的法典。《宋刑统》律文多为《唐律疏议》的翻版，除"折杖法"外很少变动。其篇目，仍与唐律一样，共12篇、502条。但其收集了唐朝开元二年（714年）到宋朝建隆三年（962年）近250年间敕、令、格、式中的刑事规范，根据需要选出209条（包括"起请"32条）附于律文之后，与之并行。这与《唐律疏议》有重要区别。新增"起请"32条，是修律者为适应社会发展的需要，对以往敕、令、格、式提出的修改建议，实际具有法律效力。

在刑罚制度上，《宋刑统》创制了"折杖法"。除了死刑，笞、杖、徒、流均可以按等折杖，这是宋朝立法的一项重要成果。北宋初年为了平定"五季之乱"，对五刑进行了改革。《宋史》有言："太祖受禅，始定折杖之法。""折杖法"简化了五刑制度，是宋初缓解社会矛盾、宽减刑罚的刑制改革措施，也体现了儒家"德主刑辅"的主张，体现了明刑慎罚、宽严相济的原则，具有进步意义。

《宋刑统》形式上的创新体现在篇下设门，整部法典分为213

〔1〕 袁文兴、袁超注译：《〈唐律疏议〉注译》，甘肃人民出版社2017年版，第35—41页。

门。每一门都是一个独立的单元，先列明律条及疏议，再在“准”字以下按照时间顺序编列前朝和宋初的令、式、格、敕。这是将同一功能的各种法律规范集中汇编，更便于检阅，是一种较为科学的编排方式。

此外，还有总括“余条准此”列于名例律之后。《唐律疏议》中原有44条类推适用的条文，散见于律文之中；《宋刑统》将唐律的这些条文统编为一门，集中附录在名例律之后。

以下辑录其“五刑”部分。为了简便起见，删去其详细的“疏议”部分。

卷一　名例律

【二门】律条六并疏　令格敕条八

五刑

笞刑五　杖刑五　徒刑五　流刑三　死刑二

笞刑五

一十赎铜一斤。二十赎铜二斤。三十赎铜三斤。四十赎铜四斤。五十赎铜五斤

…………

杖刑五

六十赎铜六斤。七十赎铜七斤。八十赎铜八斤。九十赎铜九斤。一百赎铜十斤

…………

流刑三

二千里赎铜八十斤。二千五百里赎铜九十斤。三千里赎铜一百斤。

…………

流刑

加役流，决脊杖二十，配役三年。

流三千里，决脊杖二十，配役一年。

流二千五百里，决脊杖十八，配役一年。

流二千里，决脊杖十七，配役一年。

…………

死刑二

绞斩赎铜一百二十斤〔1〕

（四）《大明律》名例篇

名例篇是《大明律》的第一篇，总领整个律典。明清律的名例篇与唐律一脉相承，但也有所调整。唐律律条结构严谨，但其弊端是太过细致，排列组合下来过于复杂。而明清律将唐律的相关内容合并整理，增加了律条的适用性。两者的名例篇也有所不同。在形式上，唐律以五个律条分别规定这五刑，而明清律将五种刑罚规定在“五刑”一个律名下。唐律徒、流无须加杖，明、清律徒、流还需加杖。在内容上，唐律按照身份，严密排列了不同等级人的特权。而明律打破了等级的规则，按照官与民的处罚不同，官与吏的处罚不同，职官与军官处罚不同的逻辑编纂律条。明律重视吏治，对于官吏的处罚比唐律更加严苛，特权范围明显比唐律范围狭小，八议的具体范围有所调整。

以下辑录《大明律》名例篇的目录及第一条“五刑”，以鸟瞰其大概。

《大明律》名例篇目录：

1. 五刑；2. 十恶；3. 八议；4. 应议者犯罪；5. 职官有犯；6. 军官有犯；7. 文武官犯公罪；8. 文武官犯私罪；9. 应议者之父祖有犯；10. 军官军人犯罪免徒流；11. 犯罪得累

〔1〕〔宋〕窦仪等：《宋刑统》，薛梅卿点校，法律出版社1999年版，第1—5页。

减；12. 以理去官；13. 无官犯罪；14. 除名当差；15. 流囚家属；16. 当赦所不原；17. 徒流人在道会赦；18. 犯罪存留养亲；19. 工乐户及妇人犯罪；20. 徒流人又犯罪；21. 老小废疾收赎；22. 犯罪时未老疾；23. 给没赃物；24. 犯罪自首；25. 二罪俱发以重轻；26. 犯罪共逃；27. 同僚犯公罪；28. 公事失错；29. 共犯罪分首从；30. 犯罪事发在逃；31. 亲属相为容隐；32. 吏卒犯死罪；33. 处决叛军；34. 杀害军人；35. 在京犯罪军民；36. 化外人有犯；37. 本条别有罪名；38. 加减罪例；39. 称乘舆车驾；40. 称期亲祖父母；41. 称与同罪；42. 称监临主守；43. 称日者以百刻。

五刑（第一条）

笞刑五：一十。赎铜钱六百文。二十。赎铜钱一贯二百文。三十。赎铜钱一贯八百文。四十。赎铜钱二贯四百文。五十。赎铜钱三贯。

杖刑五：六十。赎铜钱三贯六百文。七十。赎铜钱四贯二百文。八十。赎铜钱四贯八百文。九十。赎铜钱五贯四百文。一百。赎铜钱六贯。

徒刑五：一年杖六十。赎铜钱一十二贯。一年半杖七十。赎铜钱一十五贯。二年杖八十。赎铜钱一十八贯。二年半杖九十。赎铜钱二十一贯。三年杖一百。赎铜钱二十四贯。

流刑三：二千里杖一百。赎铜钱三十贯。二千五百里杖一百。赎铜钱三十三贯。三千里杖一百。赎铜钱三十六贯。

死刑二：绞、斩。赎铜钱四十二贯。[1]

---

〔1〕《大明律》，怀效锋点校，法律出版社 1999 年版，第 1 页。

（五）《大清律例》名例律

《大清律例》系中国古代社会最后一部法典，“详译明律，参以国制，增损剂量，期于平允”是清朝编纂法典的原则。其于1646年完成，后经过数次修订。《大清律例》基本沿袭了《大明律》的体例，两者重合处极多。以《名例》而论，清律《名例》共46条，其中有41个律条与明律《名例》相同。除了律文，《大清律例》在每条律条后都编纂了例文，具有灵活性和时代性，这也使得律典内容更加丰富。因其基本沿袭了《大明律》，此处不再单独辑录其内容。

二、名分：律法之基石

名分观念沟通了家国礼法，贯穿于历代法典，运用于司法审判之中，对传统律法产生了极大影响。甚至有学者指出，“传统法是名分法”[1]。名分观是社会成员辨别行动范围的指针，也是法律制度的内核。周代制礼作乐，奠定了我国礼乐文明的基础，也构建了早期系统的名分秩序。春秋战国，礼崩乐坏，诸子百家蜂起，所讨论的核心之一也是重建名分秩序。汉代罢黜百家，独尊儒术，名教逐渐确立。魏晋南北朝推进法律儒家化，最终在唐代集其大成，《唐律疏议》成为帝制国家刑事法典的巅峰之作，也从立法的角度系统保障了名分秩序。而后，名分体例为《宋刑统》《大元通制》《大明律》乃至《大清律》等历代法典一脉相通。名分堪称整个中华礼法体系的根基与枢纽。《礼记·大传》有云：“圣人南面而治天下……其不可得变革者则有矣：亲亲也，尊尊也，长长也，男女有别，此其不可得与民变革者也。”[2]“尊尊”涉及君尊臣卑的国家政治制度，“亲亲”

---

〔1〕周兴生：《传统法是名分法——以服制、哲学内核、体系构造及疑案判决为考察》，载《求是学刊》2013年第6期。

〔2〕《礼记·大传》，见《礼记》（下），胡平生、张萌译注，中华书局2017年版，第656页。

涉及亲疏远近的血缘宗法关系。这两者是名分的核心，也是历代律法的枢纽。因篇幅所限，此处仅考察名分思想最早起源的《周礼》及中华法系代表《唐律疏议》。

（一）名分秩序与代表性礼法

1. 周代的名分秩序

《周礼》展示了一个等级森严的礼法社会，设计出一套结构缜密的礼制，构建了一个系统的名分秩序。《周礼》虽然不是周公所作，后人也有造作、附会夹杂其间，但其中也保留了周代不少史料，是研究周代礼法名分的重要资料。《周礼》中的名分首先指向政治运行秩序的构建与运行，也关涉日常社会生活的秩序。从上到下，人们时时、处处、事事都要求循礼而动。以名分为核心的礼是规范和调整社会生活的典章制度。从饮食起居、车马服饰等日常生活，到征伐盟会、朝觐告聘等重大政治活动，无不有周详的规定。

一国之人，首先分为以礼乐节制之的统治阶级和以法数制之的被统治阶级。在统治阶级内部又区分为天子、诸侯、卿大夫、士等层次，这种等差，就是《周礼》表现的“礼教名分”。不同的等级有不同的命数，爵位、封地，如《大宗伯》之九仪之命，《大司徒》之五等爵，《大行人》之九服等，均是用形式上的不整齐，造成封建秩序实质上的整齐，即所谓“维齐非齐”。这些都是名的体现。以下辑录其要者：

> 惟王建国，辨方正位，体国经野，设官分职，以为民极。乃立天官冢宰，使帅其属而掌邦治，以佐王均邦国。
>
> 治官之属：大宰：卿一人；小宰：中大夫二人；宰夫：下大夫四人；上士八人，中士十有六人，旅下士三十有二人；府六人，史十有二人，胥十有二人，徒百有二十人。

宫正：上士二人，中士四人，下士八人；府二人，史四人，胥四人，徒四十人。

宫伯：中士二人，下士四人；府一人，史二人，胥二人，徒二十人。[1]

大宰之职：掌建邦之六典，以佐王治邦国：一曰治典，以经邦国，以治官府，以纪万民。二曰教典，以安邦国，以教官府，以扰万民。三曰礼典，以和邦国，以统百官，以谐万民。四曰政典，以平邦国，以正百官，以均万民。五曰刑典，以诘邦国，以刑百官，以纠万民。六曰事典，以富邦国，以任百官，以生万民。

以八法治官府：一曰官属，以举邦治。二曰官职，以辨邦治。三曰官联，以会官治。四曰官常，以听官治。五曰官成，以经邦治。六曰官法，以正邦治。七曰官刑，以纠邦治。八曰官计，以弊邦治。[2]

叙官

惟王建国，辨方正位，体国经野，设官分职，以为民极。乃立秋官司寇，使帅其属而掌邦禁，以佐王刑邦国。

刑官之属：大司寇：卿一人；小司寇：中大夫二人；士师：下大夫四人；乡士：上士八人，中士十有六人，旅下士三十有二人；府六人，史十有二人，胥十有二人，徒百有二十人。[3]

---

〔1〕《周礼·天官冢宰第一》，见《周礼》，徐正英、常佩雨译注，中华书局2014年版，第2—5页。

〔2〕《周礼·天官冢宰第一》，见《周礼》（上），徐正英、常佩雨译注，中华书局2014年版，第27—28页。

〔3〕《周礼·秋官司寇第五》，见《周礼》（下），徐正英、常佩雨译注，中华书局2014年版，第713—714页。

礼的等差又是在各种礼仪场合，通过服饰、车旗、器用等等礼数来体现的。《周礼》不厌其烦地作出种种繁缛的规定，比如关于射箭的具体规定：

> 以射法治射仪：王以六耦，射三侯、三获、三容，乐以驺虞，九节五正，诸侯以四耦，射二侯，二获，二容，乐以狸首，七节三正，孤卿大夫以三耦，射一侯，一获，一容，乐以采平，五节二正，士以三耦，射侯，一获，一容，乐以采繁，五节二正。[1]

不同等级的人，射的人数，侯、获、容的数量，所奏音乐的名称、节数也不相同。比如，他们所用的弓的长度及弧度也有严格区别。

> 天子之弓，合九而成规，诸侯合七而成规，大夫合五而成规，士合三而成规。[2]

2. 唐律与名分

名分的核心在于构建“亲亲、尊尊”的礼法秩序，“尊尊”涉及君尊臣卑的国家政治制度，“亲亲”涉及亲疏远近的血缘宗法关系。《唐律疏议》堪称典范。前引“十恶”重罪多直接指向这两者。如谋反与谋大逆等十恶指向的都是侵犯最高统治权的犯罪。此外，《唐律疏议》对良民和贱民以及贱民内部各个等级的权利和义务做了详尽的规定，这种良贱身份也与名分直接相关。有学者指出，“唐律名例篇（总则）中区别尊卑、长幼、亲疏等级名分规

---

〔1〕《周礼·夏官司马第四》，见《周礼》（下），徐正英、常佩雨译注，中华书局 2014 年版，第 641 页。

〔2〕《周礼·夏官司马第四》，见《周礼》（下），徐正英、常佩雨译注，中华书局 2014 年版，第 674 页。

定适用法律的不同规则。无论刑法、民法、诉讼法都区别尊与卑、长与幼、亲与疏不同名分，规定了不同的法律责任和不同的权利义务”[1]。

（1）尊尊

前引谋反与谋大逆等十恶重罪多直接指向侵犯最高统治权的犯罪，其他有关的律条如：

> 六曰大不敬。谓盗大祀神御之物、乘舆服御物；盗及伪造御宝；合和御药，误不如本方及封题误；若造御膳，误犯食禁；御幸舟船，误不牢固；指斥乘舆，情理切害及对捍制使，而无人臣之礼。[2]

> 诸大祀不预申期及不颁所司者，杖六十；以故废事者，徒二年。
>
> “疏”议曰：依令：“大祀，谓天地、宗庙、神州等为大祀。或车驾自行，或三公行事。斋官皆散斋之日，平明集省，受誓诫……牲牢、玉帛之属不如法，杖七十；阙数者，杖一百；全阙者，徒一年。（全阙，谓一坐。）[3]

> 诸大祀在散斋而吊丧、问疾、判署刑杀文书及决罚者，笞五十；奏闻者，杖六十。致斋者，各加一等。[4]

> 诸祭祀及有事于园陵，若朝会、侍卫，行事失错及

[1] 郑定、马健兴：《宗法制度与中国传统法律文化》，载《法学家》2002年第2期。

[2]《唐律疏议》第6条，见袁文兴、袁超注译：《〈唐律疏议〉注译》，甘肃人民出版社2017年版，第19页。

[3]《唐律疏议》第98条，见袁文兴、袁超注译：《〈唐律疏议〉注译》，甘肃人民出版社2017年版，第275页。

[4]《唐律疏议》第99条，见袁文兴、袁超注译：《〈唐律疏议〉注译》，甘肃人民出版社2017年版，第279页。

违失仪式者，笞四十。（谓言辞喧嚣，坐立怠慢乖众者，乃坐。）[1]

诸盗大祀神御之物者，流二千五百里。（谓供神御者，帷帐几杖亦同。）其拟供神御，（谓营造未成者。）及供而废阕，若飨荐之具已馔呈者，徒二年；（飨荐，谓玉币、牲牢之属。馔呈，谓已入祀所，经祀官省视者。）未馔呈者，徒一年半。已阕者，杖一百。（已阕，谓接神礼毕。）若盗釜、甑、刀、匕之属，并从常盗之法。[2]

诸盗御宝者，绞；乘舆服御物者，流二千五百里；（谓供奉乘舆之物。服通衾、茵之属，真、副等。皆须监当之官，部分拟进，乃为御物。）其拟供服御及供而废阕，若食将御者，徒二年；将御，谓已呈监当之官。拟供食御及非服而御者，徒一年半。[3]

诸弃毁大祀神御之物，若御宝、乘舆服御物及非服而御者，各以盗论；亡失及误毁者，准盗论减二等。[4]

诸大祀丘坛将行事，有守卫而毁者，流二千里；非行事日，徒一年。壝门，各减二等。[5]

〔1〕《唐律疏议》第100条，见袁文兴、袁超注译：《〈唐律疏议〉注译》，甘肃人民出版社2017年版，第279页。

〔2〕《唐律疏议》第270条，见袁文兴、袁超注译：《〈唐律疏议〉注译》，甘肃人民出版社2017年版，第527页。

〔3〕《唐律疏议》第271条，见袁文兴、袁超注译：《〈唐律疏议〉注译》，甘肃人民出版社2017年版，第529页。

〔4〕《唐律疏议》第435条，见袁文兴、袁超注译：《〈唐律疏议〉注译》，甘肃人民出版社2017年版，第795页。

〔5〕《唐律疏议》第436条，见袁文兴、袁超注译：《〈唐律疏议〉注译》，甘肃人民出版社2017年版，第796页。

（2）亲亲

十恶中的恶逆、不孝、不睦、内乱涉及的是宗法血缘关系。

①恶逆

四曰恶逆。谓殴及谋杀祖父母、父母，杀伯叔父母、姑、兄姊、外祖父母、夫、夫之祖父母、父母。

“疏”议曰：父母之恩，昊天罔极。嗣续妣祖，承奉不轻。枭镜其心，爱敬同尽，五服至亲，自相屠戮，穷恶尽逆，绝弃人理，故曰“恶逆”。

注：谓殴及谋杀祖父母、父母，杀伯叔父母、姑、兄姊、外祖父母、夫、夫之祖父母、父母。

“疏”议曰：殴谓殴击，谋谓谋计。自伯叔以下，即据杀讫，若谋而未杀，自当“不睦”之条。“恶逆”者，常赦不免，决不待时；“不睦”者，会赦合原，惟止除名而已。以此为别，故立制不同。其夫之祖父母者，夫之曾、高祖亦同。案丧服制，为夫曾、高服缌麻；若夫承重，其妻于曾、高祖，亦如夫之父母服期。故知称“夫之祖父母”，曾、高亦同也。〔1〕

②不孝

七曰不孝。谓告言、诅詈祖父母父母，及祖父母父母在，别籍、异财，若供养有阙；居父母丧，身自嫁娶，若作乐，释服从吉；闻祖父母父母丧，匿不举哀，诈称祖父母父母死。

“疏”议曰：善事父母曰孝。既有违犯，是名“不孝”。

注：谓告言、诅詈祖父母父母。

〔1〕《唐律疏议》第6条，见袁文兴、袁超注译：《〈唐律疏议〉注译》，甘肃人民出版社2017年版，第18页。

“疏”议曰：本条直云“告祖父母父母”，此注兼云“告言”者，文虽不同，其义一也。诅犹祝也，詈犹骂也。依本条“诅欲令死及疾苦者，皆以谋杀论”，自当“恶逆”。唯诅求爱媚，始入此条。[1]

③不睦

八曰不睦。谓谋杀及卖缌麻以上亲，殴告夫及大功以上尊长、小功尊属。

“疏”议曰：礼云：“讲信修睦。”孝经云：“民用和睦。”睦者，亲也。此条之内，皆是亲族相犯，为九族不相协睦，故曰“不睦”。

注：谓谋杀及卖缌麻以上亲。

“疏”议曰：但有谋杀及卖缌麻以上亲，无问尊卑长幼，总入此条。若谋杀期亲尊长等，杀讫即入“恶逆”。今直言谋杀，不言故、斗，若故、斗杀讫，亦入“不睦”。举谋杀未伤是轻，明故、斗已杀是重，轻重相明，理同十恶。卖缌麻以上亲者，无问强、和，俱入“不睦”。卖未售者，非。

注：殴告夫及大功以上尊长、小功尊属。[2]

④内乱

十曰内乱。谓奸小功以上亲、父祖妾及与和者。“疏”议曰：左传云：“女有家，男有室，无相渎。易此则乱。”若有禽兽其行，朋淫于家，紊乱礼经，故曰“内乱”。

注：谓奸小功以上亲。

〔1〕《唐律疏议》第6条，见袁文兴、袁超注译：《〈唐律疏议〉注译》，甘肃人民出版社2017年版，第20页。

〔2〕《唐律疏议》第6条，见袁文兴、袁超注译：《〈唐律疏议〉注译》，甘肃人民出版社2017年版，第21页。

"疏"议曰：奸小功以上亲者，谓据礼，男子为妇人着小功服而奸者。若妇人为男夫虽有小功之服，男子为报服缌麻者，非。谓外孙女于外祖父及外甥于舅之类。

注：父祖妾及与和者。[1]

（3）良贱之分

在中国古代社会存在广义上的"良贱之分"。而中古时期存在正式的良贱身份制度，这一制度自魏晋时期开始形成，南北朝时期逐步系统化、法典化，至隋唐时期趋于完善，唐宋之际渐趋衰落与瓦解。[2]《唐律疏议》对良民和贱民以及贱民内部各个等级的权利和义务做了详尽的规定，以法律的形式将这种良贱身份固定下来，这被视为对中古良贱制度最全面系统的阐释。[3]

唐律中所言的"良民"主要包括各级官吏与编户齐民。其中绝大多数是"依令受田""拥力自资"的编户齐民，他们虽然具有一定的人身隶属关系，但仍属于自由民。"贱民"是指州县无贯或编入"贱籍"丧失人身自由、处于社会最底层的官府和私家的奴仆。不仅良贱之间有严格的界限，在贱民等级内部又因贱民地位和所依附对象的不同分为不同的种类。唐律中所见的贱民包括奴婢、部曲、官户（番户）、杂户、工乐户、太常音声人等。由于官奴婢、官户（番户）、杂户、工乐户、太常音声人等隶属于封建官府，故被称为"官贱民"；私奴婢、部曲、客女等隶属于官僚地主和私人，故被称为"私贱民"。不同名色贱民的来源各不相同。良贱之间有明确的界限，贱民内部各色之间又有等第之别。大体来说，以太常音声人最

---

〔1〕《唐律疏议》第 6 条，见袁文兴、袁超注译：《〈唐律疏议〉注译》，甘肃人民出版社 2017 年版，第 22 页。

〔2〕参见李天石：《中国中古良贱身份制度研究》，南京师范大学出版社 2004 年版。

〔3〕唐长孺先生甚至因此提出："唐律中明确规定其'贱口'身份和法律地位的部曲，几乎在史籍中一无所见。"参见唐长孺：《敦煌吐鲁番文书初探》，武汉大学出版社 1983 年版，第 202 页。

高，杂户略次之，二者基本属于同一等级，官户、工乐和部曲复次，奴婢处于最低等级。[1]

在这种森严的等级名分制度之下，良贱之间及贱民内部不同等级之间法律地位存在很大差别。唐律明确规定了不同等级的同罪异罚制度。大体上，良人杀伤贱民，减凡人一至两等治罪，但贱民杀伤良民，则加凡人一至两等治罪，相同的行为和结果，因身份不同，则同罪异罚。而且这种规定几乎见于所有对犯罪行为的处罚中。对于私贱民，若是涉及其与主人的犯罪行为，则处罚的不平等性更为明显。

比如在杀伤罪方面，《唐律疏议》作出如下规定：

> 诸部曲殴伤良人者（官户与部曲同），加凡人一等。（加者，加入于死。）奴婢，又加一等。若奴婢殴良人折跌肢体及瞎其一目者，绞；死者，各斩。
>
> 其良人殴伤杀他人部曲者，减凡人一等；奴婢，又减一等；若故杀部曲者，绞；奴婢，流三千里。即部曲、奴婢相殴伤杀者，各依部曲与良人相殴伤杀法。（余条良人、部曲、奴婢私相犯，本条无正文者，并准此。）相侵财物者，不用此律。[2]

> 诸奴婢有罪，其主不请官司而杀者，杖一百。无罪而杀者，徒一年。（期亲及外祖父母杀者，与主同。下条部曲准此。）[3]

> 诸部曲、奴婢过失杀主者，绞；伤及詈者，流。即殴

〔1〕参见李天石：《中国中古良贱身份制度研究》，南京师范大学出版社2004年版；张文晶：《试论中国中古良贱制度的衰亡》，南京师范大学2005年硕士学位论文。

〔2〕《唐律疏议》第320条，见袁文兴、袁超注译：《〈唐律疏议〉注译》，甘肃人民出版社2017年版，第620页。

〔3〕《唐律疏议》第321条，见袁文兴、袁超注译：《〈唐律疏议〉注译》，甘肃人民出版社2017年版，第622页。

主之期亲及外祖父母者，绞；已伤者，皆斩；詈者，徒二年；过失杀者减殴罪二等，伤者又减一等。殴主之缌麻亲，徒一年；伤重者，各加凡人一等。小功、大功，递加一等，加者（加入于死，）死者，皆斩。[1]

诸殴缌麻、小功亲部曲奴婢，折伤以上，各减杀伤凡人部曲奴婢二等；大功，又减一等。过失杀者，各勿论。[2]

在犯奸罪方面，《唐律疏议》规定如下：

诸奸者，徒一年半；有夫者，徒二年。部曲、杂户、官户奸良人者，各加一等。即奸官私婢者，杖九十；奴奸婢，亦同。奸他人部曲妻、杂户、官户妇女者，杖一百。强者，各加一等。折伤者，各加斗折伤罪一等。[3]

诸奴奸良人者，徒二年半；强者，流；折伤者，绞。其部曲及奴，奸主及主之期亲，若期亲之妻者绞，妇女减一等；强者，斩。即奸主之缌麻以上亲及缌麻以上亲之妻者，流；强者，绞。[4]

为了保持良贱之间的界限，法律明令禁止良贱不同等级之间的婚姻甚至非婚性关系，以保证良贱不相混淆。唐律明确规定，“人各

---

〔1〕《唐律疏议》第 323 条，见袁文兴、袁超注译：《〈唐律疏议〉注译》，甘肃人民出版社 2017 年版，第 624 页。

〔2〕《唐律疏议》第 324 条，见袁文兴、袁超注译：《〈唐律疏议〉注译》，甘肃人民出版社 2017 年版，第 627 页。

〔3〕《唐律疏议》第 410 条，见袁文兴、袁超注译：《〈唐律疏议〉注译》，甘肃人民出版社 2017 年版，第 764 页。

〔4〕《唐律疏议》第 414 条，见袁文兴、袁超注译：《〈唐律疏议〉注译》，甘肃人民出版社 2017 年版，第 768 页。

有耦，色类须同，良贱既殊，何宜配合”。在此原则下，唐律规定了各个等级既定的通婚对象。《唐律疏议》中主要的通婚法令辑录如下：

其工、乐、杂户、官户，依令“当色为婚”，若异色相娶者，律无罪名，并当“违令”。既乖本色，亦合正之。太常音声人，依令“婚同百姓”，其有杂作婚姻者，并准良人。其部曲、奴婢有犯，本条无正文者，依律“各准良人”如与杂户、官户为婚，并同良人共官户等为婚之法，仍各正之。〔1〕

部曲妻者，通娶良人女为之。“及婢者”，官私婢亦同。但在监临之内奸者，强、和并是。从“府号、官称”以下，犯者并合免所居官。〔2〕

若有为奴娶客女为妻者，律虽无文，即须比例科断……奴娶良人徒一年半，即娶客女减一等，合徒一年。主知情者，杖九十；因而上籍为婢者，徒三年。〔3〕

即奴婢私嫁女与良人为妻妾者，准盗论；知情娶者，与同罪。各还正之。〔4〕

不仅良贱之间的通婚有严格的禁令，在非婚性关系方面，不同

---

〔1〕《唐律疏议》第192条，见袁文兴、袁超注译：《〈唐律疏议〉注译》，甘肃人民出版社2017年版，第404页。

〔2〕《唐律疏议》第20条，见袁文兴、袁超注译：《〈唐律疏议〉注译》，甘肃人民出版社2017年版，第76页。

〔3〕《唐律疏议》第191条，见袁文兴、袁超注译：《〈唐律疏议〉注译》，甘肃人民出版社2017年版，第402页。

〔4〕《唐律疏议》第192条，见袁文兴、袁超注译：《〈唐律疏议〉注译》，甘肃人民出版社2017年版，第403页。

等级的非婚性关系也在严格禁止之列。《唐律疏议》中亦有相关的规定：

（官员）若奸监临内杂户、官户、部曲妻及婢者：免所居官。[1]

诸奸者，徒一年半；有夫者，徒二年。部曲、杂户、官户奸良人者，各加一等。即奸官私婢者，杖九十；奴奸婢，亦同。奸他人部曲妻，杂户、官户妇女者，杖一百。强者，各加一等。折伤者，各加斗折伤罪一等。[2]

“疏”议曰：其奴及部曲，奸主之妾及主期亲之妾，亦从减一等之例。[3]

（二）法典中的“名分”用语

“名分”在古代不少法典文本中即属于高频词汇，以下仅以《大明律》为例进行说明。

1.“尊卑为婚”条

凡外姻、有服、尊属、卑幼，共为婚姻，及娶同母异父姊妹，若妻前夫之女者，各以奸论。其父母之姑、舅，两姨姊妹及姨，若堂姨、母之姑、堂姑、己之堂姨及再从姨、堂外甥女、若女婿及子孙妇之姊妹，并不得为婚姻。违者，各

---

〔1〕《唐律疏议》第 20 条，见袁文兴、袁超注译：《〈唐律疏议〉注译》，甘肃人民出版社 2017 年版，第 76 页。

〔2〕《唐律疏议》第 410 条，见袁文兴、袁超注译：《〈唐律疏议〉注译》，甘肃人民出版社 2017 年版，第 764 页。

〔3〕《唐律疏议》第 411 条，见袁文兴、袁超注译：《〈唐律疏议〉注译》，甘肃人民出版社 2017 年版，第 765 页。

杖一百。若娶己之姑舅两姨姊妹者，杖八十。并离异。[1]

条例

凡男女亲属，尊卑相犯重情，或干有律应离异之人，悉遵成宪，俱照亲属已定名分，各从本律科断，不得妄生异议，致罪有出入。其间情犯，稍有可疑，揆于法制似为太重，或于大分不甚有碍者，听各该原问衙门，临时斟酌拟奏。[2]

纂注 此条……盖外姻尊卑名分既存，服制已定，同母姊妹前夫之女虽非气终属至亲均之不可为婚者……虽无名分自在，故违律成婚者，男女各杖一百，而视有服尊卑则有间矣。若娶己之姑舅姊妹与姨姊妹为妻，是与己同辈者虽服缌麻不干名分，故男女各杖八十而视父母之姑舅等亲则又有间矣。

“尊卑为婚”条完全为《大清律例》所继承，其间也多次出现“名分”一词，其表述为：

男女亲属尊卑相犯重情，或干有律应离异之人，俱照亲属已定名分各从本律科断，不得妄生异议，致罪有出入。其间情犯稍有可疑，揆于法制似为太重，或于名分不甚有碍者，听各该原问衙门临时斟酌拟奏。[3]

2.“立嫡子违法”条

凡立嫡子违法者，杖八十。其嫡妻年五十以上无子

〔1〕《大明律》，怀效锋点校，法律出版社1999年版，第62页。

〔2〕《大明律》，怀效锋点校，法律出版社1999年版，第373页。

〔3〕《大清律例》，田涛、郑秦点校，法律出版社1999年版，第209页。

者，得立庶长子。不立长子者，罪亦同。若养同宗之人为子，所养父母无子而舍去者，杖一百，发付所养父母收管。若有亲生子及本生父母无子欲还者，听。其乞养异姓义子，以乱宗族者，杖六十。若以子与异姓人为嗣者，罪同，其子归宗。其遗弃小儿年三岁以下，虽异姓，仍听收养，即从其姓。若立嗣虽系同宗，而尊卑失序者，罪亦如之。其子亦归宗，改立应继之人。若庶民之家，存养奴婢者，杖一百，即放从良。[1]

3."娶亲属妻妾"条

凡娶同宗无服之亲及无亲之妻者，各杖一百。若娶缌麻亲之妻及舅甥妻，各杖六十，徒一年。小功以上，各以奸论。其曾被出及已改嫁而娶为妻妾者，各杖八十。若收父祖妾及伯叔母者，各斩。若兄亡收嫂，弟亡收弟妇者，各绞。妾各减二等。若娶同宗缌麻以上姑侄姊妹者，亦各以奸论，并离异。[2]

纂注……盖五服之外，服制已尽，名分犹存。五服之内，服制渐重，名分愈尊……盖父祖伯叔姑在各名分中为至尊，兄弟与侄女姊妹在服属中为最重……

4."同姓亲属相殴"条

凡同姓亲属相殴，虽五服已尽，而尊卑名分犹存者，尊长减凡斗一等，卑幼加一等。至死者，并以凡人论。[3]

---

〔1〕《大明律》，怀效锋点校，法律出版社1999年版，第46页。

〔2〕《大明律》，怀效锋点校，法律出版社1999年版，第62页。

〔3〕《大明律》，怀效锋点校，法律出版社1999年版，第166页。

集解附例

纂注　凡本宗同姓袒免亲属相殴，虽五服已尽，戚疏远而甚，世系之尊卑名分犹存，终与凡人不同。故尊长犯卑幼则减凡斗罪一等，卑幼犯尊长则加凡斗罪一等，皆所以谨名分也……

三、干名犯义

古代与名最直接相关的一个罪名是“干名犯义”。顾名思义，“干名犯义”即触犯伦理纲常中的名分与教义。作为传统法律中的一项重要罪名，干名犯义是指违背“亲亲相隐”原则，亲属间相互告发犯罪，尤其是卑幼告发尊亲属、奴婢告发主人犯罪的行为。

干名犯义的罪名虽然首次出现于元朝，但类似的思想早已有之。周代确立了系统的等级名分制度，周时也有“事亲有隐无犯”的礼法原则。孔子《论语》记载的，“父子攘羊”较早表达了“亲亲相隐”的思想。秦代虽然奉行“以法治国”，但也标榜其立法的目的之一是“以明人事，合同父子”[1]，其功能在于使“贵贱分明，男女礼顺，慎遵职事”，孝治也是其治理方式之一。秦律有不孝、不敬等罪名，睡虎地秦墓竹简《封诊式》记载了著名的“告子案”。秦律规定了“非公室告”，明确禁止家庭内部成员争讼，睡虎地秦墓竹简记载，“子告父母，臣妾告主，非公室告，勿听”[2]。汉代罢黜百家独尊儒术，名分进一步制度化，儒家伦理规范法律化。在汉代，“亲亲相隐”作为一项完整的法律制度正式立法。汉初的《二年律令》里记载，“子告父母，妇告威公，奴婢告主、主父母妻子，勿听而弃告

---

〔1〕〔汉〕司马迁：《史记·秦始皇本纪》，见夏松凉、李敏主编：《史记今注》（上），南京大学出版社 1994 年版，第 101 页。

〔2〕睡虎地秦墓竹简整理小组编：《睡虎地秦墓竹简》，文物出版社 1978 年版，第 196 页。

者市”[1]。

南北朝时期的律书《北齐律》首次出现“重罪十条”，不孝、恶逆等行为被严加打击。《北魏律》在缘坐范围的规定中，孝文帝以诏令称，“非犯干名犯义之重罪者，缘坐处死皆止其身”。隋朝的《开皇律》依照《北齐律》，重新规定了“十恶”。

作为法律儒家化顶峰，《唐律疏义》已经奠定干名犯义的制度基础。《唐律》将状告父母、祖父母、期亲尊长的行为列为“不孝”的表现之一，位列十恶，罪在不赦。《唐律疏议·斗讼》第45条“告祖父母、父母”专门规定，“诸告祖父母、父母者，绞。即嫡、继、慈母杀其父，及所养者杀其本生，并听告”。《宋刑统》全面地继承了唐律相关规定，并将“子孙违反教令”融入“告周（期）亲尊长”。

元代将干名犯义正式作为罪名载入法律。元武帝下令政治革新：“风化，王道之始，宜令所司表率敦劝，以复淳古。如有子证其父、奴讦其主及妻妾弟侄干名犯义者，一切禁止。”[2]干名犯义由此而来。第二年，汉人儒家学士郑介夫上书朝廷，专门就奴告主一事展开论述：“若纵奴告主，名分不分，此风甚不美。”他的上书引起朝廷的重视。除反叛、谋逆、故意杀人以外，儿子不许作证父亲所犯的罪行，奴隶不许告发主人。这也为明清两代律典继承，明清正式以干名犯义统摄《唐律疏议·斗讼》第45条、第46条、第47条、第49条的规定。

清末修律出现礼法之争，争议最激烈的便是干名犯义等传统的伦常条款是否除罪化的问题。礼教派的劳乃宣认为：“干名犯义之律与亲属容隐之条相为表里，证父攘羊，有乖大义，父子相隐，本乎性真，天理人情之至；前条已具，而此条未备，殊为阙典。”1910年

〔1〕张家山二四七号汉墓竹简整理小组：《张家山汉墓竹简〔二四七号墓〕（释文修订本）》，文物出版社2006年版，第35页。

〔2〕《元典章·刑部卷十五·禁例》，见《元典章》（第3册），中华书局、天津古籍出版社2011年版，第1795页。

5 月 15 日颁行的《大清现行刑律》依然保留了“干名犯义”的罪名，如“……若告期亲尊长、外祖父母，虽得实，处十等罚”。但是到了 1911 年 1 月 25 日颁行的《大清新刑律》，除第 183 条对于诬告尊亲属做了相应规定之外，告祖父母、父母，告期亲尊长或者缌麻卑幼等规定均被删除，干名犯义随着整个法制精神的近代化而彻底退出了历史舞台。

以下辑录历代法典与“干名犯义”直接有关的规定。

（一）秦律相关规定

> “子告父母，臣妾告主，非公室告，勿听。”可（何）谓“非公室告”？主擅杀、刑、髡子及奴妾，是谓“非公室告”，勿听。而行告，告者罪。告［者］罪已行，它人有（又）袭其告之，亦不当听。[1]

（二）汉律相关规定

汉初的《二年律令》里有相关记载：

> 子告父母，妇告威公，奴婢告主、主父母妻子，勿听而弃告者市。[2]

（三）《唐律疏议》相关规定

中国法律的儒家化进程有其源流，始于魏、晋，成于北魏、北齐，隋、唐集其大成，形成中国传统法律的正统。《唐律疏义》作为法律儒家化顶峰，已经奠定干名犯义的制度基础。《唐律》将状告父

〔1〕睡虎地秦墓竹简整理小组编：《睡虎地秦墓竹简》，文物出版社 1978 年版，第 196 页。

〔2〕张家山二四七号汉墓竹简整理小组：《张家山汉墓竹简〔二四七号墓〕（释文修订本）》，文物出版社 2006 年版，第 35 页。

母、祖父母、期亲尊长的行为列为“不孝”的表现之一，位列十恶，罪在不赦。《唐律·斗讼》第45条“告祖父母父母”专门规定，“诸告祖父母、父母者，绞。即嫡、继、慈母杀其父，及所养者杀其本生，并听告”。

诸告祖父母、父母者，绞。

“疏”义曰：……缘坐谓谋反、大逆及谋叛以上，皆为不臣，故子孙告亦无罪。缘坐同首法，故虽父母听捕告。

即嫡、继、慈母杀其父，及所养者杀其本生，并听告。[1]

诸告期亲尊长、外祖父母、夫、夫之祖父母，虽得实徒二年，其告事重者减所告罪一等；所犯虽不合论，告之者犹坐。即诬告重者，加所诬罪三等。告大功尊长各减一等，小功缌麻减二等；诬告重者，各加所诬罪一等。即非相容隐，被告者论如律。若告谋反、逆、叛者，各不坐。其相侵犯，自理诉者听。

“疏”议曰：“其相侵犯”，谓期亲以下，缌麻以上，或侵夺财物，或殴打其身之类，得自理诉。[2]

诸告缌麻、小功卑幼虽得实，杖八十；大功以上，递减一等。诬告重者，期亲减所诬罪二等，大功减一等，小功以下以凡人论。即诬告子孙、外孙、子孙之妇妾及己之妾者，各勿论。[3]

---

〔1〕《唐律疏议》第345条，见袁文兴、袁超注译：《〈唐律疏议〉注译》，甘肃人民出版社2017年版，第664页。

〔2〕《唐律疏议》第346条，见袁文兴、袁超注译：《〈唐律疏议〉注译》，甘肃人民出版社2017年版，第667页。

〔3〕《唐律疏议》第347条，见袁文兴、袁超注译：《〈唐律疏议〉注译》，甘肃人民出版社2017年版，第670页。

诸部曲、奴隶告主，非谋反、逆、叛者，皆绞；被告者同首法。告主之期亲及外祖父母者，流；大功以下亲，徒一年。诬告重者，缌麻加凡人一等，小功、大功递加一等。即奴婢诉良，妄称主压者，徒三年；部曲，减一等。[1]

（四）元代“干名犯义”条

元朝虽然是少数民族政权，但为了适应汉族的治理方式，以巩固其统治秩序，治理过程中仍然高度重视儒道思想。在法律制度上，“十恶”“八议”“准五服以制罪”均被继承。元朝法律中虽然仍有蒙古旧制的内容，但唐宋法律依然是其法律的主体。有不少附会汉族法律甚至“名废而实不废”的内容。“干名犯义”作为维护儒家伦理纲常的重要方式，在元代得到了特别的重视，元代将“干名犯义”正式作为罪名载入法律。《元史·刑法志》记载：“诸子证其父，奴讦其主，及妻妾弟侄不相容隐，凡干名犯义，为风化之玷者，并禁止之。”这也为明清两代律典继承。

诸子证其父，奴讦其主，及妻妾弟侄不相容隐，凡干名犯义，为风化之玷者，并禁止之。诸亲属相告，并同自首。诸妻讦夫恶，比同自首原免。凡夫有罪，非恶逆重事，妻得相容隐，而辄告讦其夫者，笞四十七。诸妻曾背夫而逃，被断复诬告其夫以重罪者，抵罪反坐，从其夫嫁卖。[2]

照得：至大二年九月十一日钦奉诏书内一款节该：如有

〔1〕《唐律疏议》第349条，见袁文兴、袁超注译：《〈唐律疏议〉注译》，甘肃人民出版社2017年版，第672页。

〔2〕《元史·刑法志·诉讼》，见《大元通制条格》，郭成伟点校，法律出版社2000年版，第431—432页。

子证其父，奴讦其主，及妻妾弟侄干名犯义者，一切禁止。钦此。

[禁止干名犯义]至大二年九月十一日，钦奉诏书内一款：风化，王道之始。宜令所司表率敦劝，以复淳古。如有子证其父，奴讦其主，及妻妾弟侄干名犯义者，一切禁止。[1]

(五)《大明律》“干名犯义”条

明清两代律典继承元代“干名犯义”的规定，并以此统摄《唐律·斗讼》第45条、第46条、第47条、第49条的规定，编排更为集中、科学。

凡子孙告祖父母、父母，妻、妾告夫及夫之祖父母、父母者，杖一百，徒三年。但诬告者，绞。若告期亲尊长、外祖父母，虽得实，杖一百；大功，杖九十；小功，杖八十；缌麻，杖七十。其被告期亲、大功尊长及外祖父母，若妻之父母，并同自首免罪。小功、缌麻尊长，得减本罪三等。若诬告重者，各加所诬罪三等。

其告谋反大逆、谋叛、窝藏奸细，及嫡母、继母、慈母、所生母杀其父，若所养父母杀其所生父母，及被期亲以下尊长侵夺财产，或殴伤其身，应自理诉者，并听告。不在干名犯义之限。若告卑幼得实、期亲大功及女婿，亦同自首免罪。小功、缌麻亦得减本罪三等。诬告者，期亲，减所诬罪三等；大功，减二等；小功、缌麻，减一等。若诬告妻及妻诬告妾，亦减所诬罪三等。

---

〔1〕《元典章·刑部卷十五·禁例》，见《元典章》(第3册)，中华书局、天津古籍出版社2011年版，第1795页。

若奴婢告家长及家长缌麻以上亲者，与子孙卑幼罪同。若雇工人告家长及家长之亲者，各减奴婢罪一等。诬告者不减。

其祖父母、父母、外祖父母，诬告子孙、外孙、子孙之妇、妾，及己之妾，若奴婢及雇工人者，各勿论。

若女婿与妻父母，果有义绝之状，许相告言，各依常人论。(义绝之状，谓如身在远方，妻父母将妻改嫁，或赶逐出外，重别招婿；及容止外人通奸；又如本身殴妻致折伤，抑妻通奸，有妻诈称无妻，欺妄更娶妻，以妻为妾，受财将妻、妾典雇，作姊妹嫁人之类。)〔1〕

(六)《大清律例》相关规定

1.“干名犯义”条

凡子孙告祖父母、父母，妻妾告夫及告夫之祖父母、父母者，[虽得实亦]杖一百，徒三年。[祖父母等同。自首者，免罪。]但诬告者，[不必全诬，但一事诬，即]绞。若告期亲尊长、外祖父母，[及妾告妻者]虽得实，杖一百。[告]大功[得实亦]杖九十。[告]小功[得实亦]杖八十。[告]缌麻[得实亦]杖七十。其被告期亲、大功尊长及外祖父母，若妻之父母[及夫之正妻]，并同自首，免罪；小功、缌麻尊长得减本罪三等。若诬告罪重[于干犯本罪]者，各加所诬罪三等。[谓止依凡人诬告罪加三等，便不失于轻矣。加罪不入于绞。若徒、流已未决，偿费、赎产、断付、加役，并依诬告本律。若被告无服尊

〔1〕《大明律》，怀效锋点校，法律出版社 1999 年版，第 178—179 页。

长，减一等，依名例律。]

其告［尊长］谋反、大逆、谋叛、窝赃奸细，及嫡母、继母、慈母所生母杀其父，若所养父母杀其所生父母，及被期亲以下尊长侵夺财产，或殴伤其身。［据实］应自理诉者，并听［卑幼陈］告，不在干名犯义之限。［其被告之事，各依本律科断，不在干名犯义之限，并同自首免罪之律，被告卑幼同此。又，犯奸及越关，损伤于人、于物不可赔偿者，亦同。]

若告卑幼得实，期亲大功及女婿，亦同自首免罪，小功、缌麻，亦得减本罪三等。诬告者，期亲减所诬罪三等，大功减二等，小功、缌麻减一等。若［夫］诬告妻，及妻诬告妾，亦减所诬罪三等。［被告子孙、妻妾、外孙及无服之亲，依名例律。若诬卑幼死未决，仍依律减等，不作诬轻为重。]

若奴婢告家长及家长缌麻以上亲者，与子孙卑幼罪同。若雇工人告家长及家长之亲者，各减奴婢罪一等；诬告者不减。［又奴婢、雇工人被告得实，不得免罪，以名例不得为容隐故也。][1]

2. 皇帝密谕

是月。密谕张诚基知：朕闻汝前任官声平常，自去年以来，颇知谨饬，亦能整理地方。惟察吏一节，尚未详备。州县得人，民如戴慈父之恩，岂有干名犯义之事。若州县贪婪苛毒，或懈怠因循，民不聊生。尚不畏死。焉能畏罪？以致告讦仇杀，酿成重案。[2]

---

〔1〕《大清律例》，田涛、郑秦点校，法律出版社 1999 年版，第 486—488 页。

〔2〕 曹振镛、戴均元、英和、汪廷珍奉敕修《大清仁宗睿皇帝实录（374 卷）（嘉庆朝）》。

3.“犯罪自首”条

其［犯人虽不自首］遣人代首，若于法得相容隐者，［之亲属］，为［之］首，及［彼此讦发，互］相告言，各听如罪人身自首法。［皆得免罪，其遣人代首者，谓如甲犯罪，遣乙代首，不限亲疏，亦同自首免。若于法得兼容隐者为首，谓同居及大功以上亲，若奴婢雇工人为家长首及相告言者皆与罪人自首同得免罪。卑幼告言尊长，尊长依自首律免罪，卑幼依干犯名义律科断。］[1]

4.“杀子孙及奴婢图赖人”条

凡祖父母、父母故杀子孙，及家长故杀奴婢，图赖人者，杖七十、徒一年半。

…………

条例

有服亲属互相以尸图赖者，依干名犯义律。[2]

（七）干名犯义的近代争论与废除

清末修律出现著名的“礼法之争”，争议最激烈的便是“干名犯义”等传统的伦常条款是否要保留。宣统元年清廷下颁《修改新刑律不可变革义关伦常各条谕》，认为“中国素重纲常，故于干名犯义之条，立法特为严重”。礼教派劳乃宣等认为应仍依旧律，在新刑律中保留干名犯义。对于礼教派的攻讦，以沈家本为代表的法理派进行了坚决的反驳。他们从西方国家通行的法理出发，提出干名犯义属“告诉之事，应于编纂判决录时，于诬告罪中详叙办法，不必

［1］《大清律例》，田涛、郑秦点校，法律出版社 1999 年版，第 112 页。
［2］《大清律例》，田涛、郑秦点校，法律出版社 1999 年版，第 437 页。

另立专条”，因此主张废除。通过近代法制改革，干名犯义最终退出了历史舞台。

宣统元年，沈家本等汇集各说，复奏进修正草案。时江苏提学使劳乃宣上书宪政编查馆论之曰：“法律大臣会同法部奏进修改刑律，义关伦常诸条，未依旧律修入。但于附则称中国宗教遵孔，以纲常礼教为重。如律中十恶、亲属容隐、干名犯义、存留养亲及亲属相奸、相盗、相殴，发冢犯奸各条，未便蔑弃。中国人有犯以上各罪，应仍依旧律，别辑单行法，以昭惩创。”……谓宜将旧律有关礼教伦纪各节，逐一修入正文，并拟补干名犯义、犯罪存留养亲、亲属相奸相殴、无夫奸、子孙违犯教令各条。法律馆争之。〔1〕

唯有刑法之源，本乎礼教。中外各国礼教不同，故刑法亦因之而异。中国素重纲常，故于干犯名义之条，立法特为严重。良以三纲五常，阐自唐虞，圣帝明王，兢兢保守，实为数千年相传之国粹，立国之大本。今寰海大通，国际每多交涉，固不宜墨守故常，致失通便宜民之意。但只可采彼所长，益我所短，凡我旧律义关伦常诸条，不可率行变革，庶以维天理民彝于不敝。该大臣等务本此意，以为修改宗旨，是为至要。〔2〕

干名犯义

此告诉之事，应于编纂判决录时于诬告罪中详叙办法，不必另言专条。〔3〕

---

〔1〕《清史稿·刑法志》，见《清史稿》，中华书局1976年版，第4190页。

〔2〕《修改新刑律不可变革义关伦常各条谕》，见故宫博物院明清档案部编：《清末筹备立宪档案史料》（下册），中华书局1979年版，第858页。

〔3〕《书劳提学新刑律草案说帖后》，见沈家本：《寄簃文存》，商务印书馆2017年版，第251页。

四、与姓名相关的律法

在指称性的意义上，名重要的运用就是指向人的名称，即姓名。古代法典中也常有“纪录姓名”“书写过名”“名下”等用法。姓名需要法律的保障，也是法律的规制对象，比如在户籍管理制度中不能脱逃户口。古代律法中也有许多关于姓名的重要制度。比如，名籍是我国古代社会管理人口的根本制度，政府依据名籍收取赋税，征发徭役。户口脱漏则是违法行为。名田制是秦汉时期以军功爵制为基础制定的有关土地管理和土地利用的制度。名田即“以名占田”“依名占田”，以个人名义占有土地。除名是古代免夺犯重罪官员的官职和爵位的一种刑罚制度。冒名顶替也是法律严加打击的犯罪。法律还规定了与姓名有关的避讳制度。

（一）姓　名

1.《唐律疏议》

（1）《唐律疏议》第37条

问曰：谋杀凡人，乃云是舅；或谋杀亲舅，复云凡人，姓名是同，舅与凡人状别。如此之类，若为科断？

答曰：谋杀凡人是轻，谋杀舅罪乃重，重罪既得首免，轻罪不可仍加。所首姓名既同，唯止舅与凡人有异，谋杀之罪首尽，舅与凡人状虚，坐是“不应得为从轻”，合笞四十。〔1〕

（2）《唐律疏议》第178条“答曰”部分

若以妾诈为媵而冒承媵姓名，始得告身者，依诈伪律：“诈增加功状，以求得官者，合徒一年。”〔2〕

〔1〕袁文兴、袁超注译：《〈唐律疏议〉注译》，甘肃人民出版社2017年版，第143页。

〔2〕袁文兴、袁超注译：《〈唐律疏议〉注译》，甘肃人民出版社2017年版，第385页。

(3)《唐律疏议》第351条

诸投匿名书告人罪者，流二千里。谓绝匿姓名及假人姓名，以避己作者，弃置、悬之俱是。

“疏”议曰：有人隐匿己名，或假人姓字，潜投犯状，以告人罪，无问轻重，投告者即得流坐。故注云“谓绝匿姓名及假人姓名，以避己作者，弃置、悬之俱是”，谓或弃之于街衢，或置之于衙府，或悬之于旌表之类，皆为“投匿”之坐。假人姓名，经官司判入，言告人罪，从“违令”科。非是投匿，所以科“违令”。投匿告祖父母，科绞；告期亲卑幼，减凡人二等；大功，减一等；小功以下，以凡人论。匿名书告他人部曲、奴，依凡人法。是大功相犯，不合减一等、二等，他皆仿此。告缌麻以上亲部曲、奴，即依减法。[1]

(4)《唐律释文》(奉训大夫江西等处行中书省检校官王元亮重编)

卷第六名例贸易上音茂。……隶属司农者，谓前代配役及配隶相生者，其人州县本无户贯，姓名权属司农卿司属收管，以书其姓名之案为隶属，以此名为官户也。

卷第十四户婚受姓命氏古者，因官受姓名，能养马者为司马，若掌仓有功为仓氏，若封于唐谓之唐氏，居于范邑即为范氏。

2.《宋刑统》

前述《唐律疏议》第37条中“或谋杀亲舅，复云凡人，姓名是同”，第178条中“若以妾诈为媵而冒承媵姓名”，及第351条“投

〔1〕 袁文兴、袁超注译：《〈唐律疏议〉注译》，甘肃人民出版社2017年版，第674页。

匿名书告人罪”基本都为《宋刑统》所继承，“姓名”一词的使用也大致相同，兹不赘述。

3. 元代规定

元朝建立后，先后颁布了《至元新格》《风宪宏纲》《大元通制》《至正条格》等法令。元代法规的基本内容依循唐律，形式上则是沿用宋朝编敕，但不叫敕而叫条格。中间也有一些有关姓名的规定。

诸管军官吏，受钱代替军空名者，验入己钱数，以枉法科罪除名。〔1〕

诸度量权衡不同者，犯人笞五十七。司县正官，初犯罚俸一月，再犯笞二十七，三犯别议，仍记过名。〔2〕

诸先作过犯，曾经红泥粉壁，后犯未应迁徙者，于元置红泥粉壁添录过名。〔3〕

诸写匿名文书，所言重者处死，轻者流，没其妻子，与捕获人充赏。事主自获者不赏。诸写匿名文字，讦人私罪，不涉官事者，杖七十七。诸投匿名文字于人家，胁取钱物者，杖八十七，发元籍。诸见匿名文书，非随时败获者，即与烧毁；辄以闻官者，减犯人二等论罪。凡匿名文字，其言不及官府，止欲讦人罪者，如所讦论。〔4〕

---

〔1〕《元史·刑法志·军律》，见《大元通制条格》，郭成伟点校，法律出版社2000年版，第398页。

〔2〕《元史·刑法志·禁令》，见《大元通制条格》，郭成伟点校，法律出版社2000年版，第440页。

〔3〕《元史·刑法志·禁令》，见《大元通制条格》，郭成伟点校，法律出版社2000年版，第449页。

〔4〕《元史·刑法志·禁令》，见《大元通制条格》，郭成伟点校，法律出版社2000年版，第445—446页。

诸斗争折辨，辄提大名字者，罪之。诸职官因公失口乱言者，笞二十七。诸快意中或酒后及害风狂疾，失口乱言，别无情理者，免罪。

……诸先作过犯，曾经红泥粉壁，后犯未应迁徙者，于元置红泥粉壁添录过名。〔1〕

4.《大明律》

（1）“官员袭荫”条

其军官子孙年幼未能承袭者，申闻朝廷，纪录姓名，关请俸给，优赡其家。〔2〕

（2）“滥设官吏”条

……其罢闲官吏，在外干预官事，结揽写发文案，把持官府，蠹政害民者，并杖八十，于犯人名下，追银二十两，付告人充赏。仍与门首书写过名。三年不犯，官为除去；再犯，加二等迁徙。有所规避者，从重论。若官府税粮由帖、户口籍册，雇募攒写者，勿论。〔3〕

（3）“官吏给由”条

凡各衙门官吏，给由到吏部，限五日付勘完备，以凭类选铨注。若不即付勘完备者，迟一日，吏典笞一十，每一日加一等。罪止笞四十。首领官减一等。若公私过名，隐漏不报者，以所隐之罪坐之，若罚赎记过者，亦各以所

---

〔1〕《元史·刑法志·杂犯》，见《大元通制条格》，郭成伟点校，法律出版社2000年版，第449页。

〔2〕《大明律》，怀效锋点校，法律出版社1999年版，第30页。

〔3〕《大明律》，怀效锋点校，法律出版社1999年版，第31页。

罚所记之罪坐之。若报重罪为轻罪者，坐以所剩罪。当该官司，符同隐漏者，与同罪。承报而差漏，及上司失于查照者，并以失错漏报卷宗科断。其漏附行止者，一人至三人，吏典笞一十，每三人加一等，罪止笞四十。若有增减月日、更易地方、改换出身、蔽匿过名者，并杖一百，罢职役不叙。有所规避及受赃者，各从重论。[1]

（4）"上书奏事犯讳"条

凡上书，若误犯御名及庙讳者，杖八十。余文误犯，笞。若为名字触犯，杖一百。其所犯御名讳，音相似、字个别，及有二字止犯一字者，皆不坐罪。[2]

（5）"投匿名文书告人罪"条

凡投隐匿姓名文书、告言人罪者，绞。见者即便烧毁。若将送入官司者，杖八十。官司受而为理者，杖一百。被告言者不坐。若能连文书、捉获解官者官给银一十两充赏。[3]

5.《大清律例》

（1）"教唆词讼"条

条例

内外刑名衙门，务择里民中之诚实识字者，考取代书。凡有呈状，皆令其照本人情词据实誊写，呈后登记代书姓名。该衙门验明，方许收受。如无代书姓名，即严行查究，

〔1〕《大明律》，怀效锋点校，法律出版社1999年版，第34页。
〔2〕《大明律》，怀效锋点校，法律出版社1999年版，第38页。
〔3〕《大明律》，怀效锋点校，法律出版社1999年版，第174页。

其有教唆增减者，照律治罪。[1]

（2）“举用有过官吏”条

条例

文职官员举贡官恩援例，监生并省祭知印承差人等，曾经考察论劾罢黜，及为事问革，年老事故，例不入选者。若买求官吏，增减年岁，改洗文卷，隐匿公私过名，或诈作丁忧起复，以图选用。事发，问罪，吏部门首枷号一个月。已除授者，发边卫；未除授者，发附近，各充军终身。其起送官吏，不分军卫、有司，但知情受贿者，亦发附近充军。若原不知情，止是失于觉察者，照常发落。

…………

凡部院衙门书办，或因有疾，或因不谙文移，退役之后，倘有更名重役者，杖一百，革退。[2]

（3）“弃毁制书印信”条

条例

各省州县交代时，将任内自行审理户婚、田土、钱债等项案件，粘连卷宗，钤盖印信，造入交盘册内。仍汇录印簿，摘取事由，照依年月编号，登记注明经承姓名，随同卷宗交代，并将历任递交之案一并检齐加具，并无藏匿抽改，甘结交与接代之员。交代完日，照例才报明上司查核。[3]

（4）“上书奏事犯讳”条

凡上书若奏事，误犯御名及庙讳者，杖八十。余文书

〔1〕《大清律例》，田涛、郑秦点校，法律出版社1999年版，第491页。
〔2〕《大清律例》，田涛、郑秦点校，法律出版社1999年版，第149页。
〔3〕《大清律例》，田涛、郑秦点校，法律出版社1999年版，第159页。

误犯者，笞四十。若为名字触犯者，杖一百。其所犯御名及庙讳，声音相似，字样各别，及有二字，止犯一字者，皆不坐罪。[1]

（5）“事应奏而不奏”条

其［各衙门］合奏公事，须要依律定拟［罪名］，具写奏本，其奏事及当该官吏佥书姓名，［现今奏本吏不佥名］。明白奏闻。[2]

（6）“脱漏户口”条

其见在官役使办事者，虽脱户，［然有役在身有名在官。］止依漏口法。[3]

远年印契所买奴仆之中，如内有实系民人，印契卖与旗人，契内尚有籍贯可查，照乾隆元年以前白契所买家人之例，三辈后准其为民，仍将伊等祖父姓名、籍贯一体造册，咨送户部查核。[4]

（二）名　籍

名籍是登记姓名的簿册。作为一种制度设计，名籍是我国古代社会管理人口的根本制度，政府依据名籍收取赋税，征发徭役。法律对此有严格的管理，户口脱漏则是违法行为。法律文献中关于户口脱漏现象的描述最早可以追溯到《睡虎地秦墓竹简》。汉代《九章

---

〔1〕《大清律例》，田涛、郑秦点校，法律出版社 1999 年版，第 160 页。
〔2〕《大清律例》，田涛、郑秦点校，法律出版社 1999 年版，第 160 页。
〔3〕《大清律例》，田涛、郑秦点校，法律出版社 1999 年版，第 170 页。
〔4〕《大清律例》，田涛、郑秦点校，法律出版社 1999 年版，第 174 页。

律》有《户律》篇，其中规定凡是任意迁徙，隐瞒人数，户口上报不实，逃亡躲避赋税徭役者，均有严厉的惩处。《唐律疏议》《大明律》《大清律例》户律中有“脱漏户口”专条，是政府用以防范和惩罚所辖之民隐匿户口的不法行径的特定法规。

《宋刑统·户婚》沿袭唐律，但其将唐律中的脱漏户口四类罪合并为一个罪名，即“脱漏增减户口罪（疾老丁中小）”，几乎是唐律的延续；《大元通制条格》第二卷“户例”以及第三卷“户令”都有相关的法律条例，其中第三卷有“隐户占田”一条；《大明律》正式将其命名为脱漏户口罪，列于《户婚·户役》之内。《大清律例》的编纂参汉酌金，大多照搬明律，“脱漏户口罪”亦完全因袭。

1. 秦朝规定

对户口脱漏现象法律规制的描述最早可以追溯到《睡虎地秦墓竹简》。其《法律答问》部分有对“匿户”的解释，即隐藏人户，不征发徭役，不加役使，也不命缴纳户赋。这些都属于禁止之列。秦简《秦律杂抄》中还有“傅律”一条：“隐匿成童及申报废疾不确实，里典、伍老应赎耐。百姓不应免老。或已应免老而不加申报、敢弄虚作假的，罚二甲。”由这些描述可见，户口脱漏在秦代已经非常严重了。秦律中的相关规定与后世唐律的规定较为接近，其不仅规定了惩罚当事人，而且规定了惩罚相关官吏职务犯罪，可见法律管理之严。

> 匿户弗徭、使，弗令出户赋之谓也。[1]

> 匿敖童，及占㾮不审，典、老赎耐。百姓不当老，至老时不用请，敢为诈伪者，赀二甲；典、老弗告，赀各一

〔1〕《睡虎地秦墓竹简·法律答问》，见睡虎地秦墓竹简整理小组编：《睡虎地秦墓竹简》，文物出版社 1978 年版，第 222 页。

甲；伍人，户一盾，皆迁之。[1]

亡自出乡某爰书：男子甲自诣，辞曰："士五（伍），居某里，以迺二月不识日去亡，毋（无）它坐，今来自出。"问之□名事定，以二月丙子将阳亡，三月中逋筑宫廿日，四年三月丁未籍一亡五月十日，毋（无）它坐，莫覆问。以甲献典乙相诊，今令乙将之诣论，敢言之。[2]

2. 汉代规定

汉代萧何制定《九章律》，有《户律》篇，其中规定：凡是任意迁徙、隐瞒人数、户口上报不实、逃亡躲避赋税徭役者，均有严厉的惩处。汉代有"舍匿之法"，亦称"首匿法"，对"知情藏匿罪人"加以打击。依《汉书·王子侯表上》所载，王子犯了首匿法亦要治罪，也可其严。《汉书·鲍宣传》有载："时名捕陇西辛兴，兴与宣女婿许绀俱过宣，一饭去，宣不知情，坐系狱，自杀。"所谓"名捕"，颜师古认为是指"诏显其名而捕之"。该案中，涉嫌藏匿罪但并不知情的鲍宣都被迫自杀。张家山汉简中有专门的《亡律》，规定吏民逋亡的惩处，涉及逃人、逃犯、逃兵、逃奴等不同身份的逃亡者。又有《捕律》，涉及与逮捕有关的各种犯罪，自然包括逮捕逃亡者。

王之诸侯，游宦事人及舍匿者，论皆有法。[3]

元鼎五年，侯圣嗣，坐知人脱亡名数，以为保，杀

---

〔1〕《秦律杂抄·傅律》，见睡虎地秦墓竹简整理小组编：《睡虎地秦墓竹简》，文物出版社1978年版，第143页。

〔2〕《封诊式·亡自出》，见睡虎地秦墓竹简整理小组编：《睡虎地秦墓竹简》，文物出版社1978年版，第278页。

〔3〕《汉书·淮南厉王传》，见《二十五史·汉书》（第1册），上海书店、上海古籍出版社1986年版，第566页。

人，免。[1]

捕盗贼、罪人，及以告劾逮捕人，所捕格斗而杀伤之，及穷之而自杀也，杀伤者除，其当购赏者，半购赏之。杀伤群盗、命者，及有罪当命未命，能捕群盗、命者，若斩之一人，免以为庶人。所捕过此数者，赎如律。[2]

吏民亡，盈卒岁，耐；不盈卒岁，殿（系）城旦舂。公士、公士妻以上作官府，皆偿亡日。其自出殴，笞五十。给逋事，皆籍亡日，柑数盈卒岁而得，亦耐之。[3]

3.《唐律疏议》相关规定

（1）《唐律疏议》名籍相关规定

诸阑入太庙门及山陵兆域门者，徒二年；阑，谓不应入而入者。

“疏”议曰：太者，大也。庙者，貌也。言皇祖神主在于中，故名“太庙”。山陵者，三秦记云：“秦谓天子坟云山，汉云陵，亦通言山陵。”言高大如山如陵。兆域门者，孝经云：“卜其宅兆。”既得吉兆，周兆以为茔域。皆置宿卫防守，应入出者悉有名籍。不应入而入，为“阑入”。[4]

---

〔1〕《汉书·王子侯表上》，见《二十五史·汉书》（第1册），上海书店、上海古籍出版社1986年版，第405页。

〔2〕《二年律令·捕律》，见彭浩、陈伟、[日]工藤元男：《二年律令与奏谳书——张家山二四七号汉墓出土法律文献释读》，上海古籍出版社2007年版，第151—152页。

〔3〕《二年律令·亡律》，见彭浩、陈伟、[日]工藤元男：《二年律令与奏谳书——张家山二四七号汉墓出土法律文献释读》，上海古籍出版社2007年版，第153页。

〔4〕《唐律疏议》第58条，见袁文兴、袁超注译：《〈唐律疏议〉注译》，甘肃人民出版社2017年版，第214页。

诸诈除、去、死、免官户奴婢及私相博易者，徒二年；即博易赃重者，从贸易官物法。

“疏”议曰：官户、奴婢，各有簿帐。“除”者，谓诈言给赐；“去”者，谓去其名簿；“死”者，谓诈言身死；“免”者，谓加年入六十及废疾，各得免本色之类；“及私相博易”，谓将私奴婢博易官奴婢者：各徒二年。博易赃重者，从贸易官物法。[1]

诸征名已定及从军征讨而亡者，一日徒一年，一日加一等，十五日绞；临对寇贼而亡者，斩。主司故纵，与同罪。下条准此。

“疏”议曰：“征名已定”，谓卫士及募人征名已定讫，及从军征讨而亡者，一日徒一年，一日加一等，八日流三千里，十五日绞。“若临对寇贼”，谓壁垒相对，矢石将交而亡者，斩。亦据应战之人。“主司故纵，与同罪”，谓主司知情，容其亡避，各与亡者罪同：亡者合斩，主司合绞。注云“下条准此”，谓下条“向防及在防未满而亡者”，主司故纵亦各同罪。其临对寇贼而有亡者，但亡即坐，不计日数及行远近。其有从军征讨而亡，未满十五日军还者，未还以前依征亡之法；征还之后从军还亡罪而断，将未还之日，并满军还之日累科。军还而先归者，各减五等；其逃亡者，同在家逃亡法。[2]

（2）《唐律疏议》中脱户漏口罪

《唐律疏议》的《户婚律》规定了四种脱户漏口罪，具体包括脱

〔1〕《唐律疏议》第376条，见袁文兴、袁超注译：《〈唐律疏议〉注译》，甘肃人民出版社2017年版，第723页。

〔2〕《唐律疏议》第457条，见袁文兴、袁超注译：《〈唐律疏议〉注译》，甘肃人民出版社2017年版，第825页。

户漏口增减年状罪、里正不觉脱漏增减罪、州县不觉脱户漏口罪以及里正官司妄脱漏增减罪。

①诸脱户者，家长徒三年；无课役者，减二等；女户，又减三等。（谓一户俱不附贯。若不由家长，罪其所由。即见在役任者，虽脱户及计口多者，各从漏口法。）

“疏”议曰：率土黔庶，皆有籍书。若一户之内，尽脱漏不附籍者，所由家长合徒三年。身及户内并无课役者，减二等，徒二年。若户内并无男夫，直以女人为户而脱者，又减三等，合杖一百。注云“谓一户俱不附贯”，此文不计人数，唯据脱户。纵一身亦为一户，不附，即依脱户，合徒三年；纵有百口，但一口附户，自外不附，止从漏口之法。“若不由家长”，谓家长不知脱户之情，罪其所由，家长不坐。“即见在役任者”，谓身见在官驱使，而户籍无名，虽脱户，从漏口法。既见在役任，即无课调，若一身脱户，合杖六十。“及计口多者，各从漏口法”，漏有课口，罪止徒三年；漏无课口，罪止徒一年半。

脱口及增减年状，谓疾、老、中、小之类。以免课役者，一口徒一年，二口加一等，罪止徒三年。〔1〕

②诸里正不觉脱漏增减者，一口笞四十，三口加一等；过杖一百，十口加一等，罪止徒三年。不觉脱户者，听从漏口法。州县脱户亦准此。若知情者，各同家长法。〔2〕

③诸州县不觉脱漏增减者，县内十口笞三十，三十口加

---

〔1〕《唐律疏议》第150条，见袁文兴、袁超注译：《〈唐律疏议〉注译》，甘肃人民出版社2017年版，第345页。

〔2〕《唐律疏议》第151条，见袁文兴、袁超注译：《〈唐律疏议〉注译》，甘肃人民出版社2017年版，第348页。

一等；过杖一百，五十口加一等。州随所管县多少，通计为罪。（通计，谓管二县者，二十口笞三十；管三县者，三十口笞三十之类。计加亦准此。若脱漏增减并在一县者，得以诸县通之。若止管一县者，减县罪一等。余条通计准此。）各罪止徒三年。知情者，各同里正法。不觉脱漏增减，无文簿者，官长为首；有文簿者，主典为首。佐职以下，节级连坐。[1]

④诸里正及官司，妄脱漏增减以出入课役，一口徒一年，二口加一等。赃重，入己者以枉法论，至死者加役流；入官者坐赃论。[2]

4.《宋刑统》相关规定

《宋刑统》卷七卫禁律【九门】律条十八并疏

“阑入庙社宫殿门”条

诸阑入太庙门及山陵兆域门者，徒二年；（阑谓不应入而入者。）越垣者，徒三年。太社，各减一等。守卫不觉，减二等；（守卫谓持时专当者。）主帅又减一等；（主帅谓亲监当者。）故纵者，各与同罪，余条守卫及监门各准此。

……………

诸于宫殿门无籍，及冒承人名而入者，以阑入论。守卫不知冒名情，宫门杖八十。殿门以内递加一等。[3]

---

〔1〕《唐律疏议》第 152 条，见袁文兴、袁超注译：《〈唐律疏议〉注译》，甘肃人民出版社 2017 年版，第 349 页。

〔2〕《唐律疏议》第 153 条，见袁文兴、袁超注译：《〈唐律疏议〉注译》，甘肃人民出版社 2017 年版，第 351 页。

〔3〕〔宋〕窦仪等撰：《宋刑统》，薛梅卿点校，法律出版社 1999 年版，第 128 页。

有关脱漏户口罪，《宋刑统·户婚》几乎全部沿袭唐律，但其将唐律中的脱漏户口四类罪合并为一个罪名，即“脱漏增减户口罪（疾老丁中小）”，具体内容只是将唐律中的罪状罗列，法定刑也保持不变，故此处不再赘述。

5.《大明律》相关规定

（1）“脱漏户口”条

凡一户全不附籍，有赋役者，家长杖一百；无赋役者，杖八十，附籍当差。若将他人隐蔽在户不报，及相冒合户附籍，有赋役者，亦杖一百；无赋役者，亦杖八十。若将另居亲属隐蔽在户不报，及相冒合户附籍者，各减二等。所隐之人，并与同罪，改正立户、别籍当差。其同宗伯叔、弟侄及婿，自来不曾分居者，不在此限。其现在官役使办事者，虽脱户，止依漏口法。若隐漏自已成丁人口不附籍，及增减年状妄作老幼废疾，以免差役者，一口至三口，家长杖六十，每三口加一等，罪止杖一百；不成丁三口至五口，笞四十，每五口加一等，罪止杖七十，入籍当差。若隐蔽他人丁口不附籍者，罪亦如之。所隐之人与同罪，发还本户附籍当差。若里长失于取勘，致有脱户者，一户至五户，笞五十，每五户加一等，罪止杖一百。漏口者，一口至十口，笞三十，每十口加一等，罪止笞五十。本县提调正官、首领官吏，脱户者，十户笞四十，每十户加一等，罪止杖八十。漏口者，十口笞二十，每三十口加一等。罪止笞四十。知情者，并与犯人同罪。受财者，计赃以枉法从重论。若官吏曾经三次立案取勘，已责里长文状，叮咛省谕者，事发，罪坐里长。[1]

〔1〕《大明律》，怀效锋点校，法律出版社1999年版，第46页。

（2）“人户以籍为定”条

凡军民、驿灶、医卜、工乐诸色人户，并以籍为定。若诈冒脱免、避重就轻者，杖八十。其官司妄准脱免、及变乱叛籍者，罪同。若诈称各卫军令不当军民差役者，杖一百。发边远充军。

军户子孙畏惧军役，另开户籍，或于别府、州、县。入赘寄籍等项，及至原卫发册清勾买嘱原籍官吏里书人等，捏作丁尽户绝回申者，俱问罪。正犯发烟瘴地面，里书人等发附近卫所，俱充军。官吏参究治罪。[1]

6.《大清律例》相关规定

“人户以籍为定”条

凡军、民、驿、灶、医、卜、工、乐诸色人户，并以［原报册］籍为定。若诈［军作民］冒［民］脱［匠］免，避［己］重就［人］轻者，杖八十。其官司妄准脱免，及变乱［改军为民，改民为匠］版籍者，罪同。［军民人等各改正当差。］

若诈称各卫军人，不当军、民差役者，杖一百，发边远充军。[2]

（三）名　田

名田制是秦汉时期以军功爵制为基础制定的有关土地管理和土地利用的制度。名田即“以名占田”“依名占田”，以个人名义占有土地。“名田宅”一语最早见于商鞅变法。《史记·商君列传》载：

〔1〕《大明律》，怀效锋点校，法律出版社 1999 年版，第 46 页。

〔2〕《大清律例》，田涛、郑秦点校，法律出版社 1999 年版，第 172 页。

"明尊卑爵秩等级，各以差次名田宅，臣妾衣服以家次。"[1]商鞅建立完善二十等爵制，以打破世卿世禄制，制定以爵位高低"名"田宅数量的标准，建构了新的社会秩序。这也意味着官府承认私有土地一定的合法性。汉朝继承了秦朝的名田制。汉高祖刘邦曾下了一道著名的"复故爵田宅诏"。张家山汉简《二年律令》含有大量汉代名田制度的法律条文。《二年律令》的绝大部分法律条文当为高祖时由萧何制定的法律和高祖的诏书，以及由萧何与御史上奏被高祖批准的奏文，少许法律条文为惠帝、吕后时所报追加。《二年律令·户律》以二十等爵为基础，规定了有爵者、无爵的平民和其他特殊人群获得田、宅的标准。[2]

1. 睡虎地秦简《田律》

此条最早揭示秦统一前后仍在实行"授田"制度。

入顷刍稾，以其受田之数，无垦不垦，顷入刍三石、稾二石。[3]

2. 汉代"复故爵田宅诏"

诸侯子在关中者，复之十二岁，其归者半之。民前或相聚保山泽，不书名数，今天下已定，令各归其县，复故爵田宅，吏以文法教训辨告，勿笞辱。民以饥饿自卖为人奴婢者，皆免为庶人。军吏卒会赦，其亡罪而亡爵及不满大夫者，皆赐爵为大夫。故大夫以上赐爵各一级，其

---

[1] 〔汉〕司马迁：《史记·商君列传》，见夏松凉、李敏主编：《史记今注》（下），南京大学出版社 1994 年版，第 894 页。

[2] 相关梳理参见杨振红：《秦汉"名田宅制"说——从张家山汉简看战国秦汉的土地》，载《中国史研究》2003 年第 3 期。

[3] 睡虎地秦墓竹简整理小组编：《睡虎地秦墓竹简》，文物出版社 1978 年版，第 27—28 页。

七大夫以上，皆令食邑，非七大夫以下，皆复其身及户，勿事。[1]

诸侯子从军归者，甚多高爵，吾数诏吏先与田宅及当所求于吏者，亟与。[2]

且法以功劳行田宅，令小吏未尝从军者多满，而有功者顾不得，背公立私，守尉长吏教训甚不善，其令诸吏善遇高爵，称吾意，且廉问，有不如吾诏者，以重论之。[3]

3.《二年律令》

1983 年张家山汉简《二年律令》出土，其中含有大量汉代名田制度的法律条文，为学界重新认识秦汉名田制提供了素材。

（1）对非法名田制定了处罚措施

不是户主，有田宅还让他人为自己“名”，以及替他人“名”，都属于非法行为，要没收田宅。如果有人冒名顶替加以占有那些应当归还官府的田宅，将会受到处罚。

诸不为户、有田宅附令人名，及为人名田宅者，皆令以卒戍边二岁，没入田宅县官。为人名田宅，能先告，除其罪，有（又）畀之所名田宅，它如律令。[4]

〔1〕《汉书·高帝纪》，见《二十五史·汉书》（第 1 册），上海书店、上海古籍出版社 1986 年版，第 373 页。

〔2〕《汉书·高帝纪》，见《二十五史·汉书》（第 1 册），上海书店、上海古籍出版社 1986 年版，第 373 页。

〔3〕《汉书·高帝纪》，见《二十五史·汉书》（第 1 册），上海书店、上海古籍出版社 1986 年版，第 374 页。

〔4〕《二年律令·户律》，见彭浩、陈伟、［日］工藤元男：《二年律令与奏谳书——张家山二四七号汉墓出土法律文献释读》，上海古籍出版社 2007 年版，第 221 页。

田宅当入县官而（诈）代其户者，令赎城旦，没入田宅。[1]

（2）按等级授田

《二年律令·户律》记载了吕后二年（前186年）颁布的授田、授宅律文，具体记载了按汉政府六个等级授田的情况，六个等级分别是侯爵级、卿爵级、大夫爵级、小爵级、无爵位、犯有轻罪的司寇及隐官。

关内侯九十五顷，大庶长九十顷，驷车庶长八十八顷。大上造八十六顷，少上造八十四顷，右更八十二顷，中更八十顷，左更七十八顷，右庶长七十六顷，左庶长七十四顷，五大夫廿五顷，公乘廿顷，公大夫九顷，官大夫七顷，大夫五顷，不更四顷，簪裹三顷，上造二顷，公士一顷半，公卒、庶人各一顷，司寇、隐官各五十亩。不幸死者，令其后先择田，乃行其余。它子男欲为户，以受其杀□田予之。其已前为户而毋田宅，田宅不盈，得以盈，宅不比，不得。[2]

宅之大方卅步。彻侯受百五宅，关内侯九十五宅，大庶长九十宅，驷车庶长八十八宅，大上造八十六宅，少上造八十四宅，右更八十二宅，中更八十宅，左更七十八宅，右庶长七十六宅，左庶长七十四宅，五大夫廿五宅，公乘廿宅，公大夫九宅，官大夫七宅，大夫五宅，不更四宅，簪裹三宅，上造二宅，公士一宅半宅，公卒、士五、庶人

---

〔1〕《二年律令·户律》，见彭浩、陈伟、[日]工藤元男：《二年律令与奏谳书——张家山二四七号汉墓出土法律文献释读》，上海古籍出版社2007年版，第219页。

〔2〕《二年律令·户律》，见彭浩、陈伟、[日]工藤元男：《二年律令与奏谳书——张家山二四七号汉墓出土法律文献释读》，上海古籍出版社2007年版，第216—217页。

一宅，司寇、隐官半宅，欲为户者，许之。[1]

如果有可分的田宅，县令就根据立户时间的先后授给各户；遇到立户时间相同的户，则根据户主爵位的高低分授田宅。

未受田宅者，乡部以其为户先后次次编之，久为右。久等，以爵先后。有籍县官田宅，上其廷，令辄以次行之。[2]

《二年律令·田律》有条文记载卿以下爵位交纳户赋、户刍的规定，卿爵以上是没有户赋、户刍负担的。

卿以下，五月产出赋十六钱，十月户出刍一石，足其县用，余以入顷刍律入钱。[3]

《二月律令·赐律》介绍了官职与爵位的对应关系。不任现职的卿相当于比千石官秩的长史、中丞、太中大夫、廷尉、仆射等官员。关内侯比二千石，就相当于郡守官阶。五大夫以下至公士同样有官秩对比。

赐不为吏及宦皇帝者，关内侯以上比两千石，卿比千石，五大夫比八百石，公乘比六百石，公大夫、官大夫比五百石，大夫比三百石，不更比有秩，簪袅比斗食，上造、公士比佐史。[4]

---

〔1〕《二年律令·户律》，见彭浩、陈伟、［日］工藤元男：《二年律令与奏谳书——张家山二四七号汉墓出土法律文献释读》，上海古籍出版社2007年版，第218页。

〔2〕《二年律令·户律》，见彭浩、陈伟、［日］工藤元男：《二年律令与奏谳书——张家山二四七号汉墓出土法律文献释读》，上海古籍出版社2007年版，第219页。

〔3〕《二年律令·田律》，见彭浩、陈伟、［日］工藤元男：《二年律令与奏谳书——张家山二四七号汉墓出土法律文献释读》，上海古籍出版社2007年版，第193页。

〔4〕《二年律令·赐律》，见彭浩、陈伟、［日］工藤元男：《二年律令与奏谳书——张家山二四七号汉墓出土法律文献释读》，上海古籍出版社2007年版，第211页。

（3）女性也可继承田宅，可做户主

根据《二年律令·置后律》，如果户主去世而没有男性继承人，其妻子和女儿也可以“户后”的身份获得田宅，女子也可做户主立户，可见在秦汉时女子的社会地位较高。

> 寡为户后，予田宅，比子为后者爵。其不当为户后，而欲为户以受杀田宅，许以庶人予田宅。[1]

> 女子为户，毋后而出嫁者，令夫以妻田宅盈其田宅。宅不比，弗得。其弃妻，及夫死，妻得复取以为户。[2]

> 死毋子男代户，令父若母，毋父母令寡，毋寡令女，毋女令孙，毋孙令耳孙，毋耳孙令大父母，毋大父母令同产子代户。[3]

> 同产子代户，必同居数。弃妻子不得与后妻子争后。[4]

（四）除　名

除名是古代免夺犯重罪官员的官职和爵位的一种刑罚制度，这属于“五刑”外的一种附加刑罚。除名后过一定期限仍可听其叙官。

---

〔1〕《二年律令·置后律》，见彭浩、陈伟、［日］工藤元男：《二年律令与奏谳书——张家山二四七号汉墓出土法律文献释读》，上海古籍出版社 2007 年版，第 240 页。

〔2〕《二年律令·置后律》，见彭浩、陈伟、［日］工藤元男：《二年律令与奏谳书——张家山二四七号汉墓出土法律文献释读》，上海古籍出版社 2007 年版，第 239 页。

〔3〕《二年律令·置后律》，见彭浩、陈伟、［日］工藤元男：《二年律令与奏谳书——张家山二四七号汉墓出土法律文献释读》，上海古籍出版社 2007 年版，第 238 页。

〔4〕《二年律令·置后律》，见彭浩、陈伟、［日］工藤元男：《二年律令与奏谳书——张家山二四七号汉墓出土法律文献释读》，上海古籍出版社 2007 年版，第 238 页。

除名作为一种处罚手段在先秦时期即已有之，但那时尚未出现“除名”一词，类似的称呼有如“降为庶人”等。《尚书·蔡仲之命》云：“降霍叔于庶人，三年不齿”〔1〕，孔颖达对此作疏云：“降黜霍叔于庶人，若今除名为民。”〔2〕秦时将除名称为“废”。除名之称始于汉。《汉律》有言：“死罪及除名，罪证明白，考掠已至，而抵隐不服，处当列上。”汉景帝时，“吏迁徙免罢，受其故官属所将监治送财物，夺爵为士伍，免之”。颜师古注：“谓夺其爵，令为士伍，又免其官职，即今律所谓除名也。”〔3〕清沈家本考证称：“是除名之称始于汉世。”〔4〕魏晋南北朝时，“除名”法制化进一步加强，其于晋季成为定法。《太平御览》据引《晋律》载：“吏犯不孝、谋杀其国王、侯、子、男、官长，诬、偷、受财枉法，及掠人私卖、诱藏亡奴婢，虽遇赦，皆除名为民。”〔5〕在两晋时期，“除名”一词频繁地出现在史籍之中。当时除名的适用罪名十分广泛，不仅适用于官员的政治、经济等犯罪行为，也适用于“不孝”这类道德层面的不当行为。隋唐继续发展。《隋律》有记载：“犯十恶及故杀人狱成者，虽会赦，犹除名。”除名法完善于唐代，作为后世刑律蓝本的《唐律疏议》曰：“诸除名者，官爵悉除，课役从本色。六载之后听叙，依出身法。”其后历代也得以继承。

1. *唐代以前*

> 死罪及除名，罪证明白，考掠已至，而抵隐不服，处当列上。〔6〕

〔1〕〔清〕阮元校刻：《十三经注疏·尚书正义》，中华书局 2009 年版，第 483 页。

〔2〕〔清〕阮元校刻：《十三经注疏·尚书正义》，中华书局 2009 年版，第 483 页。

〔3〕《汉书·景帝纪》，见〔汉〕《汉书》，中华书局 1962 年版，第 141 页。

〔4〕〔清〕沈家本：《历代刑法考》，中华书局 1985 年版，第 490 页。

〔5〕〔宋〕李昉等：《太平御览》，中华书局 2000 年版，第 2909 页。

〔6〕汉律载此条，《陈书·沈洙传》有引，参见《陈书》（第 2 册），中华书局 1972 年版，第 439 页。

吏犯不孝、谋杀其国王、侯、子、男、官长，诬、偷、受财枉法，及掠人私卖、诱藏亡奴婢，虽遇赦，皆除名为民。[1]

犯十恶及故杀人狱成者，虽会赦，犹除名。[2]

2.《唐律疏议》

《唐律疏议》就除名规定为："诸除名者，官爵悉除，课役从本色。六载之后听叙，依出身法。"《唐律疏议》是后世刑律蓝本，这一规定也为后世历代所继承。

诸除名者，官爵悉除，课役从本色。

"疏"议曰：若犯除名者，谓出身以来，官爵悉除。课役从本色者，无荫同庶人，有荫从荫例，故云"各从本色"。又，依令："除名未叙人，免役输庸，并不在杂徭及征防之限。"

六载之后听叙，依出身法。

"疏"议曰：称六载听叙者，年之与载，异代别名，假有元年犯罪，至六年之后，七年正月始有叙法，其间虽有闰月，但据载言之，不以称年，要以三百六十日为限。

……若本犯不至免官，而特除名者，叙法同免官例。妇人因夫、子得邑号，犯除名者，年满之后，父子见在；有官爵者，听依式叙。

"疏"议曰：本犯不至免官者，情在可责而特除名，矜其所犯先轻，故许同免官之例收叙。

问曰：本犯虽非免官，当徒用官并尽，依律："当徒用

〔1〕《晋律》，见〔宋〕李昉等：《太平御览》，中华书局 2000 年版，第 2909 页。

〔2〕《隋书·刑法志》，见《隋书》（第 3 册），中华书局 1973 年版，第 711 页。

官尽者，叙限同免官。”未知当徒用官不尽，今被特责除名，叙法亦同免官以否？

答曰：凡称除名、官当，不论本犯轻重，从例除、免，不计徒年。罪不至免官而特除名者，止论正犯免官之法，当徒官尽不在其中。[1]

3.《宋刑统》

诸应议、请、减及九品以上之官，若官品得减者之祖父母、父母、妻、子孙，犯流罪以下，听赎；若应以官当者，自从官当法。其加役流、反逆缘坐流、子孙犯过失流、不孝流及会赦犹流者，各不得减赎，除名、配流如法。除名者，免居作。即本罪不应流配而特配者，虽无官品，亦免居作。其于期以上尊长及外祖父母、夫、夫之祖父母，犯过失杀伤，应徒；若故殴人至废疾，应流；男夫犯盗谓徒以上。及妇人犯奸者，亦不得减赎。有官爵者，各从除、免、当、赎法。[2]

诸犯十恶、故杀人、反逆缘坐。（本应缘坐老疾免者亦同。）狱成者，虽会赦，犹除名。注云：狱成，谓赃状露验及尚书省断讫未奏者。又云：即监临主守于所监守内犯奸盗略人若受财而枉法者，亦除名。[3]

诸除名者，官爵悉除，课役从本色。六载之后听叙，依出身法。又云：若本犯不至免官，而特除名者，叙法同免官例。

---

〔1〕袁文兴、袁超注译：《〈唐律疏议〉注译》，甘肃人民出版社2017年版，第80页。

〔2〕〔宋〕窦仪等：《宋刑统》，薛梅卿点校，法律出版社1999年版，第21页。

〔3〕〔宋〕窦仪等：《宋刑统》，薛梅卿点校，法律出版社1999年版，第34页。

“疏”：诸除名者，官爵悉除，课役从本色。“议曰”：若犯除名者，谓出身以来，官爵悉除，课役从本色者，无荫同庶人，有荫从荫例，故云“各从本色”。又依令“除名未叙人，免役输庸，并不在杂徭及黜防之限。”[1]

4.《大明律》

“除名当差”

凡职官犯罪，罢职不叙，追夺除名者，官爵皆除。僧道犯罪，曾经决罚者，并令还俗。军民匠灶，各从本色，发还原籍当差。[2]

“官吏受财”

凡官吏受财者、计赃科断、无禄人、各减一等、官追夺除名。吏罢役。俱不叙。[3]

5.《大清律例》

“除名当差”条

凡职［兼文武］官犯［私］罪，罢职不叙，［应］追夺［诰敕］除名［削去仕籍］者，官［阶、勋］爵皆除。［不该追夺诰敕者，不在此限。］僧道犯罪，曾经决罚者［追收度牒］，并令还俗。［职官、僧道之原籍。］军民灶户，各从本色，发还原籍当差。[4]

---

〔1〕〔宋〕窦仪等:《宋刑统》，薛梅卿点校，法律出版社 1999 年版，第 41 页。

〔2〕《大明律》，怀效锋点校，法律出版社 1999 年版，第 8 页。

〔3〕《大明律》，怀效锋点校，法律出版社 1999 年版，第 183 页。

〔4〕《大清律例》，田涛、郑秦点校，法律出版社 1999 年版，第 94 页。

五、家法族规与名分

（一）家法族规中的名分思想

“家齐而后国治”，在中国独特的家国同构的语境下，家法与国法相互表里。介绍历代法典的名分观之后，也有必要补充论述家法族规中的名分体现。

从西周到晚清，我国宗法社会以血缘关系为纽带，以户为基本单位。宗族与礼法并存是宗法社会的基本特征。其制度结构是礼法并举，礼和法的目标和功能是维护封建伦理秩序。在这一治理架构中，家法族规扮演了极为重要的角色。家法族规是家族组织为了维持家族秩序、约束和教化家族成员所制定的世代相传的行为规范。一般是由族中贤达之士或宗族成员共同制定。其名称各异，种类很多，诸如家规、家约、家戒、家法、家礼、家典、家仪、家条、族规、族约、祠规、祠约、规范、规条、规矩、条规、戒谕等。作为一种“活法”资源，家法族规成为弥补国家法的有效资源，让族众有规可循、有礼可守，从而实现对基层社会的治理，有助于稳定社会秩序。

名思想也是家法族规的灵魂。家法族规大都建立在人伦关系基础之上，多以纲常名教为指导。家族成员只有遵循人伦之道，各守其分、各司其职，才能保持家庭和谐，促进家运隆通。家法族规也会以名教训导和引导后世子孙的修身，使之自立立人，实现从修身治家至治国平天下的终极目标。

儒家礼教名分思想为家法族规提供了理论依据。如宋明理学大儒程颐认为：“治家者，治乎众人也。苟不闲之以法度。则人情流放。必至于有悔，失长幼之序，乱男女之别，伤恩义，害伦理，无所不至。能以法度闲之于始，则无是矣。”[1] 程颐主张以长幼、尊卑

〔1〕〔宋〕程颐：《周易程式传》，中华书局 2011 年版，第 208 页。

等封建伦理道德规范为纲，通过家法族规来规范家族成员的行为。在程颐思想的基础上，朱熹进一步发展了家庭伦理制度的理论，他所著的《朱子家礼》以三纲五常为核心，设计出一整套完备的家族礼仪，对后世产生了巨大而深远的影响。《朱子家礼》开篇即称："今以报本反始之心，尊祖敬宗之意，实有家名分之首，所以开业传世之本也。"合乎礼教、注重教化是其中最为重要的追求。《朱子家礼》是朱子将其理学思想应用于庶民、普及于民间的成功实践，将礼教名分深入家庭这一社会的最基本的细胞中，是古礼制发展的一个标志性成果。全国各地家法族规中多有对《朱子家礼》沿袭照搬者。

清代王士晋所编撰的一部道德教育读物《宗规》，是诸多家庭奉行之规条。其中有言："尝谓睦族之要有三：曰尊尊，曰老老，曰贤贤。名分属尊行者，尊也，则恭顺退逊，不敢触犯；分属虽卑，而啮迈众，老也，则扶持保护，事以高年之礼；有德行族彦，贤也……此之谓三要。"[1]可见，《宗规》明确提出家法族规当以正名分为核心。

（二）各地家法族规中"名分"实例

1.《司马氏居家杂仪》

《司马氏居家杂仪》是宋代名臣司马光为其家人制定的家训。后司马光又将其收入本人的家礼著作《书仪》第四卷《昏礼下》的附录。朱熹修撰《朱子家礼》时，将《居家杂仪》全文收录其中。其广泛流传，堪称传统中国家庭和谐相处的行为规范。全国各地家法族规中沿袭照搬者比比皆是。南宋人周应合主持编撰的《景定建康

---

〔1〕《宗规》对后世影响甚大，诸多宗族规则直接引用此条，如温州苍南《夏氏宗谱》直接复述此条。

志》将司马光《杂仪》与《书仪》并列列入“理学书之目”，与周敦颐的《濂溪集》、“二程”的《程氏遗书》和《伊川集》、张载的《横渠集》等程朱理学奠基之作同列，可见其地位之高。儒家伦常把“守名分”作为礼之本。《司马氏居家杂仪》规定了从家长，到父母、子弟，及至内外仆妾等不同成员应尽的“名分”，是不同家族成员的日常行为仪则，力求人人遵守各自的名分，履行符合自己身份的爱敬之实。明代福建莆田籍官员兼学者郑岳在《颐晦像述赞》中提到其“居家以《司马温公杂仪》从事，闺门内外斩斩，童使什物饮馔皆有矩度”[1]。

此处摘录其开头几条代表性规定。

一、凡为家长，必谨守礼法，以御群子弟及家众。分之以职，授之以事，而责其成功。制财用之节，量入以为出，称家之有无，以给上下之衣食，及吉凶之费，皆有品节而莫不均一，裁省冗费禁止奢华。常须稍存赢余，以备不虞。

一、凡诸卑幼，事无大小，毋得专行，必咨禀于家长。

一、凡为子为妇者，毋得蓄私财，俸禄及田宅所入，尽归之父母舅姑，当用则请而用之，不敢私假，不敢私与。

一、凡子事父母，妇事舅姑，天欲明咸起，盥漱栉总，具冠带。昧爽适父母舅姑之所省问。

…………

一、凡子受父母之命，必籍记而佩之，时省而速行之，事毕则返命焉。或所命有不可行者，则和色柔声，具是非

[1]〔明〕郑岳：《山斋集》卷二十《颐晦像述赞》，见《影印文渊阁四库全书·集部》（第1263册），台湾商务印书馆1983年版，第117页。

利害而白之。待父母之许，然后改之。若不许，苟于事无大害者，亦当曲从。若以父母之命为非而直行己志，虽所执皆是，犹为不顺之子，况未必是乎？

2. 浦江《郑氏义门规范》

浙江浦江县郑宅镇郑氏一族持续了360多年，历经宋、元、明三代，十五世同居，同财共食，人数最多时达3000余人，被朱元璋赐名为“江南第一家”，又称“郑氏义门”，堪称人类社会发展史上的一个奇迹。作为郑氏一族的家族管理法典，郑氏义门规范是在明朝大儒宋濂参与下制定的，后逐渐衍化完善为现存的168条家规。它将儒家的“孝义”理念转换成操作性极强的行为规范，其内容涉及家政管理、子孙教育、冠婚丧祭、生活学习、为人处世等方方面面。它不仅维系了郑氏一族的发展，也成了明朝修订国家法律的重要参考蓝本，被誉为中国传统家规家训重要里程碑。其诸多规范均是重名分的体现。

一、子孙须恂恂孝友，实有义家气象。见兄长，坐必起，行必以序，应对必以名，毋以尔我。诸妇并同。

一、子孙之于尊长，咸以正称，不许假名易姓。

一、兄弟相呼，名以其字，冠于兄弟之上。伯叔之命侄亦然。侄之称伯叔，则以行称，继之以父。夫妻亦当以字行。诸妇娣姒相呼，并同。子侄虽年至六十者，亦不许与伯叔连坐。违者家长罚之。会膳不拘。

一、卑幼不得抵抗尊长（一日之长皆是）。其有出言不逊，制行悖戾者，姑诲之。诲之不悛者，则重箠之。

一、子孙受长上诃责，不论是非，但当俯首默受，毋得分理。

一、子孙固当竭力以奉尊长，为尊长者亦不可挟此自尊。攘拳奋袂忿言秽语，使人无所容身，甚非教养之道。若其有过，反覆谕戒之。甚不得已，会众箠之，以示耻辱。[1]

3.《九江岳氏家规》

宋代爱国名将岳飞曾长期驻军九江。他的一支子孙后来在九江定居。《九江岳氏家规》每一教都提及“先王”“王祖”，要求族众“无忘忠孝家声”，体现了岳飞的后裔特有的荣誉感。其家规第二条即为“名分宜正也”。

名分宜正也

日祖曰：“父虽不肖，无敢异词。”若伯若叔倘不才，易至凌越。行不让先、坐不循序者，或有之；反唇掉舌、道字呼名者，岂少哉！总由父兄之教不先，故子弟之率不谨。吾祖忠孝，岂宜有此。有则先治其父兄，以及其子弟。毋长骄傲，致玷先王。[2]

4.《宗规·名分当正》

《宗规》是清代王士晋所编撰的一部道德教育读物，诸多家庭奉行其规条，而垂训子孙。其中言乡约当遵，祠墓当展，族类当辨，名分当正，宗族当睦，谱牒当重，闺门当肃，蒙养当豫，姻里当厚，职业当勤，赋役当供，争讼当止，节俭当崇，守望当严，邪巫当禁，四礼当行。自家庭乡党，至涉世应务之道，均说及。这些规条收入《东厅雨堂刊书儒先训要十四种》，其中有“名分当正”专条。

---

〔1〕《浦江郑氏义门规范》，载费成康主编：《中国的家法族规》，上海社会科学院出版社2002年版，第279页。

〔2〕《九江岳氏宗谱》，1902年前后刻本，卷三《家规》，载费成康主编：《中国的家法族规》，上海社会科学院出版社2002年版，第382页。

导语：非族者辨之，众人所易知易能也。同族者，实有兄弟叔侄。名分彼此，称呼自有定序。近世风俗浇漓，或狎于亵昵，或狃于阿承，皆非礼也。至于拜揖必恭，言语必逊，坐次必依先后。

名分当正

非族者辨之，众人所易知易能也。同族者，实有兄弟叔侄。名分彼此，称呼自有定序。近世风俗浇漓，或狎于亵昵，或狃于阿承，皆非礼也。至于拜揖必恭，言语必逊，坐次必依先后。不论近族远族，俱照叔侄序列。情既亲洽，心更相安。名门故家之礼，原是如此。又有尊庶母为嫡，跻妾为妻者，大乖纲常，反蒙诟笑。又女子已嫁而归，辄居客位，是何礼数。吉水罗念庵先生宅，于归宁之女，仍依世次，别设一席，可法也。若同族义男，亦必有约束。不得凌犯疏房长上，有失族谊。且寓防微杜渐之意。[1]

全国各地家规族训对《宗规》的内容多有直接沿用者，如《泾县云岭陈氏家规家训》直接引用了其中“名分当正”专条。

名分当正

非族者辨之，众人所易知易能也。同族者实有兄弟叔侄名分，彼此称呼，自有定序。近世风俗浇漓，或狎于亵昵，或狃于阿承，皆非礼也。至于拜揖必恭，言语必逊，坐次必依先后，不论近族远族，俱照叔侄序列，情实亲洽，心便相安。名门故家之礼，原是如此，又有遵庶母为嫡，跻妾为妻者，大乖纲常，反蒙诟笑。又女子已嫁而归，辄居客位，是何礼数？吉水罗念庵先生宅于归宁之

〔1〕王士晋：《宗规·名分当正》。

女，仍依世次，别设一席，可法也。若同族义男，亦必有约束，不得凌犯疏房长上，有决族之宜，且寓防微杜渐之意。[1]

虞城《蔡氏族谱》也列有“正名分”专条，内容雷同。

正名分。同族者有兄弟叔侄名分，彼此称呼，自有定序；至于相见必拜、礼貌必恭、言语必逊、坐次必依先后，不论远近族，俱照叔侄兄弟序列，情贵亲洽，心更相安，名门旧家之礼原是如此。[2]

5.《章氏家训》

《章氏家训》是南唐章氏后人章仔钧所作，又称《太傅仔钧公家训》。章仔钧系南唐福建人，去世后赠金紫光禄大夫、上柱国、武宁郡开国伯。宋朝时宋仁宗追封章仔钧为琅琊王。章仔钧家训简短，但内容广博而语言精练隽永，表达了传家、兴家、安家、防家、亡家、败家之道，其中也多有重名分的规定。

谨称呼

凡族中虽服属疏远者，必须按尊卑行辈称呼。称兄必曰某兄，称弟必曰某弟，称伯叔必曰某伯某叔，称伯叔祖必曰某伯祖某叔祖。不得尔我相称，不得仅以字号相呼。至于一行一坐，俱要尊者还尊，卑者还卑。敢有不遵，合族惩之。[3]

---

〔1〕陈绍君、黄来生：《泾县云岭陈氏家规家训解读》，载《宣城历史文化研究》第682期。

〔2〕虞城《蔡氏族谱》，2007年。

〔3〕《章氏家训》，见族谱网，https：//www.zupu.cn/daodu/zsjx，最后访问日期：2022年10月19日。

6.《余姚朱氏宗谱》

第一条：重孝悌以敦根本；
第二条：饬祀典以笃尊亲；
第三条：敬长老以厚伦纪；
第四条：和宗党以息争竞；
第五条：严职业以端品行；
第六条：辨嫡庶以正名分；
第七条：慎嫁娶以安婚配；
第八条：禁强暴以尚礼仪。[1]

7. 温州《盘古高氏新七公家训》

据盘古高氏谱牒资料记载，盘古高姓的郡望为渤海郡，其始祖为春秋齐太公之九世孙。到了南宋时期，迁往江南。《盘古高氏新七公家训》为高岙始迁祖新七公所作，大约成文于元代中期。家训共订立 22 条规约，内容涉及个人品行修养、族中之事以及对国家的责任。全训条理清晰、言简意赅，具有浓重的宗法伦理色彩，文中有“敦伦理”“正名分”专条。

敦伦理

仁民爱物，固大道所必周；而饬纪敦伦，尤当务之为急。故谋国则当尽忠，事亲则当尽孝；夫和而义，妻柔而正，兄爱而友，弟敬而顺；以及忠告善道之忱，睦姻任恤之行，均无可忽。倘一端偶缺，即不得为完人，尚其勉旃。

〔1〕《民国余姚朱氏谱》卷首“一本堂前代宗规”。

正名分

宗支蕃衍，昭穆自有定分。每当岁时祭祀，要在序列分明，庶不失尊卑之谊。即在燕居，尤贵少长，有礼方见风范。《传》曰："少加大，贱妨贵，所谓逆也"，可不慎欤。[1]

8.《上湘龚氏族规》

上湘龚氏聚居于湖南。在20世纪初清政府"预备立宪"时，该族颇得风气之先，订立了一份独特的族规。这份族规既引入了"自治""自由""平等""立宪"等新概念，也保留了敦孝悌、重名分之类的旧礼俗，可谓新旧结合的典范。

时窃我国预备立宪，必人人有自治之能力，而后有国民之资格。而欲求自治方法，莫如从家族入手。一家治，一族治，斯国无有不治矣。我族仰承祖训，食德服畴，讵敢自由于法律之外。弟子姓口繁，人格不一，使无规约以统治之，未由进文化而保种族。谨议规则十八条，禀县存案，期于实行。俾阅者触目惊心，悉知自治，非独我族前途幸福也。

敦孝悌

方今变法图强，百度更新。惟此伦纪纲常，万古不易。我族子弟务宜敦行孝弟，不得越礼犯分，误会平等自由之旨。违者严惩。不服，禀究。[2]

---

〔1〕《盘古高氏新七公家训》，载费成康主编：《中国的家法族规》，上海社会科学院出版社2002年版，第265页。

〔2〕《上湘龚氏支谱》，1915年本，卷二《族规类》，载费成康主编：《中国的家法族规》，上海社会科学院出版社2002年版，第372页。

第三章 古代案例中的法与名

《资治通鉴》开篇有云，“礼莫大于分，分莫大于名”[1]。名之思想既影响了古代诸多政治事件，也渗透在司法审判之中。大到政权轮替、皇位交接等天下大事，小到婚姻立嗣、妻妾争宠等家庭琐事，凡此种种，莫不需要“正名定分”。以下梳理了典型的政治事件、刑事案件、民事争讼中名之展现。

政治事件主要取材于《史记》《资治通鉴》《宋史》《明史》等史书。刑事案件主要取材于司法档案《刑案汇览》和《刑科题本档案》，民事案件主要取材于《名公书判清明集》等。

一、名与政治事件

（一）《资治通鉴》抨击“三家分晋”乱名

春秋末年即公元前376年，韩氏、赵氏和魏氏三个大家族将庞大的晋国瓜分一空，史称“三家分晋”。晋国从此消失，韩国、赵国和魏国取而代之。韩、赵、魏废晋静公，迁于端氏（今晋城市沁水县）。三国将晋公室剩余土地全部瓜分。晋静公的爵位亦被废除，成为庶人。这是春秋战国时代诸侯变庶人的第一起事件。但韩、赵、魏三家并没有受到讨伐。“三家分晋”被视为春秋之终、战国之始的分水岭，是中国历史上具有划时代意义的重大事件。司马光将“三家分晋”列为《资治通鉴》的开篇之作，因为这涉及大义名分。

司马光不从三皇五帝写起，也不从文武成王开篇，偏偏选择“三家分晋”为始，其核心原因在于司马光坚守的“谨名分”。在司马光看来，“天子之职莫大于礼，礼莫大于分，分莫大于名”。“何谓名？公、侯、卿、大夫是也。”三家之类列卿不能取晋而代之，更不能称王，这才符合“名”。僭越名分是严重的事件。但在“三家分晋”之前，已经有楚国、吴国、越国先后称王的“僭越”之举，《资

[1]《资治通鉴·周纪一》，见《资治通鉴》，岳麓书社2018年版，第1页。

治通鉴》却并没选择将这些事件作为开端，而选择了“三家分晋”。其原因在于，楚、吴、越的称王，并没有得到周王室的同意，没有合法性。而早在公元前403年，韩、赵、魏三家就得到了周天子的册封，被周天子正式承认为诸侯国。《资治通鉴》首句便是：“初命晋大夫魏斯、赵籍、韩虔为诸侯。”本来非法篡国的韩、赵、魏三家经周天子背书后，就获得了某种合法的名分。

因此司马光认为，非三晋坏礼，乃天子自坏之。司马光批评称：“今晋大夫暴恶其君，剖分晋国，天子既不能讨，又宠秩之，使列诸侯，是区区之名分复不能守而弃之也。先王之礼于斯尽矣！”这才是礼崩乐坏的真正开始。司马光认为天子的责任就是维护礼教，严守等级名分，上下有别。名分一旦混乱，国家就会危亡。史实本是如此。春秋时期，周天子虽然式微，但名分还在，所以那时霸主一般要打出“尊王攘夷”的名义。而到战国时期，周王室实力进一步衰微，甚至自坏礼法，乱立“名分”，也是乱世的无奈。

司马光写史，不是按时间先后从历史源头写起，而是从维护名分的角度出发以此为开端，这一笔法堪称创举。司马光的这一论断影响深远。毛泽东主席与其护士孟锦云讨论《资治通鉴》时，曾对司马光的这一论断与写法给予了高度赞赏。

《资治通鉴》开头对“三家分晋”的评说堪称一篇详细精彩的“名论”。

> 【周纪一】起著雍摄提格，尽玄黓困敦，凡三十五年。
>
> 威烈王二十三年
>
> 蛭核初命晋大夫魏斯、赵籍、韩虔为诸侯。
>
> 臣光曰：臣闻天子之职莫大于礼，礼莫大于分，分莫大于名。何谓礼？纪纲是也；何谓分？君臣是也；何谓名？公、侯、卿、大夫是也。
>
> …………

夫礼，辨贵贱，序亲疏，裁群物，制庶事。非名不著，非器不形。名以命之，器以别之，然后上下粲然有伦，此礼之大经也。名器既亡，则礼安得独在哉？昔仲叔于奚有功于卫，辞邑而请繁缨，孔子以为不如多与之邑。惟器与名，不可以假人，君之所司也。政亡，则国家从之。卫君待孔子而为政，孔子欲先正名，以为名不正则民无所措手足。夫繁缨，小物也，而孔子惜之；正名，细务也，而孔子先之。诚以名器既乱，则上下无以相有故也。夫事未有不生于微而成于著。圣人之虑远，故能谨其微而治之；众人之识近，故必待其著而后救之。治其微，则用力寡而功多；救其著，则竭力而不能及也。《易》曰："履霜，坚冰至"，《书》曰："一日二日万几"，谓此类也。故曰：分莫大于名也。

呜呼！幽、厉失德，周道日衰，纲纪散坏，下陵上替，诸侯专征，大夫擅政。礼之大体，什丧七八矣。然文、武之祀犹绵绵相属者，盖以周之子孙尚能守其名分故也……今晋大夫暴蔑其君，剖分晋国，天子既不能讨，又宠秩之，使列于诸侯，是区区之名分复不能守而并弃之也。先王之礼于斯尽矣。或者以为当是之时，周室微弱，三晋强盛，虽欲勿许，其可得乎？是大不然。夫三晋虽强，苟不顾天下之诛而犯义侵礼，则不请于天子而自立矣。不请于天子而自立，则为悖逆之臣。天下苟有桓、文之君，必奉礼义而征之。今请于天子而天子许之，是受天子之命而为诸侯也，谁得而讨之！故三晋之列于诸侯，非三晋之坏礼，乃天子自坏之也。

贤之呜呼！君臣之礼既坏矣，则天下以智力相雄长，遂使圣贤之后为诸侯者，社稷无不泯绝，生民之害糜灭几

尽，岂不哀哉！〔1〕

臣按：司马氏编历代史而托始于周威烈王始命三晋为诸侯，故为此名分之论而统其宗于礼，其示后世人主以谨微之意至矣。〔2〕

（二）卫出公父子争国

春秋时，卫国国君公孙辄即位后，其父蒯聩回国与其争夺王位，此事是孔子《论语》谈论“正名”问题的直接原因。

卫出公辄是卫灵公的孙子，公元前 492 年—前 481 年在位。其父蒯聩因谋杀南子而被卫灵公驱逐出国，并投靠了晋国的赵简子。鲁定公八年（前 502 年）晋卫会盟时，赵简子怂恿部下羞辱卫灵公，卫国遂断绝了卫晋联盟。赵简子本属卫国敌人。哀公二年（前 493 年）卫灵公殁，忠于灵公的大臣拥立公孙辄继位，而赵简子企图送蒯聩归国继位以控制卫国，蒯聩、公孙辄这对父子因此相争。卫灵公一派拒蒯聩于卫晋边界的戚邑。辄年少，掌实权的是孔文子等大臣。卫出公父子争国背后是卫以齐鲁为后援抵御晋国干涉。哀公六年，孔子自楚返卫，针对卫国君臣父子名分紊乱之局大谈“正名”问题。在孔子看来，辄为卫君是典型的“名不正。”父子争国恰好与伯夷、叔齐两兄弟互相让位形成鲜明对照。孔子赞扬伯夷、叔齐，而批评卫出公父子违反名分。孔子修《春秋》仍称蒯聩为“世子”。而“世子者，父在之名”。孔子后来并未久居于卫，而是选择了离开，由此可见孔子的批判态度。辄的继位也素为诸侯诟病，所谓“诸侯数以为让”。

---

〔1〕《资治通鉴》，岳麓书社 2018 年版，第 1—2 页。

〔2〕〔明〕丘濬：《大学衍义补》（上），朱维铮主编：《中国经学史基本丛书》（第 3 册），上海书店出版社 2012 年版，第 41 页。

后来的儒家学者多继承了孔子的判断，认为卫出公继位有违礼法。朱熹在《四书章句集注》中还指出，蒯聩与辄父子相争，破坏了父子关系，因而均不得立为国君，“是时出公不父其父而祢其祖，名实紊乱，故孔子以正名为先”。

子路曰：“卫君待子而为政，子将奚先？”子曰：“必也正名乎！”〔1〕

三十九年，太子蒯聩与灵公夫人南子有恶，欲杀南子。蒯聩与其徒戏阳遬谋，使杀夫人。戏阳后悔，不果。蒯聩数目之，夫人觉之，惧，呼曰：“太子欲杀我！”灵公怒，太子蒯聩奔宋，已而之晋赵氏。

四十二年春，灵公游于郊，令子郢仆。郢，灵公少子也，字子南。灵公怨太子出奔，谓郢曰：“我将立若为后。”郢对曰：“郢不足以辱社稷，君更图之。”夏，灵公卒，夫人命子郢为太子，曰：“此灵公命也。”郢曰：“亡人太子蒯聩之子辄在也，不敢当。”于是卫乃以辄为君，是为出公。

六月乙酉，赵简子欲入蒯聩，乃令阳虎诈命卫十余人衰绖归，简子送蒯聩。卫人闻之，发兵击蒯聩。蒯聩不得入，入宿而保，卫人亦罢兵。

出公辄四年，齐田乞弑其君孺子。八年，齐鲍子弑其君悼公。

孔子自陈入卫。九年，孔文子问兵于仲尼，仲尼不对。其后鲁迎仲尼，仲尼反鲁。

……孔悝竟立太子蒯聩，是为庄公。〔2〕

〔1〕《论语·子路》，见杨伯峻译注：《论语译注》，中华书局 2006 年版，第 150 页。
〔2〕〔汉〕司马迁：《史记·卫康叔世家》，夏松凉、李敏主编：《史记今注》（上），南京大学出版社 1994 年版，第 512—513 页。

胡氏曰："……夫蒯聩欲杀母，得罪于父，而辄据国以拒父，皆无父之人也，其不可有国也明矣。夫子为政，而以正名为先。"[1]

（三）宋代濮议之争

濮议之争是宋英宗时代对皇帝生父濮安懿王名分讨论所引起的政治事件，也泛指朝中的争议。

嘉祐八年（1063 年）三月，宋仁宗驾崩。因宋仁宗无嗣，此前立仁宗皇帝的堂兄濮安懿王赵允让之子赵曙为皇太子。赵曙继位，是为宋英宗。宰相韩琦等人向英宗提议讨论英宗生父濮安懿王赵允让的名分问题。

英宗乃出继之子，他与宋仁宗和曹太后之间关系并不亲密。宋仁宗本身一直盼望能由其亲生儿子来继承皇位，选择这个继子也是无奈之举。宋英宗自然倾向于尊生父为皇考，也是对生父孝道的体现。但兹事体大，并非皇帝一人可定。英宗在即位次年（治平二年，即 1065 年），诏议崇奉生父濮王典礼。以司马光、王珪为首的两制官员[2]认为，濮王于仁宗为兄，英宗应称其为皇伯，称仁宗为皇考。侍御史吕诲、范纯仁、吕大防等都持此议。而中书韩琦、参知政事欧阳修等则主张称濮王为皇考，欧阳修专门写了《中书请议濮安懿王典礼》呈上。韩琦、欧阳修一派还请求英宗将两种方案提交百官讨论，但百官对此反应极其强烈，大多赞同两制官员的提案。两派斗争很激烈，经历长时间争论。起居舍人兼同知谏院司马光也卷入此事。司马光拟就《议濮安懿王典礼状》上奏，支持两制。他在报告中建议新皇帝封亲生父亲为"高官大国"，而不是皇考。此举显

[1] 〔宋〕朱熹:《四书集注》，张茂泽整理，三秦出版社 1998 年版，第 215 页。
[2] 两制为内制与外制合称，内制指翰林学士，外制指中书舍人。

示司马光更加坚守传统的名分观，其《资治通鉴》开篇即称："臣闻天子之职莫大于礼，礼莫大于分，分莫大于名"，这一思想也体现在濮议之争中司马光的态度。司马光认为，在面对皇位传承的正统性问题时，血缘亲情应该让位于宗法礼制。英宗的皇位来自仁宗，而非生父，仁宗于英宗为父，濮王于仁宗为兄，故濮王于英宗称皇伯。按前朝事例，汉宣帝、光武帝等称父为皇考者，"二帝上承本宗，皆非旁继"，乃"以孙继祖，故尊其父为皇考，而不敢尊其祖为皇祖考"。

面对群臣反对，英宗和韩琦等人决心争取曹太后（慈圣光献皇后）的支持，给两制派以致命一击。曹太后本与养子英宗不和，之前便不同意尊濮王称皇考。但治平三年（1066 年），太后下手诏，同意尊英宗的生父为皇考，此举令人费解。但无论如何，太后下诏，正合英宗的心意，也给了其底气。英宗便立刻下诏停止讨论，支持韩琦、欧阳修一派，还将吕诲、吕大防、范纯仁三名御史贬出京师。同时宣布，濮安懿王称"亲"，以茔为园，即园立庙。英宗的这项决定，遭到了朝臣的坚决抵制，包括司马光在内的台谏官员全部自请同贬，甚至英宗在濮邸时的幕僚王猎、蔡抗也表示反对。对此，英宗始料未及。在严厉处分吕诲等人的同时，英宗也不得不平衡考虑，遂拉拢反对派主要人物王珪，许以执政职位。

濮议之争长达十八个月，影响深远。宋英宗在位的短短五年里，濮议基本上贯穿始终。宋英宗在即位之初，权力尚受到较多掣肘，后来便借濮议贬谪诸多前朝旧臣，大大加强专制皇权，原来权力格局被彻底打破。自英宗之后，宋朝皇帝的权力受士大夫的制约越来越小。长期的党争内耗也影响了宋朝的国运，此后宋朝开始出现倾颓之势。而关于生父皇考名分的争议后来在明代再度上演大礼议之争。

涉及濮议之争的文献有：

仁宗在位久无子，乃以王第十三子宗实为皇子。仁宗崩，皇子即位，是为英宗。

治平元年，宰相韩琦等奏：请下有司议濮安懿王及谯国夫人王氏、襄国夫人韩氏、仙游县君任氏合行典礼。诏须大祥后议之。

二年，乃诏礼官与待制以上议。翰林学士王珪等奏曰：……濮安懿王虽于陛下有天性之亲，顾复之恩，然陛下所以负扆端冕，富有四海，子子孙孙万世相承，皆先帝德也。臣等窃以为濮王宜准先朝封赠期亲尊属故事，尊以高官大国，谯国、襄国、仙游并封太夫人，考之古今为宜称。

于是中书奏：王珪等所议，未见详定濮王当称何亲，名与不名？珪等议："濮安于仁宗为兄，于皇帝宜称皇伯而不名，如楚王、泾王故事。"

中书又奏："《礼》与《令》及《五服年月敕》：出继之子于所继、所生皆称父母。又汉宣帝、光武皆称父为皇考。今珪等议称濮王为皇伯，于典礼未有明据，请下尚书省，集三省、御史台议奏。"

方议而皇太后手诏诘责执政，于是诏曰"如闻集议不一，权宜罢议，令有司博求典故以闻"。礼官范镇等又奏："汉之称皇考、称帝、称皇，立寝庙，序昭穆，皆非陛下圣明之所法，宜如前议为便。"自是御史吕诲等弹奏欧阳修首建邪议，韩琦、曾公亮、赵概附会不正之罪，固请如王珪等议。

既而内出皇太后手诏曰："吾闻群臣议请皇帝封崇濮安懿王，至今未见施行。吾载阅前史，乃知自有故事。湫安懿王、谯国夫人王氏、襄国夫人韩氏仙游县君任氏，可令皇帝称亲，濮安懿王称皇，王氏、韩氏、任氏并称后。”

事方施行，而英宗即日手诏曰：“称亲之礼，谨遵慈训；追崇之典，岂易克当。且欲以茔为园，即园立庙，俾王子孙主奉祠事。”

翌日，诲等以所论列弹奏不见听用，缴纳御史敕告，家居待罪。诲等所列，大抵以为前诏称“权罢集议”，后诏又称“且欲以茔为园”，即追崇之意未已。英宗命阁门以告还之。诲等力辞台职。诲等既出，而濮议亦寝。至神宗元丰二年，诏以濮安懿王三夫人可并称王夫人云。[1]

八年，仁宗崩。夏四月壬申朔，皇后传遗诏，命帝嗣皇帝位。百官入，哭尽哀。韩琦宣遗制。帝御东楹见百官。癸酉，大赦，赐百官爵一等，优赏诸军，如乾兴故事。

…………

夏四月戊戌，诏议崇奉濮安懿王典礼。

……五月癸亥，诏以综核名实励臣下。丙子，诏自今皇子及宗室属卑者，勿授以检校师、傅官。乙酉，诏宗室封王者子孙袭爵。

…………

丁丑，皇太后下书中书门下：“封濮安懿王宜如前代故事，王夫人王氏、韩氏、任氏，皇帝可称亲。尊濮安懿王为皇，夫人为后。”诏遵慈训。以茔为园，置守卫吏，即园立庙，俾王子孙主祠事，如皇太后旨。辛巳，诏臣民避濮安懿王讳，以王子宗懿为濮国公。壬午，黜御史吕诲、范纯仁、吕大防。[2]

---

〔1〕《宋史·列传·宗室二》,《宋史》(第25册)，中华书局1985年版，第8710—8711页。

〔2〕《宋史·本纪·英宗》,《宋史》(第2册)，中华书局1985年版，第258—259页。

（四）明朝“大礼议”之争

“大礼议”是明朝嘉靖年间因明世宗嘉靖皇帝朱厚熜的生父名分、称号问题而引起的一场礼法斗争。

明正德十六年（1521 年）四月初二，明武宗朱厚照驾崩。由于朱厚照没有子嗣，在皇太后张氏与内阁首辅杨廷和的主持下，选择武宗堂弟兴献王朱佑杬之子朱厚熜继皇帝位，史称明世宗嘉靖皇帝。明世宗以地方藩王入主皇位，以小宗入大宗。在其生身父母名分的议定上，纷争出现。嘉靖皇帝继位后便下旨，“命礼部会官，议兴献王主祀及封号以闻”。朝臣分成两派，以杨延和为代表的“继嗣派”主张嘉靖应尊孝宗为皇考，尊生父兴献王为皇叔父。而以张璁为首的“继统派”则主张应尊称孝宗为皇伯考，尊兴献王为皇考。“继嗣派”与“继统派”互不相让，由此开启了长达十七年的“大礼议”之争。

以杨延和为代表的“继嗣派”援引汉朝定陶恭王刘康（汉哀帝生父）和宋朝濮安懿王赵允让（宋英宗生父）之先例，认为明世宗既然是由小宗入继大宗，就应该尊奉正统，要以明孝宗为皇考，兴献王改称“皇叔考兴献大王”，母妃蒋氏为“皇叔母兴国大妃”，祭祀时对其亲生父母自称“侄皇帝”。另以益王次子崇仁王朱厚炫为兴献王之嗣，主奉兴王之祀。

明世宗不接受此议，双方僵持不下。正德十六年，新科进士张璁上疏支持明世宗，认为明世宗即位是继承皇统，而非继承皇嗣，即所谓“继统不继嗣”，皇统不一定非得父子相继，而且汉定陶王、宋濮王都是预先立为太子，养在宫中，实际上已经是过继给汉成帝和宋仁宗。张璁建议明世宗仍以生父为考，在北京别立兴献王庙。但张璁微末之身人单势孤，明世宗也只有先行妥协。“继嗣派”也进行了激烈对抗，甚至策划暗杀张璁。嘉靖三年（1524 年）正月，明世宗地位已稳固，召集群臣集议，杨廷和上疏致仕归里。

“继嗣派”颇感群龙无首，礼部尚书汪俊酝酿再一起集体谏诤。主事侯廷训作《大礼辨》，吏部尚书乔宇等人遂据此率群臣近两百五十人一同进言，反对明世宗。明世宗下令更多的官员参与议论。而给事中张翀等三十有二人、御史郑本公等三十有一人，以及邹守益等，也都抗章力论。明世宗因此恼羞成怒，对此次进言之人大加斥责、罚俸甚至罢黜。

嘉靖三年七月十二日，明世宗诏谕礼部，十四日为父母上册文，祭告天地、宗庙、社稷，群臣哗然。两百余位朝廷大臣在左顺门跪请世宗改变旨意，哭声震天。杨慎等人撼门大哭，“声震阙庭”。朱厚熜震怒，令锦衣卫逮捕为首者八人，下诏狱。但此举令其他人更为激动，冲至左顺门前擂门大哭。朱厚熜下令将五品以下官员一百三十四人下狱拷讯，四品以上官员八十六人停职待罪。七月十六日，明世宗为母亲上尊号“章圣慈仁皇太后”。七月二十日，明世宗下令将逮捕的四品以上官员停俸，五品以下官员当廷杖责。因廷杖而死的共十六人。廷杖朝臣如此多人且死伤如此惨重，在中国历史上实属少见，也可见关于名分斗争之激烈。在嘉靖帝的威压下，反对议礼的官员才被迫缄口，为时三年的“大礼议”以朱厚熜获胜告终。嘉靖三年七月，献皇帝神主奉安于奉先殿东室观德殿，上尊号“皇考恭穆献皇帝”，明世宗生母改称“圣母章圣皇太后”，九月改称明孝宗敬皇帝曰“皇伯考”。

“大礼议”之争是永乐以后明代最大的政治撕裂，是新旧权力势力的综合较量，也是名分影响政治的典型体现。从法律角度而言，这也是对武宗遗诏的法律诠释之争。“继嗣派”对遗诏的解释更为僵化。世宗和张璁赢得“大礼议”，巩固了皇权及明代律法。

“大礼议”之争后，嘉靖皇帝有感于国家礼制与现实脱节，陆续开始对各种祭典进行更定，允许臣民修建家庙祭祀高祖与始祖，这也带动了社会宗法理念的革新。

武宗正德十六年夏四月，帝即位。帝兴献王子，宪宗纯皇帝孙也。宪宗生十皇子，长孝宗敬皇帝，次兴献王。弘治七年甲寅，兴献王之国安陆州。正德二年秋八月，帝生于兴邸。时黄河清，庆云见，轸翼分。已而献王薨，帝受敕嗣理国事。至是，年十有五矣。武宗无子，临崩遗诏曰："……皇考孝宗敬皇帝亲弟兴献王长子厚熜，聪明仁孝，德器夙成，伦序当立。遵奉祖训'兄终弟及'之文，告于宗庙，请于慈寿皇太后，与内外文武群臣合谋同辞。即日遣官迎取来京，嗣皇帝位。"

……乃御行殿受笺，由大明门入，日中即位，以明年为嘉靖元年。

戊申，命礼官集议崇祀兴献王典礼。礼部尚书毛澄请于大学士杨廷和，廷和出汉定陶王、宋濮王事授之，曰："此篇为据，异议者即奸谀当诛。"时有待对公交车举人张璁者，为礼部侍郎王瓒同乡士，诣瓒言："帝入继大统，非为人后，与汉哀、宋英不类。"瓒然之，宣言于众。廷和谓瓒独持异议，令言官列瓒他失，出为南京礼部侍郎，而以侍读学士汪俊代之。

…………

三年春正月，杨廷和罢，礼部尚书汪俊请曰："公去，谁与主者？"适主事侯廷训据宗法为《大礼辨》，遍示群臣，俊得之，喜曰："违斯议者，当斩也。"于是吏部尚书乔宇率九卿上言："必以孝宗为考，而后大宗为不绝。"俊复会公侯卿佐及翰林台谏官上言："祖训'兄终弟及'，以同产言也。皇上为武宗亲弟，自宜考孝宗，母昭圣。前后章奏，惟张璁、霍韬、熊浃与桂萼议同。其他八十余疏二百五十余人，皆如部议。其当从违可知矣。"帝曰："更参众论议之。"给事中张翀等三十有二人，御史郑本公等三十有一人，各抗章力论，以为当从众议。上怒其朋言乱政，俱夺俸。……

三月，奉兴献帝为“本生皇考恭穆献皇帝”，兴国太后为“本生母章圣皇太后”。[1]

考孝宗之说，援引汉哀帝、宋英宗预立为储君者不同，第以伦序当立、奉祖训兄终弟及之文入继大统。若谓继统必继嗣，则宜称武宗为父矣。以武宗从兄，不可称父，遂欲抹杀武宗一代而使之考未尝为父之孝宗，其理本窒碍而不通。故璁论一出，杨一清即谓此论不可易也。[2]

大礼议起，诸臣不能酌理准情，以致激成过举。及嘉靖欲去本生称号，自当婉言正谏，冀得挽回，乃竟跪伏大呼，撼门恸哭，尚成何景象！虽事君父，纲常所系甚重，然何至势迫安危？顾杨慎则以为仗节死义之日，王元正、张翀则以为万世瞻仰之举，俨然以疾风劲草自居，止图博一己之名，而于国事毫无裨益。[3]

二、名与刑事案件

《隋书·经籍志》有言：“名者，所以正百物，叙尊卑，列贵贱。”[4] 这种旨在区别尊卑贵贱的名思想对古代司法实践有极为重要的影响，而这也关联法律儒家化这一中华法系的基本特征。

汉代出现“春秋决狱”，引用《公羊春秋》断狱以解决疑难

---

〔1〕中华书局编辑部编：《历代纪事本末》（第二册），中华书局 1997 年版，第 2315—2317 页。

〔2〕〔清〕赵翼：《廿二史劄记》，中国书店 1987 年版，第 458 页。

〔3〕《御定通鉴纲目三编·嘉靖三年七月条》

〔4〕《隋书·经籍志三》，见《隋书》（第 4 册），中华书局 1973 年版，第 1004 页。

案件。《春秋》的基本精神是"正名分"。由此，名分思想进入司法判决。此外，断狱时还会援引《诗》《书》《礼》《易》等儒家经典。

尤其是，从《晋律》开始，明确确立了"准五服以制罪"的刑法原则，这是名影响司法的最典型体现。所谓服制，是中国古代通过丧服等级表明亲属范围和亲属关系亲疏远近的礼仪制度。[1]服制有五等，根据服制由重至轻依次为：斩衰、齐衰、大功、小功、缌麻。亲者、近者，其服重；疏者、远者，其服轻。在我国古代，以当事人之间这种服制关系的亲疏远近来决定案件的性质乃至罪行的轻重，这就是"准五服以制罪"。该原则对刑事法的影响尤其表现在亲属相犯上，包括亲属相盗、亲属斗殴、亲属人命、亲属骂詈和亲属犯奸等。《仪礼·丧服》确立亲亲、尊尊等名分原则，历朝法律均规定了同罪异罚原则，即以卑幼侵犯尊长处罚加重，而以尊长侵犯卑幼则处罚减轻甚至无罪。如唐律规定，当卑幼殴击尊亲属而未折伤时，殴缌麻尊亲属徒一年，殴小功及大功尊亲属各再加半年，殴齐衰尊亲属徒三年，殴斩衰尊亲属则斩。反之，若是尊长殴击卑幼而未折伤，则均为无罪；折伤时，殴伤缌麻卑幼减常人罪一等，殴伤小功卑幼减常人二等，殴伤大功卑幼减三等，殴伤齐衰及斩衰卑幼则不论罪。《大清律例》卷首附有《丧服图》和关于《服制》的八个专卷规定，是处理一切服制类案件的主要标准和依据。在清代司法档案《刑案汇览》和《刑科题本档案》等文献中，有许多服制类案件，这些案件基本严格依照上述服制原则进行处罚，贯彻了浓厚的名分尊卑思想。

---

〔1〕关于服制案件的梳理与分析，参考了高学强：《服制视野下的清代法律》，法律出版社 2018 年版；顾元：《服制命案、干分嫁娶与清代衡平司法》，法律出版社 2018 年版。

（一）汉代“春秋决狱”

汉代出现“春秋决狱”，又称“引经决狱”，在遇到义理伦常而法律没有明文规定，或虽有明文规定却有碍纲常的疑难案件时，引用儒家经典所载的古老判例或某项司法原则对案件作出判决。引用《公羊春秋》断狱最为常见，《春秋》的基本精神是“正名分”。因此，名分思想逐渐进入司法判决。此外，还会援引《诗》《书》《礼》《易》等儒家经典。自西汉汉武帝开始，《春秋》被用作定罪量刑的依据，实际上起到了法典的作用。随着“春秋决狱”的发展，儒家尊尊、亲亲等尊卑礼仪被引入司法领域，三纲五常等礼教伦理逐步融入律法。“春秋决狱”案例中虽然甚少直接提及名、名分之类的概念，但渗透了这种思想。这对中华法系的总体走向影响甚巨，推动从引经注律到引经入律，最终实现礼法融合的过程。“名”思想日益影响司法实践。

1. 甲无子拾道旁弃儿判

“甲无子拾道旁弃儿判”一案记载于《通典》之中，系“春秋决狱”的典型案例。基本案情为：甲没有孩子，在路边捡了弃婴乙养大，乙长大成人后犯罪杀人，甲把乙藏起来了。甲应该怎么论罪？本案核心在于养父子关系是否同样适用“亲亲得相首匿”的原则。对于此案，董仲舒引用《诗经》“螟蛉有子，蜾蠃负之”的说法，认为养父与义子当然也存亲情。而《春秋》名分纲常之义便是，父亲为孩子隐瞒犯罪事实。董仲舒从《诗经》《春秋》中引出“养父如同亲父”和“父为子隐”两条原则，遂得出甲虽隐瞒乙杀人罪而不予追究刑事责任。

> 时有疑狱曰：甲无子，拾道旁弃儿乙养之，以为子。及乙长，有罪杀人，以状语甲，甲藏匿乙。甲当何论？仲舒断曰：甲无子，振活养乙，虽非所生，谁与易之？《诗》

云：螟蛉有子，蜾蠃负之。《春秋》之义：父为子隐。甲宜匿乙而不当坐。[1]

2. 甲有子乙以乞丙判

在此案中，甲与乙本是父子关系，甲将乙送给丙抚育成人，乙不知甲为生父，乙打伤甲。依照汉律，子殴父应弃市。但董仲舒认为，甲既然将乙送给丙抚育成人，没有尽到养育之责，父子关系就已断绝，不应以子殴父论罪。其经义引自《春秋·僖公五年》关于“晋侯杀其世子申生”的记载。本案中父子关系的解释，恰好与“甲无子拾道旁弃儿判”形成对比，本案是限缩解释，前者是扩张解释。但都体现了不拘泥于成法，而是灵活参酌礼教精神，以不拂于人情。

> 甲有子乙以乞丙，乙后长大，而丙所成育。甲因酒色谓乙曰：“汝是吾子。”乙怒杖甲二十。甲以乙本是其子，自告县官。仲舒断之曰：“甲能生乙，不能长育，以乞丙，于义已绝矣。虽杖甲，不应坐。”[2]

3. 甲父乙与丙争言相斗判

本案中，甲以杖击丙，原为救父，不意竟误伤己父，是否应构成“殴父罪”？有人认为：“殴父也，当枭首。”此说本符合律例，在汉律中，不孝之罪应斩枭。但董仲舒另辟蹊径，讲了《春秋公羊传》所载昭公十九年“许止父病，进药于其父而卒”的经义故事，认为进药本欲治疗父之病，无害父之意，应该赦免。这是春秋决狱“君子原心”的典型体现。

---

〔1〕〔唐〕杜佑：《通典》六十九，《东晋成帝咸和五年，散骑侍郎乔贺妻于氏上表》所引董仲舒《春秋决狱》。

〔2〕〔唐〕杜佑：《通典》，王文锦等点校，中华书局 1988 年版，第 1911 页。

甲父乙与丙争言相斗，丙以佩刀刺乙，甲即以杖击丙，误伤乙。甲当何论？或曰："殴父也，当枭首。"议曰：臣愚以父子至亲也，闻其斗，莫不有怵怅之心。扶伏而救之，非所以欲诟父也。《春秋》之义，许止父病，进药于其父而卒。君子原心，赦而不诛。甲非律所谓殴父也，不当坐。[1]

（二）服制案件

1. 乾隆元年（1736年）安徽张僧殴死胞兄张皂案

本案原是一个简单的斗殴误伤案件，只因为是弟殴胞兄，属于亲属相犯，以卑幼侵犯尊长必须加重处罚，安徽巡抚、刑部等衙门和皇帝因此均严格依法处被告斩立决。张僧竟然被处以极刑，处罚如此之重，也可见服制制度对司法审判影响之巨。

刑部等衙门，经筵讲官、东阁大学士、兼管刑部尚书事务、加三级臣给本等谨题：为投案首子事。

该臣等会看得：张僧殴伤胞兄张皂身死一案。据安抚赵国麟疏称：缘张皂以天寒有风将前门堵塞，张僧因出入不便，携锹往拆。张皂带棍拦阻，张僧不依，张皂持棍向殴，张僧将手内拆门之锹架格，误伤张皂右太阳，倒地殒命。屡审不讳，张僧依律拟斩立决、刺字等因，具题前来。

查张僧持锹拆门，因胞兄张皂举棍向殴，遂将手内之锹架格，误伤张皂右太阳，以致殒命。张僧合依弟殴胞兄

---

〔1〕〔宋〕李昉等：《太平御览》（第6卷），夏剑钦等点校，河北教育出版社1994年版，第42页。

至死斩决律，应拟斩立决，不应援赊。臣等未敢擅便，谨题请旨。

乾隆元年十二月十二日

［批红］张僧著即处斩，余依议。[1]

2.《刑案汇览》三起听从父母谋杀胞兄服制案

《刑案汇览》记载道光四年（1824年）说帖中记载了三起听从父母谋杀胞兄的服制案件，处置时予以不同的夹签形式。这里还存在情理上的冲突。谋杀期亲尊长本是问拟凌迟的重罪，但在尊尊、亲亲的礼法体系中，父母之命不可违，也是必须考虑的情理前提，最终以“死者是否罪犯该死胞兄”而区分了“刑部比例夹签”和“刑部不予夹签、内阁票拟双签”两种处理方式，这又体现了古代审判“原情”的特点。

南抚题吴开幅听从伊母勒死胞兄吴开庆一案，又安抚题黄开武听从伊父勒死胞兄黄开文一案，又陕抚题李三元等听从伊父活埋胞兄李梦元身死一案，夹签声明，并未画一，交馆汇核等因。查听从父母逼吓，谋杀期亲兄姊，例无夹签明文。检查成案，如死系殴詈父母罪犯应死胞兄，该犯系迫于父母之命勉从下手者，该督抚于疏内声明，本部核议，仍照谋杀期亲尊长本律问拟凌迟，援引殴死期功尊长罪干斩决，情可矜悯之例夹签声明。如死者并非罪犯应死胞兄，则止于稿内将听从父母之命勉从下手，不忍致死之情量为声叙，由内阁票拟双签。诚以谋杀期亲尊长情罪较重，苟非大有可原，即难率予夹签，是以

[1] 郑秦、赵雄主编：《清代服制命案——刑科题本档案选编》，中国政法大学出版社1999年版，第24页。

向来办理此等案件，伊兄实系罪犯应死者，即将该犯比例夹签。若伊兄并非罪犯应死，则止于案内声明，所以示区别也。[1]

3. 刘小瀣误伤期亲服婶冯氏案

这起案件发生于乾隆六十年（1795年）。刘小瀣用刀刺伤期亲服婶冯氏，但起因在于与其子刘小孝的争论，本意在伤害刘小孝，并非针对冯氏，核其情节实系一时误伤并非有心干犯，因此内阁就直接票拟“声明并非有心干犯”和“九卿定议”两签，给予较为宽容的处理。其中提到的作为对比的李伦魁刃伤胞兄李登魁一案，则完全是弟弟故意杀伤胞兄，因此依律将李伦魁问拟绞决，体现了对服制案件中以幼犯长的严格打击，以“峻礼教之防”。

查例载卑幼刃伤期亲尊长之案，若非有心干犯，或系金刃误伤及情有可悯者，法司核题时遵照李伦魁案内钦奉谕旨夹签声明，候旨定夺等语。乾隆五十七年十一月内，臣部题覆安徽省李伦魁刃伤胞兄李登魁一案，钦奉上谕。论李伦魁因胞兄李登魁私挖田埂窃放塘水微嫌隙两次嚷论，及李登魁持棒向殴，该犯辄敢用刀抵格，致伤李登魁右腿倒地，伤轻平复。刑部照该抚所题依律将李伦魁问拟绞决实为允当。但弟兄争殴致伤情节不一，似李伦魁之挟嫌有心刃伤胞兄者，自当按律立决。若非有心干犯，或系金刃误伤及情有可悯者，着刑部存记于题核时夹单声明，引此旨候朕酌夺钦此，钦遵在案。此案刘小瀣因贫乏食向期亲服婶刘冯氏借粮，刘冯氏应允。刘冯氏之子刘小孝用

[1]《刑案汇览》卷四十三《刑律·斗殴·殴期亲尊长》“听从父母谋杀胞兄分别夹签”条，见〔清〕祝庆琪等编：《刑案汇览全编》，法律出版社2007年，第2212页。

> 言阻止，刘小瀧村斥其非，刘小孝混骂。刘小瀧生气顺取小刀吓扎刘小孝走往冯氏身后闪避愈加嚷詈。刘小瀧持刀赶扎，适冯氏转身遮护，收手不及误伤冯氏左后肋，业已平复。核其情节实系一时误伤并非有心干犯，核与李伦魁案内奉谕旨金刃误伤夹单声明之例相符，应照例声明请旨定夺。[1]

4. 棠棣案

汤生生与汤亚是堂兄弟。堂兄汤亚为人忠厚，堂弟汤生生却是个无赖。汤亚时时周济汤生生，可他不但不报答堂兄之恩，还不断设法敲诈汤亚。有一次汤亚拒绝其敲诈，汤生生反而打得汤亚鲜血直流。邻居见状，将汤生生扭住，送到官府。被誉为“天下廉吏第一”的清代名臣于成龙审问此案，于成龙查明实情，不由大怒，下令将汤生生重打一千，枷号一月，并斥责其“不孝不悌”“国家罪人”。汤生生与汤亚是堂兄弟，按服制，为大功服亲。堂兄弟应按“殴大功以下尊长”律处罚。《大清律例》此条规定：“凡卑幼殴本宗及外姻缌麻兄姊，杖一百；小功兄姊，杖六十、徒一年；大功兄姊，杖七十、徒一年半；尊属，又各加一等。折伤以上，各递加凡斗伤一等。”据此，汤生生最轻处杖七十、徒一年半；最重可处杖八十、徒两年。于成龙将处汤生生笞一千，枷号一个月，显然不符合律法明文规定。于成龙自称“折中重笞一千，枷号一月”，更多是重在教化。当时民间对于于成龙的判决更多是拍手称快。这也说明服制案件的特殊性。于成龙判词如下：

> 审得汤生生者，市井无赖，刁滑凶徒，屡向同族汤亚

〔1〕《奏为山东昌乐县刘小瀧误伤期亲服婶冯氏实系一时误伤并非有心干犯照例声明请旨定夺事》，乾隆六十年九月初八日，中国第一历史档案馆馆藏清代刑科题本，档号：02-01-07-08399-019。

借贷，哀求硬欺，无所不至……如此不孝不悌，直是汤姓败类，国家罪人。按律：弟殴兄至见血者，杖一百，徒三年；服杀者，依次减等。本案汤生生与汤亚虽已缌服之亲，非胞兄可比。然揆其平日行为，及汤亚周济汤生生事实，则兄之待弟，实已与同胞者无殊。应折中重笞一千，枷号一月，以昭炯戒……此判。[1]

5. 李杰光故杀缌麻兄李肇光案

清末变法修律，制定《大清现行刑律》。但其立法精神和内容，以及对于服制案件的处理规定等与《大清律例》仍然较为近似。清末许多亲属斗殴类案件，仍然参考了传统服制原则。如梧州地方审判厅所判的李杰光故杀缌麻兄李肇光一案，照卑幼殴本宗缌麻兄死者至绞律，处绞监候。《大清现行刑律·斗殴》“殴大功以下尊长”条规定：“凡卑幼殴本宗及外姻缌麻兄姊（但殴即坐），处十等罚……死者亦绞（殴死本宗大功小功兄姊及尊属则决殴本宗大功小功兄姊及尊属。至笃疾则监候人于秋审情实。殴本宗缌麻尊长外姻功缌尊属至笃疾及死者俱照当监候。不言故杀者，亦止于绞也）。”可见尽管已到了清末，亲属相犯的服制原则仍然对司法审判有重要影响，这也说明注重尊卑之别的名思想的根深蒂固。

（援据法律：）李杰光照（幼卑）[卑幼]殴本宗缌麻兄死者至绞律，处绞监候……此判。

（援据法律之理由：）查律载：卑幼殴本宗缌麻兄至死者，绞。又律注：殴本宗缌麻尊长至死，俱照常监候等语。此案李杰光与缌麻服兄肇光素无仇怨，当时系因向取批田银两，口角起衅，李杰光被压在地，一时情急，遂将肇光所佩火镰刀掣出

〔1〕 金人叹、吴果迟编著：《断案精华》（上册），海峡文艺出版社 2003 年版，第 43—44 页。

向戳，适中肇光要害，回家移时毙命，委系事出仓猝，尚非有心干犯。按服制卑幼殴缌麻服兄至死者仍照常监候，李杰光自应依卑幼殴本宗缌麻兄至死照常监候律，处绞监候。李秉葵等曾控李杰光之母授刀故杀，既经讯无其事，应予免议。判决。[1]

（三）除　名

除了指导性的名涉及名分服制案件之外，指称性的名也会涉及刑事案件，如除名制度。除名是古代免夺犯重罪官员的官职和爵位的一种刑罚制度。魏晋南北朝时，除名法制化进一步加强，于晋季成为定法。《北史》《旧唐书》等史书有颇多关于除名的记录。下文除了摘录古代文献，并以唐初名将刘师立、薛仁贵二人的经历为典型，展示古代除名的具体情况。

1. 唐初名将刘师立被除名

唐初名将刘师立（？—640 年），宋州虞城（今河南虞城县）人。初随王世充，后归附秦王李世民，获重用，担任近卫军将领。在玄武门兵变中为李世民立下大功，迁检校右武侯大将军。贞观元年（627 年）初，燕郡王罗艺率军反唐，长安震动。李世民迅速反击，派兵率军讨伐罗艺，同时，任命刘师立为右武侯大将军。刘师立虽然在平叛过程中有功，但刘师立曾经与罗艺是好友，也受到牵连。有官员弹劾刘师立是罗艺的党羽，刘师立因此被除名。后来再次获得启用，任检校岐州都督，打败党项和吐谷浑的入侵，为大唐王朝边疆的稳定作出贡献。

---

〔1〕 汪庆祺编：《各省审判厅判牍》，李启成点校，北京大学出版社 2007 年版，第 116—117 页。

罗艺反，京师震骇，诏师立检校右武侯大将军，勒兵备非常。艺平，有司劾党与，师立坐与善，除名。寻以藩邸旧，检校岐州都督。[1]

2. 薛仁贵兵败除名

薛仁贵是唐朝传奇名将，民间有《薛仁贵征东》《薛丁山征西》系列故事流传。尤其是“三箭定天山”震慑敌军，军中甚至有歌曰：“将军三箭定天山，战士长歌入汉关。”但后来却在与吐蕃作战时遭遇大非川之败，被除名。咸亨元年（670 年），唐朝为了打击吐蕃和光复吐谷浑，出动五万大军护送吐谷浑王还青海，以薛仁贵为逻娑道行军大总管，阿史那道真、郭待封为副总管。郭待封不甘心屈居薛仁贵之下，经常违抗军令。薛仁贵率军先行，击破吐蕃，斩获略尽，回军至乌海城，以待后援。郭待封却傲慢，不听从快速挺进之命，后惨败，军粮及辎重都被掳掠而去。薛仁贵只得退军，屯驻于大非川。吐蕃派出四十余万大军进攻唐军，唐军不敌，大败。薛仁贵无奈，只好与吐蕃大将论钦陵约和，才得以退军。大非川之战是唐朝开国以来对外作战中最大的一次失败，吐谷浑被吐蕃占据。因为损失巨大，薛仁贵被革职除名为平民。按唐律规定：“诸除名者，官爵悉除，课役从本色。”不光失去原来的官职和爵位，还要像普通百姓一样输课役和服徭役。除名多年之后，年近七十岁时，薛仁贵再次被起用，做了瓜州长史。后取得云州大捷。在他战功赫赫的一生中，大非川战败被除名无疑是这位唐初猛将巨大的人生遗憾。

仁贵遂退军屯于大非川。吐蕃又益众四十余万来拒战，官军大败，仁贵遂与吐蕃大将论钦陵约和。仁贵叹曰：“今年岁在庚午，军行逆岁，邓艾所以死于蜀，吾知所以败

〔1〕《新唐书》(第 12 册)，中华书局 1975 年版，第 3742 页。

也。”仁贵坐除名。[1]

3. 史书所见其他“除名”案例选辑

军吏梅平得病，除名还家，家居广陵，未至百里，止亲人舍。[2]

二年春正月乙亥，帝诏临朝堂策试秀才。以太子少傅魏收为兼尚书右仆射。己卯，兼右仆射魏收以阿纵除名。[3]

既而赵郡公增年获免，收知而过之，事发除名。[4]

十二年春二月己巳，以蜀王秀为内史令，兼右领军大将军；以汉王谅为雍州牧、右卫大将军。秋七月乙巳，尚书右仆射邳公苏威、礼部尚书容城侯卢恺并坐事除名。[5]

昂从甥李公统坐高归彦事诛。依律，妇人年六十以上免配官。时公统母年始五十余而称六十，公统舅宣宝求吏以免其姊。昂弗知，录尚书、彭城王浟发其事，竟坐除名。[6]

洞林子敬叔，荥阳邑中正、濮阳太守，坐贪秽除名。[7]

---

〔1〕《旧唐书》（第8册），中华书局1975年版，第2783页。

〔2〕《三国志·华佗传》，见《三国志》（第3册），中华书局1964年版，第800页。

〔3〕《北齐书》（第1册），中华书局1972年版，第91页。

〔4〕《北齐书》（第2册），中华书局1972年版，第2035页。

〔5〕《北史》（第2册），中华书局1974年版，第417页。

〔6〕《北史》（第4册），中华书局1974年版，第1182页。

〔7〕《北史》（第4册），中华书局1974年版，第1310页。

及齐亡，周武帝引为御史二命士。后归乡里，自州主簿入为司禄上士，隋文作相，从元帅梁睿击王谦，摄陵州刺史。大定中，授仪同，守邛州刺史。文帝受禅，坐事除名。[1]

昱字元略，起家广平王怀左常侍。怀好武事，数游猎，昱每规谏。正始中，以京兆、广平二王国臣多纵恣，诏御史中尉崔亮穷案之，伏法都市者三十余人，不死者悉除名，唯昱与博陵崔楷以忠谏免。后除太学博士、员外散骑侍郎。[2]

（杨纪）历资州刺史、宗正少卿，坐事除名。后寻复其爵位，拜熊州刺史，改封上明郡公。[3]

既而赵郡公增年获免，收知而过之，事发除名。[4]

抗美容仪，性通率，长于巧思。父卒后，恩遇弥厚，所赐钱帛金宝亦以巨万。位定州刺史，检校幽州总管。炀帝即位，汉王谅反，以为抗与通谋，由是除名，以其弟庆袭封陈公。[5]

秋七月戊申，诏："莱州刺史牛方裕、绛州刺史薛世良、广州都督府长史唐奉义、隋武牙郎将高元礼，并于隋代俱蒙任用，乃协契宇文化及，构成弑逆。宜依裴虔通，除名配流岭表。"[6]

---

〔1〕《北史》（第5册），中华书局1974年版，第1337页。
〔2〕《北史》（第5册），中华书局1974年版，第1491页。
〔3〕《北史》（第5册），中华书局1974年版，第1527页。
〔4〕《北史》（第7册），中华书局1974年版，第1974页。
〔5〕《北史》（第7册），中华书局1974年版，第2178页。
〔6〕《旧唐书》（第1册），中华书局1975年版，第35页。

七月，薛讷与副将杜宾客、崔宣道等总兵六万自檀州道遇贼于滦河，为贼所败。讷等屏甲遁归，减死，除名为庶人。[1]

夏四月乙丑，右相李义府下狱。戊子，李义府除名，配流嶲州。[2]

三、名与民事案件

名对古代民事案件的影响主要体现在两个方面。其中一个维度是指称性的含义，名称、姓名的基本含义关联姓名权纠纷。比如，《名公书判清明集》中记载了诸多“冒名”带来的纠纷。

影响更大的是第二个维度即名的指导性含义，名分思想深刻渗透在传统民事案件的判决之中。中国古代民事关系更多是靠“礼”来调整。礼可视为法，伦常礼教的条目有时即可视为法律条文。古代以礼引导、调整民事行为。《礼记·曲礼》说：“分争辩讼，非礼不决。”《晋书·庾纯传》云：“凡断正臧否，宜先稽之礼、律。”此类说法屡见不鲜。正如俞荣根所言：“民间社会庶黎百姓的衣食住行、婚丧嫁娶、生儿育女、祭祖祀神、农桑渔猎、借贷买卖等日常生活生产活动，即所谓的民事活动，是须臾不可停止的……这套规则便是由礼俗而进之为习惯法来实现的。古代中国的民事法律规则就蕴含在其中。”[3]简言之，民事生活也是由礼来引导的，而礼的核心思想即是名，如杜预在上《律表》的奏章中称“礼之以名分”。

礼教中最关键的就是严守名分，礼教有时也可称为名教。古代人的民事生活深受名思想的影响，尤其是在婚姻、家庭、继承等涉及人身关系的案件中。比如，婚姻是礼制的重要部分，传统“六礼”

---

〔1〕《旧唐书》（第1册），中华书局1975年版，第173页。

〔2〕《旧唐书》（第1册），中华书局1975年版，第84页。

〔3〕俞荣根：《礼法中国：重新认识中华法系》，孔学堂书局2022年版，第86页。

婚姻仪式、离婚“七出”之条等莫不来自礼制。在家庭关系方面，“八议”、“准五服以制罪”、“留养”、“十恶”中的不孝，都是以礼入律的直接表现。晋代“峻礼教之防，准五服以制罪”，也对名分有关的亲族关系进行了系统规定。除了人身关系，中国古代财产关系的处理相对于西方来说，一大特色也在于前者颇受礼法的影响。由名分带来的服制制度，体现人们亲疏尊卑等级关系，这不但影响了古代的刑事法，也影响了古代民事法。从婚姻关系的缔结到夫妻子女在家庭中的地位，从家庭财产的处理到身份和财产的继承等，无不体现服制与名分的影响。诸如反对别籍异财、立嗣遵从礼法等更是众所周知。民事行为除了由国法调整，现实中也依赖家法族规、乡约民俗等，而这些无不把“正名分”视为重要追求。民事案件的判词中亦常出现“名分所在”“尊卑名分”等语词。黄源盛在《中国法史导论》一书中有言：“由于传统中国社会的民事行为，无论户婚、田土、钱债、继承等或深或浅都与尊卑血缘相关，而无所逃于伦常秩序，因此，必然要受到礼的规范与调整。而依礼调整民事行为，解决民事纷争，较之单纯的依法裁决尤受信赖。”[1]

相对来说，古代法律主要为刑律，民事不彰。成规模的民事判词一直到南宋时期方才出现。《名公书判清明集》正是其代表，《名公书判清明集》现存131件判词，几乎都属民事案件。而这些案件也多受名分、礼法观念的影响。以下分析也主要基于《名公书判清明集》所载案例。

（一）《名公书判清明集》有关“冒名”的案件

1. 冒名顶替

每个人都有属于自己的名字。姓名及相应的亲族关系带有特定

---

〔1〕 黄源盛：《中国法史导论》，广西师范大学出版社2014年版，第55页。

性，顶名冒姓侵犯了姓名权，冒认亲族关系也是对礼法的败坏。依照现代法理来看，姓名权是公民依法享有的决定、使用、变更自己的姓名并要求他人尊重自己姓名的一种人格权利。古代当然也有类似的对姓名的权利主张。《名公书判清明集》的判词中就有对顶名冒姓的判决，如吴雨岩的《顶冒可见者三》。吴雨岩展示了多重证据，裁判非常严谨。如其授官的凭证“初补进义校尉绫纸”所载时间乃淳祐七年（1247年），而其以进义转承信诰时间为淳祐六年。按理，初补时间当在先，转官时间当在后，而绫纸所载时间恰恰与此相反，参错颠倒，由此可见其属于顶冒。而另一份证据“承信转保义诰”亦是淳祐七年给，与初补进义绫纸同一年，也不符常理。证据之三是，绫纸小字中余执中的签章皆是楷洗改填，印章淡落，绫帛成色低劣，当属假冒。士大夫官员的判决极为慎重，通过多重实物和层层推理，无懈可击坐实了余执中冒名顶替一案。此案的细节也足见古代对姓名权利的重视及对冒名现象的有效治理。

顶冒可见者三

余执中事，乃前政所断。兹因浙西宪司索案，试将原案阅看，则余执中之罪，未论他事，只是顶冒一节，黥配有余。今索上狱库所收余执中二诰、一绫纸，其初补进义校尉绫纸，乃淳祐七年空月给，其以进义转承信诰，乃淳祐六年给。天下岂有转官岁月在前，初补岁月在后之理，其顶冒可见一也。又以承信转保义诰，亦是淳祐七年给，乃与初补进义绫纸同一年，参错颠倒，其顶冒可见二也。又绫纸小字内，余执中年五十岁饶州凡九字，大字内余执中凡三字，皆是楷洗改填，印章淡落，绫色纰动，其顶冒可见三也。今详西宪备到本人状内不明言乞改正，此顶冒官职而从言改正，又不知顶冒被配人尚可改正作士人否也？事不在本司，但西宪未知因依，有索人案之牒，案合即时

> 发去，人岂可轻易泛追。若欲追词人余执中，则彼方避本司如仇，必自己在司伺候矣。告仍寄狱库，候仍录原案存照，牒报浙西提刑司。[1]

2. 冒立官户、冒认祖先

现实生活中顶名冒姓、冒认亲族的现象也不少。《名公书判清明集》单独设立了“顶冒”一篇，记录了不少案例。有的人为了自身利益，嫌弃自家祖先不够显达，反以他人祖先为祖先，私自创立名目，冒认祖先。这种行为违背了礼法，背离恩德，睽违礼仪，令人不齿。同时，这也违反了国家户籍管理制度。上述两项行为都与名紧密相关。《名公书判清明集》中“顶冒冒立官户以他人之祖为祖”一案中，李克义与少卿亲族关系疏远，却谎称是其直系子孙，创立官户，蒙蔽官府，贻笑后世。判官认为，“子孙而鄙薄其祖先矣，悖德悖礼，罪孰甚焉”，同时责令将李克义所立少卿户名目下改正。在审判过程中，判官也较为慎重，试图通过诰命原件与墓志铭原件来验证，但这两项证物尚未找到，因此不欲遽然结断。

> 顶冒冒立官户以他人之祖为祖
>
> 古之为宫室者，不斩丘木，所以广庆也。李克义欲修岳庙，而乃毁伤李克义祖墓之松柏，宜乎其起争也。李克义本令勘杖一百，且念其为名家之后，特存善善及子孙之意，罚赎。蒋才进、刘文通轻信李克义之言，辄操斧斤，肆行剪伐，虽曰有以使之，然松柏从而为灾，乌得无罪，各寄决小杖十二。李克义以少卿疏远之族，而诈称位下子孙，创立户名，以欺罔官司，凭依声势，以武断乡曲，揆之于法，其罪已不可逃矣，而其得罪于祖先，则又有大焉！

---

〔1〕 周名峰校释：《名公书判清明集校释（官吏门·赋役门·文事门）》，法律出版社2019年版，第105页。

不爱其亲而爱他人者，谓之悖德；不敬其亲而敬他人者，谓之悖礼。郭崇韬哭子仪之墓，贻笑万世。狄武襄不肯冒认梁公为祖，民到于今称之。盖祖先者，吾身之所自出也，定于有生之初而不易者也。其为人虽有穷达、贤不肖之异，而子孙之所以爱之敬之，则一而已矣。象之后不得舍象而祖舜，管、蔡之后不得舍管、蔡而祖周公，宋祖帝乙，郑祖厉王，亦各言其祖也。今李克义舍自己之祖，而以他人为祖，岂不以吾祖为穷，而慕他人之显欤！如此则是以子孙而鄙薄其祖先矣，悖德悖礼，罪孰甚焉。本合重行科断，以正风俗而厚人伦，且近以因斗殴遭杖责，特免收坐。所有索到官告，非系大卿位者，并给付李克刚收管，佥厅点对发还。帖押李克义下县，将所立少卿户名目下改正。

冒解官户索真本诰以凭结断

李克义之非少卿嫡派，其大略已可概见。今以真本诰命与真本墓志未到，不欲遽然结断。但李克义、李克刚有事在官，是非曲直，只当听候官司剖决。而李克义乃敢聚凶徒鼓噪街市，捕逐克刚，直至县庭而后止。狠暴之气既不得逞于克刚，遂肆于刘七，伤至流血，痕迹俱存。及至下厢体究，复于厢官之前，又与其徒再将刘七殴打。夫禁城之内，太守在焉。县庭之内，令尹在焉。此皆吏民之所俯伏而敬畏者也。而李克义独无忌惮如此，则是不复知守、令矣。为部民而不知守、令者，则将何事不可为哉！本合便行断遣，又恐其于李少卿万一少有瓜葛，亦不能无投鼠忌器之疑，且从轻勘下杖一百，长枷监同时下手打刘七，仍市曹令众五日，并索李少卿真本诰命与真本墓志，以凭参对结断。[1]

〔1〕 周名峰校释：《名公书判清明集校释（官吏门·赋役门·文事门）》，法律出版社2019年版，第101—103页。

3. 借名避役

《名公书判清明集》记录了“借名避役”的现象。某人的田产借赵姓假名以逃避服役，后来田产被赵姓人所侵夺，官员在判词中也认为这是他自作自受，“亦所自取，无足悯者”。

借名避役

始借赵姓诡名以避役，今为赵杙夫所夺，亦所自取，无足悯者。牒军催已断因依申。[1]

4. 假借户名

假借他人户名或者设立假名化名的户籍以隐藏田产，欺骗官府，都属违制，当受处分。翁浩堂所判“受人隐寄财产自辄出卖”一案中吕千五所作所为正属于隐瞒寄托、假借户名。

受人隐寄财产自辄出卖

江山县詹德兴以土名坑南、牛车头、长町丘等田，卖与毛监丞宅。有本县临江乡吕千五者入状，陈称上件田系其家物，詹德兴盗卖。今据毛监丞宅执出缴捧干照，有淳熙十六年及绍熙五年契两纸，各系詹德兴买来，又有嘉熙四年产簿一扇，具载上件田段，亦作詹德兴置立，不可谓非詹德兴之业矣。又据吕千五执出嘉定十二年分关一纸，系詹德兴立契，将上件田段典与吕德显家，观此则又不可谓非吕千五之家物也。推原其故，皆是乡下奸民逃避赋役，作一伪而费百辞，故为此之纷纷也。吕千五所供，已明言乃父因乡司差役，将产作江山县重亲詹德兴立户，即此见其本情矣。在法：“诸诈匿减免等第或科配者，以违制

〔1〕 周名峰校释：《名公书判清明集校释（官吏门·赋役门·文事门）》，法律出版社2019年版，第169页。

论。”〔注〕谓：“以财产隐寄，或假借户名，及立诡名挟户之类。如吕千五所为，正谓之隐寄、假借。既立产簿，作外县户，却又兜收詹德兴典契在手。赋役及己，则有产簿之可推，户名借人，又有典契之可据，其欺公罔私，罪莫大焉。今智术既穷，乃被詹德兴执契簿为凭而出卖，官司既知其诈，而索以还之，是赏奸也，此吕千五之必不可复业也。詹德兴元系吕千五之的亲，故受其寄，及亲谊一伤，则视他人之物为己有，不能经官陈首，而遽自卖之。在法：即知情受寄，诈匿财产者，杖一百。”詹德兴受吕千五户之寄产，自应科罪，官司既知其伪，而遂以与之，是诲盗也，此詹德兴之必不可以得业也。西安税赋陷失，科配不行，邑号难为者，皆因乡民变寄田产所致。当职或因索干照而见，或阅版籍而知，未能一一裁之以法，亦未见有寄主与受寄人如是之纷争也。上件田畆以人情，参以法意，吕、詹二家俱不当有。毛监丞宅承买，本不知情，今既管佃，合从本县给据，与之理正。两家虚伪契簿，并与毁抹附案。詹德兴卖过钱，追充本县及丞厅起造，牒县丞拘监。詹德兴已死，吕千五经赦，各免科罪，詹元三留监，余人放。[1]

（二）《名公书判清明集》与名分思想

《名公书判清明集》中许多民事案件的裁决也多受名分、礼法观念的影响。中国古代的司法官们并不局限于以律法条文作出裁判，往往还要依照礼教名分的观念对民众进行教谕。如《不当立仆之

〔1〕 周名峰校释：《名公书判清明集校释（户婚门）》，法律出版社2020年版，第62—63页。

子》判词中，批判“以仆之子为弟之子”的不当立嗣行为是自辱其身、上辱祖先，判词中一再告诫“名分所在，百世不易”，还使用了“名教罪人”一词指责族人争讼等不当行为。叶岩峰《争立者不可立》的判词指出，通过诉讼强立为他人之嗣的行为，不符名分，判词中还明确宣示，“尊卑名分，截然不可犯”。范西堂《无证据》一案中，认为仆人之子自然不能认定为主家之子，父子关系不可以强合，还反驳那些滋事之辈“何不俾正父子之名于一时，绝纷争之祸于他日”。蔡久轩《背母无状》维护母子名分，批评作恶者“出继男入词，率子攻母”，还批评之前审理此案的官员只问财物的下落，却不知更重要的是“正母子之名”。莆阳所判《主佃争墓地》训斥恶意争夺墓地者“不顾名分，变易南北，烦惑官司”，如此行事是“世降俗薄，名分倒置，礼义凌迟”。蔡久轩《将已嫁之女背后再嫁》判词中则认定将已嫁之女再归本家，是“名不正，则言不顺”。这些判决都有共同的特点，既揆之以法，又析之以理，将律法条文与名分礼教融为一体，堪称妙判。

1. 不当立仆之子

传承香火、光大门楣是传统社会极为重要之事。如果名下无子，一般以同宗之子承继，谓之立嗣。绝不可乱立他人，否则是祸害家族、破坏名分。《名公书判清明集》中有《不当立仆之子》判词一份。其中黄以安不幸早逝，无子，雷焕为其叔，黄以宁为其兄。黄以宁却操纵将黄家仆人的儿子立为黄以安后嗣。判词中因而斥责其“以宁亦何忍以仆之子为弟之子，非特辱其弟，辱其叔，亦自辱其身，而上辱祖先矣”。判词中一再告诫“名分所在，百世不易”，还使用了“名教罪人”一词形容族人争讼等不当行为。足见名分观念对古代民事案件影响之深。

> 不当立仆之子
>
> 黄以安不幸早逝，无子，雷焕为之叔，以宁为之兄，

所当哀矜恻怛，徇公协心，为之立继，使嗣真得所托，家业可保勿替，此父兄之责也。今以宁不告其叔，自此继立，为是雷焕力诋其侄，深以所立为非，盖叔侄素有间隙，各有所为而为之，其实非真为亡者计。诛心而论，源头既不正当，宜其纷纷。事既到官，只当以理法处断。详史权县四不可之判，据法甚明，若事实果合法意，则雷焕为名教罪人，当无所容喙矣。但阿袁如果非所生，而谓出于生母之命，曹老如果非姓黄，而欲立为黄氏之子，则是虽有此法，实无此事，何以绝雷焕之词？况曹老父子如果姓徐，又素为黄氏仆，履虽鲜，不可加于枕，名分所在，百世不易。以宁亦何忍以仆之子为弟之子，非特辱其弟，辱其叔，亦自辱其身，而上辱祖先矣。堂堂大族，岂无昭穆相当之人。偏词虽未可信，但立继之时，不使其叔与闻，亦有可疑，合追阿袁、阿汤与曹老父子出官供对，及会问黄氏诸尊长，要见阿袁是不是生母，曹老是不是姓徐，阿汤是不是情愿命继，则曲直可以立判。但追人赴军，恐成淹延，新知县尽自聪明，牌押下县，着实追对，从公结绝，申。万一曹老不当立，雷焕有子无孙，亦无可立之人，请知县再请宗族亲戚识道理者，合谋选立，以尽存亡继绝之义。郡守职在宣化，每欲以道理开导人心，闾阎小人，无不翻然悔悟，近来亲戚骨肉之讼，十减七八。黄亦儒家，雷焕又号白眉，纵以宁所为有未尽善处，当教训包涵之，毋怀忿疾，但使以安有后，则为叔之道得矣。以宁亦当遵从亲叔教训，毋为异议所惑，各全伦理。此太守之重望。[1]

---

〔1〕 周名峰校释:《名公书判清明集校释（户婚门）》，法律出版社 2020 年版，第 185 页。

2. 争立者不可立

叶岩峰《争立者不可立》判词载明，张介然身故，其妻刘氏尚存，其长子张迎早丧而无子。张介然的族人张达善却称叔张迎亡嗣，自认他应承继。刘氏则不愿立张达善。一则张达善随所生母嫁郑家，抱养后遂为郑氏之子。二则张达善原系张自守之子，而自守之户已绝，若欲继张氏，也当继自守之户，而非继承张迎一脉。“舍抱养之家，绝亲父之后，反欲为他人之嗣”，自然不符名分。而且立嗣当从祖父母、父母之命，“祖母刘氏在堂，寡妇陈氏尚无恙”，若要立嗣，自然由她们做主，选择族中贤子弟。张达善却挑起诉讼，硬欲为人之后，这种强行立嗣的做派是“待尊长如此悖慢”，若使继绍，其后决不孝养重亲，肯定会侵夺财产，埋下祸根。因此判决勘杖张达善八十，断绝强继的可能。该判词如理如法，并且庄严宣示，“尊卑名分，截然不可犯”。

争立者不可立

照得张介然有三子，介然身故，其妻刘氏尚存，其长子张迎娶陈氏，早丧而无子。盖刘氏康强，兄弟聚居，产业未析，家事悉听从其母刘氏之命，所以子虽亡，寡妇安之，此不幸中之幸也。今有族人张达善状，称叔张迎亡嗣续，自以昭穆相当，今应承继。刘氏年老垂白，屡造讼庭，不愿立张达善，其词甚功。窃详所供，见得张达善不当继绍有三。据刘氏状称，张达善随所生母嫁郑医，抱养于彼家，遂为郑氏之子，有县案可证。又据刘氏状称，张达善原系张自守之子，兄弟两人，其兄全老漂荡不归，死于淮甸。自守之户已绝，若欲继张氏，合当继自守之户。此说亦有理，岂可舍抱养之家，绝亲父之后，反欲为他人之嗣，此不可一也。在法：“立嗣合从祖父母、父母之命，若一家尽绝，则从亲族尊长之意。”今祖母刘氏在堂，寡妇陈氏尚无恙，苟欲立嗣，自能选择族中贤子弟，当听其志向可否。张达善不此之思，反执族长张翔道之状，以为当立，安知非偏词曲证。何况张达善自画宗枝图，初无翔道名，显非亲族属。岂有舍亲祖母之命，妄从远族人之说，硬欲为人之后，此不可二也。更以张达善供责观之，达于取刘氏为叔祖母，陈氏为叔婶，张肖祥、梓为堂叔，尊卑名分，截然不可犯。今张达善之状，一则欲追陈氏，二则欲押出二叔，三则称老瘫叔祖婆阿刘出官，抵睚甚至，诬诉变寄财产，意在追扰，迫之命立，可谓无状。其待尊长如此悖慢，若使继绍，其后决不孝养重亲，敬奉二叔，必至犯上陵下，争财竞产，使平日之和气索然，一家之物业罄矣！岂有追叔祖母之子妇，谋叔母之产业，而可为人子孙乎？此不可三也。世俗浮薄，知礼者少，嗣续重事，固有当继而不屑就者，未闻以讼而可强继。既相攻如仇敌，有何颜面可供子弟之职，岂不流为恶逆之境，此等气习不可不革。今仰刘氏抚育子妇，如欲立孙，愿与不愿悉从其意。张达善勘杖八十，且与封案，再犯拆断。[1]

3. 正父子之名

名公范西堂判词《无证据》载明一案。饶操颇有田产，却遗憾无子，只好收养一子。身死十年之后，有一个叫李五的人宣称自己是饶操庶出的亲子，要求归宗并继承其家产。经查明，当年，李五之母是曾嫁于饶操，但后被逐出饶家，并嫁给饶操家仆李三，李三也已经亡故十余年。李五实乃李三之子。李五辩称，当年其母被逐之时，已经怀孕，后才嫁与李三。范西堂引证了律条，“诸别宅之子，其父死而无证据者，官司不许受理”。二十年间，李五常往来饶

〔1〕 周名峰校释：《名公书判清明集校释（户婚门）》，法律出版社 2020 年版，第 190 页。

操家，若有证据证明其为饶操之子早就相认了，“必严主仆之分”。当初母死而不持母之丧，“今父死而欲分父之业”，明显只在图谋财产。而父子关系是不可以强合的。名公还批评族中其他支持李五搅事的人，“当操存日，何不俾正父子之名于一时，绝纷争之祸于他日”。范西堂引用律法，并依情理推断，严守父子大义名分，作出了合乎法理与情理的裁决。

无证据

饶操无子，养应申以为子，傥果有庶出之亲子，不自抚育，并母逐去，以嫁其仆李三，非人情也。今李三之子李五，谓其母怀孕而出，以嫁李三，自陈归宗，何所据而然也。准法：诸别宅之子，其父死而无证据者，官司不许受理。李五生于李三之家，年逾二十，父未尝以为子，其无证据也决矣。李三，饶操之仆也，二十年间，往来饶操家，不知其几，必严主仆之分，欲为子者果如是乎？据李五所供，谓是生母之出，母实逐之，理固有此，第母死十年之后，饶操身故十年之久，非一朝夕，饶操胡为一并弃逐。初母死而不持母之丧，今父死而欲分父之业，夫岂可行！越年二十，明居李三之家，而阴为饶操之子，天下岂有无父之国哉？夫父子，天性也，不可以强合，纵是其己之所出，而父不认，亦无可强之理，矧为伪乎？昔卫太子归诣北阙，公交车以闻，是否未可知也，众方艰于区处，京尹隽不疑乃叱从吏收缚，谓太子得罪先帝，亡不即死，今来自诣，是罪人也，诏狱而竟得其伪。夫大义所在，古今不易之理，家国虽异，其理则同，以义断之，何所容喙。缘李五出没于族人之家，往往多有主之者，若问族长，必有出而证其实。大饶操过房应申，族多不平，乘机抵巇，令得以骋。若果崇笃族义，其行以公，当操存日，何不俾正父子之名于一时，绝纷争之祸于他日。胡为操死之后，遽相扶持，以图终讼，族义之薄，莫甚于此。郡县所断，反复辩证，如见肺肝。今之为政，非曰知之艰，必须行之果也，及至无讼，家已用丧，卒堕族人之奸。李五勘杖一百，编管邻州。李三本是饶操地客，押出县界，有词决配。[1]

4. 正母子名分

该案王氏告夫之义子许万三。王氏当年夫亡子幼，招许文进为接脚夫。许文进将义子许万三一起带来。许文进用王氏前夫之财经营致富，许万三成人后，王氏又为之娶妻，与之家产，王氏亲子死后一直未曾立嗣，实为厚待许万三。当年许文进病重时，曾口授遗嘱，吩咐家事，正欲杜绝许万三背母之心。而许万三纵容妻子悖慢婆母王氏，又将户口籍册“盐筴”席卷而走。提刑官蔡久轩审此案，批评许万三“出继男入词，率子攻母，二不可也”。而且出庭之时，许之生父为帮凶，对王氏擒扭无理，许在家中恶逆行为便可知矣，无天理人伦可言。许万三夫妻本与王氏同居侍奉，名公判决若许万三再咆哮不孝，定将子妇列为不孝之罪。蔡久轩还批评之前审理此案的林某，只问财物的下落，不知正母子之名。此案中，蔡久轩鞭挞恶逆之子，正母子名分，有理有据。

背母无状

详王氏所供，初事张显之为妻，显之既死，只有男张大谦。王氏以夫亡子幼，始招许文进为接脚夫。许万三者，乃许文进之义子，带至王氏之家者也。许文进用王氏前夫之财，营运致富。其许万三长成，王氏又为娶妇，悉以家计附之，虽前夫亲生之子已死，不复为之立继，所以

〔1〕 周名峰校释：《名公书判清明集校释（户婚门）》，法律出版社2020年版，第325页。

抚育许万三之恩，可谓厚矣。今年四月，许文进病重，口令许万三写下遗嘱。分付家事，正欲杜许万三背母之心。许万三从而窃之，固已无状，且纵其妻阿戴悖慢其姑，又将盐筴席卷而去，有是理哉？王氏有词，夫岂得已，本州岛委林都监究实，不能正其母子之名分，乃只问其财货之着落，舍本求末，弃义言利，知有货利，而不知有母子之天。鄙哉！武夫何足识此。尤可怪者，王氏方诉于本司之庭，忽有许文通者，突然执状而出，曳王氏而前，若擒捕一贼之状，押下供对，乃知许文通者，乃许万三所生之父。所供之状与所执之状，字画已出两手，无故而欲干预孀妇家事，一不可也；又为出继男入词，率子攻母，二不可也。违背公理，入脚行私，孀妇在公庭，犹且为其擒纽欺撼。则其在私家可知矣，则其助所生之子，以悖所养之母，又可知矣。当职亲见其无状，心甚恶之，谁无父母，谁无养子，天理人伦，何至于是！许文通勘杖八十，封案，如敢更干预王氏家事，即行拆断，牒州差人管押。许万三夫妻及财本与王氏同居侍奉，如再咆哮不孝，致王氏不安迹，定将子妇一例正其不孝之罪。仍门示。[1]

5. 主佃争墓地

名公莆阳所判。南宋年间，吴春诉王生掘土、斫木，填塞祖墓，继而卓清夫论吴春、吴辉殴伤人，阑丧，碎碑，不许安葬。卓清夫执出分书执状，称吴春之祖等，原是本家佃人，投恳本家，因祖父无地可葬，遂以大广坟山右畔一穴与之，明约不许侵占别地。吴春则执有吴柽契一道，载用钱买得墓地一片。吴春还称山上安葬祖墓五穴，已五十余年。县主簿亲赴地头定验，查清吴春所画山图，故

〔1〕 周名峰校释：《名公书判清明集校释（户婚门）》，法律出版社 2020 年版，第 328 页。

意颠倒方向，欺罔官府。审查其契书的交易时间也与吴春所说已葬祖墓五十年自相矛盾。名公断明墓地归属，并训斥“吴春、吴辉殴人阑丧，不顾名分，变易南北，烦惑官司”，如此行事是“世降俗薄，名分倒置，礼义凌迟”。

主佃争墓地

……吴春所执则有吴桯契一道，用钱二贯足，买得江彦山一片，土名大广北坑口陇头，且称山上安葬祖墓五穴，已经五十余年，栽插茂盛。当职自到地头，唤集邻保、两词，同登山究实，得见大广之北山望南有吴家墓一穴，东去不出十丈，则却有古墓一穴，卓清夫所开新穴，正在古墓之右，去吴家墓凡六丈许，旁下别无五穴来由，亦无填塞之处。再三审问，众口一辞。吴春复以四邻尽被卓家买嘱，独有切邻魏七七可证，引上一问，又复如是。吴春兄弟相顾羞然骇汗。甚矣！世降俗薄，名分倒置，礼义凌迟，徒以区区贫富为强弱也。卓清夫先世儒者，佃人求葬，割地与之，仁人君子用心也。再传而后，子孙衰弱，主佃易势，吴春、吴辉不念旧恩，嚣然吠主，得陇望蜀，敢觊并吞。若使卓氏无先见之明，不有经官执状可据，则及今言之，纵百喙，何辨哉！吴春最是欺罔者，东、西、南、北，天地不易之位，吴春经县画出山图，敢以南为北，以西为东，地头众证，胡涂指射，且有移步换形之说，决以地罗，其诈遂穷。果如吴春所供，祖充保正，非卓之佃，自山自葬，非卓之地，安厝果有五穴，经历五十余年，则以契考之，吴桯与江彦交易，自系嘉定十六年税契，在法，典卖年月只凭印契，岂有未到官，未交业，而预卜葬于他人山之理？借使私下批凿，年月可据，则自淳熙十年至嘉定十六年，凡经四十载，藏匿白契，果法邪？何况江彦所卖之山，明称大广北坑口，四至登带，西至卓县尉田，南至牛路及卓县尉山，则今来开穴，自是在大广北山之南，牛路分水之下，非卓家山而何？邻保佥言，官司目击，吴春兄弟岂可徒知今日之得地，不思乃祖之乞怜，才得染指其间，便欲席卷而去。但北山元有古墓一穴，邻保咸谓久年无人祭祀，吴家以为祖墓固不可，卓氏欲以为叔母陈氏坟，何可凭？几年茅苇，曾不得为马医夏畦之鬼，一旦交恶，乃争欲下郭崇韬之拜，殊可笑也。所有大广北山头分水而南，牛路为界，除卓县尉元克为吴家安葬一地外，尽合还卓宅承分子孙管业。吴辉、吴春殴人阑丧，不顾名分，变易南北，烦惑官司，欲各勘下杖六十，照监元责偿钱入官。若更怙终健讼，合照元约断罪监移，庶可为小人忘恩犯分，贪婪无厌者之戒。案具定断事理申，更取自县衙斟酌施行，两词并元案发解。[1]

6. 已嫁之女再归"名不正"

在"将已嫁之女背后再嫁"一案中，判官蔡久轩认为，阿吴受公公胡千三的调戏，"虽未成奸，然举措背离甚矣，阿吴固难再归其家"。判官认为，如果强行判令阿吴再回到胡千三家，则有可能引起阿吴投水自缢之祸，同时又指出，"然背夫盗嫁，又岂可再归胡氏之家。名不正，则言不顺"，故判决同意阿吴改嫁。

将已嫁之女背后再嫁

胡千三戏谑子妇，虽未成奸，然举措悖理甚矣，阿吴固难再归其家。然亦只据阿吴所说如此，未经官司勘正听。而其父吴庆乙受其兄吴大三之教，遽将阿吴收匿，背

[1] 周名峰校释：《名公书判清明集校释（户婚门）》，法律出版社 2020 年版，第 376 页。

后嫁与外州人事，乃妄经本司，诉其女不知下落，设使根究不出，岂不重为胡千三之祸？揆之以法，合是反坐，吴庆乙勘杖一百，编管邻州。若妄诉一节，亦是吴大三所教，则吴大三当从杖编管，而吴庆乙可免。帖县追吴大三根究，解从本司施行。阿吴若归胡千三之家，固必有投水自缢之祸，然背夫盗嫁，又岂可再归胡氏之家。名不正，则言不顺，本县责付官牙，再行改嫁，所断已当，此事姑息不得。胡千三未经勘正，难以加罪。如再有词，仰本县送狱勘正其悖理之罪，重作施行，以为为舅而举措谬乱者之戒。[1]

（三）其他民事案件与名分思想

明代名臣海瑞曾总结了一套处理民事存疑案件的方法："窃谓凡讼之可疑者，与其屈兄，宁屈其弟；与其屈叔伯，宁屈其侄；与其屈贫民，宁屈富民；与其屈愚直，宁屈刁顽。事在争产业，与其屈小民，宁屈乡宦，以救弊也；事在争言貌，与其屈乡宦，宁屈小民，以存体也。"[2]可谓直接按照"亲亲""尊尊"的名分礼教思想来断案。黄仁宇在《万历十五年》中批评这种僵化恪守礼教的思想"暴露了我们这个帝国在制度上长期存在的困难"[3]。但也有学者赞成海瑞此举，甚至将其总结为"海瑞定理"。检诸史料，海瑞所说未必只是一种理想化的描述，也曾经成为某些案件中裁判的现实。古代官员在审理民间财产诉讼时，常根据重名分的儒家思想原则来定分止争，而不是严格的律文，所谓"循礼终于依法"。比如古代"兄弟讼田"

---

〔1〕 周名峰校释：《名公书判清明集校释（户婚门）》，法律出版社 2020 年版，第 407 页。

〔2〕 陈义钟编校：《海瑞集》（上册），中华书局 1962 年版。

〔3〕 黄仁宇：《万历十五年》，生活·读书·新知三联书店 1997 年版，139 页。

一类案件颇多，判案的官员一般都是晓以伦常名分，以礼教思想感化其息讼，而非僵化依据律文裁决。

1. “兄弟讼田”系列案件

清代名吏陆稼书任知县时，有兄弟二人为争财产讼于县衙。陆不用正常的诉讼程序，不言其产之如何分配，或者追问谁曲谁直，但令兄弟互呼，此唤弟弟，彼唤哥哥，未及五十声，兄弟已各泪下沾襟，自愿息讼。最终判决“所有产业，统归长兄管理，弟则助其不及，扶其不足”。陆稼书直接按兄弟名分、依据兄弟情理判案。

> 夫同气同声，莫如兄弟，而乃竟以身外之财产，伤骨肉之至情，其愚真不可及也……所有产业，统归兄长管理，弟则助其不及，扶其不足……此旧怨已消，新基共创，勉之。勉之。〔1〕

宋代张洽担任袁州司理参军时，有兄弟争财，张洽以兄弟手足之情的伦常思想教化之，称“孰与各守分以全手足之爱乎？”要兄弟安守名分，成功息讼，此举甚至感化了怙恶不悛的盗贼。

> 张洽字元德，临江之清江人……改袁州司理参军。有大囚，讯之则服，寻复变异，且力能动摇官吏，累年不决，而逮系者甚众。洽以白提点刑狱，杀之。有盗黠甚，辞不能折。会狱有兄弟争财者，洽谕之曰：“讼于官，祇为胥吏之地，且冒法以求胜，孰与各守分以全手足之爱乎？”辞气恳切，讼者感悟。盗闻之，自伏。〔2〕

清朝雍正年间，在广东普宁县任知县的蓝鼎元办过一起兄弟争

〔1〕〔清〕陆稼书：《兄弟争产之妙判》，转引自〔清〕曾国藩、李鸿章等：《绝妙判决书》，海南国际新闻出版社 1993 年版，第 18 页。

〔2〕《宋史》第 36 册，中华书局 1985 年版，第 12785—12786 页。

遗产的诉讼案，为人称道。当地村民陈智有两个儿子，长子阿明和次子阿定。父亲在世时，兄弟两家和睦相处，父亡故后兄弟争讼。清雍正五年（1727 年）兄弟为父亲遗产七亩地来到县堂。兄弟都说，“这些田是父亲给我的”。兄长阿明并递上父亲手书将田产交给长孙的遗嘱。阿定亦递上父亲临终遗嘱。知县说，既然你们都对，责任在你父亲，应当把他的棺材劈开。二人无话可说。知县命令差役用一根铁索把两人拴在一起，同吃、同坐、同睡、同时大小便。起初二人相互怨恨，互不理睬。几天以后，相互说话，感受了亲情扶助，并有悔改之意。经过说服教育，兄弟二人互相推让田产。知县后判决，这些田产作为其父亲典祭的资财，兄弟二人轮流收租祭祀，子子孙孙永无争端。族长、兄弟、妯娌叩头称好，再三拜谢而去。

> 故民陈智有二子，长阿明，次阿定。少同学，长同耕，两人相友爱也。娶后分户异居。父没，剩有余田七亩。兄弟互争，亲族不能解，至相争讼。阿明曰：“父与我也。”呈阄书阅之，内有“老人百年后，此田付与长孙”之语。阿定亦曰：“父与我也。”有临终批嘱为凭。余曰：“皆是也。曲在汝父，当取其棺斫之。”阿明、阿定皆无言。
>
> 余曰：“田土，细故也。弟兄争讼，大恶也。我不能断。汝两人各伸一足，合而夹之。能忍耐不言痛者，则田归之矣。但不知汝等左足痛乎？右足痛乎？左右惟汝自择，我不相强。汝两人各伸一不痛之足来！”
>
> 阿明、阿定答曰：“皆痛也。”余曰：“噫！奇哉。汝两足无一不痛乎？汝之身，犹汝父也。汝身之视左足，犹汝父之视明也；汝身之视右足，犹汝父之视定也。汝两足尚不忍舍其一，汝父两子，肯舍其一乎？此事须他日再审。”命隶役以铁索一条两系之，封其钥口，不许私开。使阿明、阿定同席而坐，联袂而食，并头而卧。行则同起，居则同

止，便溺粪秽，同蹲同立，顷刻不能相离。

…………

阿明、阿定皆叩头号哭曰：“今不敢矣。”余曰：“不敢何也？”阿明曰：“我知罪矣。愿让田与弟，至死不复争。”阿定曰：“我不受也。愿让田与兄，终身无怨悔。”余曰：“汝二人皆非实心，我不敢信。”二人叩首曰：“实矣。如有悔心，神明殛之。”知：“汝二人即有此心，二人之妻亦未必肯。且归与妇计之，三日来定议。”

越翼日，阿明妻郭氏、阿定妻林氏，邀其族长陈德俊、陈朝义，当堂求息。娣姒相扶携，伏地涕泣，请自今以后，永相和好，皆不爱田。

阿明、何定皆泣曰：“我兄弟蠢愚，不知义理，致费仁心。今如梦初醒，惭愧欲绝，悔之晚矣。我兄弟皆不愿得此田，请舍入佛寺斋僧，可乎？”余曰：“噫！此不孝之甚者也。言及舍寺斋僧，便当大板扑死矣。汝父汗血辛勤，创兹产业。汝弟兄鹬蚌相持，使秃子收渔人之利，汝父九泉之下能瞑目乎？为兄则让弟，为弟则让兄。交让不得，则还汝父。今以此田为汝父祭产，汝弟兄轮年收租备祭，子孙世世永无争端。此一举而数善备者也。”

于是族长陈德俊、陈朝义皆叩首称善教，阿明、阿定、郭氏、林氏悉欢欣感激，当堂七八拜，致谢而去。兄弟、妯娌相亲相爱，百倍曩时。民间遂有言礼让者矣。[1]

古代此类“兄弟讼田”案件极多，判案的官员多以礼教名分思想感化其息讼。

延寿不得已，行县至高陵，民有昆弟相与讼田自言，

〔1〕 蓝鼎元:《鹿州公案 · 兄弟讼田》。

延寿大伤之，曰：“幸得备位，为郡表率，不能宣明教化，至令民有骨肉争讼，既伤风化，重使贤长吏、啬夫、三老、孝弟受其耻，咎在冯翊，当先退。”是日移病不听事，因入卧传舍，闭阁思过。一县莫知所为，令丞、啬夫、三老亦皆自系待罪。于是讼者宗族传相责让，此两昆弟深自悔，皆自髡肉袒谢，愿以田相移，终死不敢复争。延寿大喜，开阁延见，内酒肉与相对饮食，厉勉以意告乡部，有以表劝悔过从善之民。延寿乃起听事，劳谢令丞以下，引见尉荐。郡中歙然，莫不传相敕厉，不敢犯。延寿恩信周遍二十四县，莫复以辞讼自言者。推其至诚，吏民不忍欺绐。[1]

任天宠，字清叔，曹州定陶人也，明昌二年进士，调考城主簿，再迁威戎县令。县故堡寨，无文庙学舍，天宠以废署建。有兄弟讼田者，天宠谕以理义，委曲周至，皆感泣而去。[2]

魏溶，蒲圻人，正德末知邻水……有兄弟讼田，溶谕之曰：“世间最难得者兄弟，田易得耳。”各泣谢而退。[3]

2. 安崇绪诉继母争夺遗产案

宋朝时，四川广安有户主名安知逸，正妻早亡，无子，娶了继妻冯氏、小妻高氏，仍无子。又买了小妾蒲氏，终于与蒲氏生子，取名安崇绪。冯氏与安知逸曾离婚，但后又回来主持家务。安知逸病故，留下三处田宅。冯氏与高氏私下商议，剥夺蒲氏母子的继承

[1]《汉书·韩延寿传》，见《汉书》（第10册），中华书局1962年版，第3213页。
[2]《山东通志》卷二十八之二。
[3]《四川通志》卷七上。

权，把田宅统统瓜分，并把母子二人赶出家门。安崇绪成年后，目睹母亲所遭不公待遇，一怒之下到官府控告冯氏，以冯氏曾经与父亲离婚为理由，要追回被她非法侵夺的父亲遗产，认定自己的继承权。谁知此案最终经大理寺审断之后，不仅没有认定安崇绪的继承权，反而判处他死刑。

因为根据《宋刑统》规定，无论嫡母、继母、慈母，如果奉养，应该与亲生母同样对待。而子女控告父母则违背礼法，属于于“十恶”大罪中的“不孝”之罪，须判处绞刑。有少数官员支持大理寺的判决，认为冯氏与安崇绪之间继母子的名分关系没有改变，因此应该按照大理寺的原断，处死安崇绪。但是，更多的大臣认为，蒲氏为妾，虽然卑贱，但她是安崇绪的亲生母亲。冯氏排斥他们母子，私自占有安家的田宅，是非法强占行为。安崇绪之所以要控告冯氏，是为了供养亲生母亲，不应列入不孝。且如果处死安崇绪，安家无辜绝后，更违背伦理。因此建议，安崇绪作为安家唯一的儿子，是其父安知逸遗产的合法继承人，所有田宅一律归其所有。同时，令冯氏与蒲氏同居一处，由安崇绪供养。安崇绪对继母冯氏应当视如亲母，尽到终身供养服侍的义务，不得有缺。皇帝宋太宗支持这一意见，他最后裁定，以特赦的办法免除安崇绪的死罪，依照民事纠纷处理安家的财产问题。从此案也可见，庶子依然有继承家产的权利。

> 端拱初，广安军民安崇绪隶禁兵，诉继母冯与父知逸离，今夺资产与己子。大理当崇绪讼母，罪死。太宗疑之，判大理张佖固执前断，遂下台省杂议。徐铉议曰：“今第明其母冯尝离，即须归宗，否即崇绪准法处死。今详案内不曾离异，其证有四。况不孝之刑，教之大者，宜依刑部、大理寺断。”右仆射李昉等四十三人议曰：“法寺定断为不当。若以五母皆同，即阿蒲虽贱，乃崇绪亲母，崇绪特以

田业为冯强占，亲母衣食不给，所以论诉。若从法寺断死，则知逸何辜绝嗣，阿蒲何地托身？臣等议：田产并归崇绪，冯合与蒲同居，供侍终身。如是，则子有父业可守，冯终身不至乏养。所犯并准赦原。”诏从昉等议，铉、佖各夺奉一月。[1]

〔1〕《宋史·刑法志》，见《宋史》（第14册），中华书局1985年版，第5005—5006页。

第四章 古典文学作品中的法与名

文学作品是社会生活和思想意识的反映。法律与文学的交叉研究具有特别的意义。对法律来说，借助文学的视角能够让传统的法律研究变得生动形象，法律刻板的条文变得生动逼真。文学故事让古今法案的呈现更加多姿多彩，打破了法律教义学的单调，展示了司法制度在社会中的具体运行方式。对文学来说，法律因素的引入也让文学富有社会关怀，使读者能够更好地理解文学作品的时代背景与思想内涵。

名是传统文化中的重要范畴，其衍生的刑名、名分、名教、名法、名位、名号等概念既活跃在政治法律文本中，也出现在各种文学作品当中。比如，名分关涉权利义务关系构建，涉及资源与地位的分配，对名分的争夺是古代诸多小说一个共同的主题。为呈现文学作品中法与名的精彩互动，本章选取如下几个主题：（1）名之神圣性。《封神演义》《西游记》《搜神后记》等文学故事体现了名的神秘化、神圣化，这佐证了名对法律的巨大影响。（2）辩名释名以正风俗。《尔雅》《白虎通》《释名》《风俗通义》等著作辨析了各种事物得名的缘由或含义，但其意却在匡正时俗、传播名教，这些书也堪称“名教法典”。（3）文学作品中涉名的法律罪行。选取干名犯义、除名、冒名顶替这三个与名直接相关的罪名，梳理分析文学作品对此的呈现。（4）名之法意语汇的文学呈现，选取了名法、刑名、名教、名分、名籍这五个法律意涵最为明显的词汇，梳理阐释它们在文学作品中的表现。

一、名之神奇：志怪小说中的姓名法术

古往今来，名字都有一种重要甚至神秘的色彩。在很多民族的早期生活中，人们认为姓名与灵魂和生命存在紧密联系。古代志怪小说中不乏这种将姓名神秘化的故事，如《封神演义》中，张桂芳有呼名落马的法术，陆压道人则使用了姓名巫术将赵公明杀害。《西

游记》中，银角大王呼叫名字即可用宝葫芦捉人。《搜神后记》中周子文应名便“失魂厌伏”。民间流行姓名巫术，认为通过呼叫姓名或者作法于写有姓名的稻草人之类便可害人。汉武帝时期的“江充巫蛊案”便是典型。孔飞力的名著《叫魂：1768年中国妖术大恐慌》详细记录了此类叫魂巫术。直到今天，不少少数民族中仍存在巫蛊现象，有人相信通过姓名即可加害于人。在许多宗教中，念诵神佛的名字则是祈求救赎的常见手段，如佛教的《大悲咒》全是佛的名字。

这种现象的背后蕴含了“名实同构”的思维方式，这是人类一种较为根本的思维方式。人类学家曾考证指出，名实同构认为名就是真，名字等同于事物本身。人们相信，对于名字的任何行为即对于事物本身的行为。本书所讨论的名这一概念之所以在政治法律生活中具有如此重大的影响，其背后也离不开这种思维方式。随着社会进步，名的神秘性虽在宗教中褪色，却仍在法律上政治上发生作用。名具有神秘化、神圣化的特征，传统文化对名有崇拜的一面，这也是名对政治、法律产生巨大影响的隐秘原因。

（一）《封神演义》姓名法术

《封神演义》是带有道教色彩的神魔小说，其中有不少与姓名有关的符箓法术，最著名的如张桂芳专门通过呼叫人的姓名收摄其三魂七魄，陆压道人则使用了一种名为“钉头七箭书”的姓名巫术将赵公明杀害。

> 飞虎曰：“张桂芳乃左道旁门之将，俱有幻术伤人。”子牙曰：“有何幻术？”飞虎曰：“此术异常，但凡与人交兵会战，必先通名报姓，如末将叫黄某；正战之间，他就叫：‘黄飞虎不下马，更待何时？’末将自然下马。故有此术，似难对战。丞相须吩咐众位将军；但遇桂芳交战，切

不可通名。如有通名者，无不获去之理。”子牙听罢，面有忧色。旁有诸将，不服此言者的道：“岂有此理，那有叫名便下马的？若这等我们百员将官，只消叫百十声，便都拿尽？”众将官俱各含笑而已。[1]

张桂芳仗胸中左道之术，一心要擒飞虎。二将酣战，未及十五合，张桂芳大叫：“黄飞虎不下马，更待何时？”飞虎不由自己撞下鞍鞒，军士方欲上前擒获，只见对阵上一将，乃是周纪，飞马冲来，抡斧直取张桂芳。黄飞彪、飞豹二将齐出，把飞虎救去。周纪大战桂芳。张桂芳掩一就走，周纪不知其故，随后赶来。张桂芳知道周纪，大叫一声：“周纪不下马，更待何时？”周纪跌下马来，及至众将救时，已被士卒生擒活捉，拿进辕门。[2]

陆压揭开花篮，取出一幅书，书写明白，上有符印口诀：“依此而用，可往岐山立一营；营内筑一台。扎一草人；人身上书‘赵公明’三字，头上一盏灯，足下一盏灯。自步罡斗，书符结印焚化，一日三次拜礼，至二十一日之时，贫道自来午时助你，公明自然绝也。”[3]

（二）《西游记》姓名法术

在《西游记》中，银角大王呼叫孙悟空的名字便可将其装入宝葫芦中。甚至孙悟空取了“行者孙”“者行孙”之类的化名也是照装不误。

---

〔1〕〔明〕许仲琳：《封神演义》，中华书局 2009 年版，第 220 页。
〔2〕〔明〕许仲琳：《封神演义》，中华书局 2009 年版，第 222—223 页。
〔3〕〔明〕许仲琳：《封神演义》，中华书局 2009 年版，第 306 页。

二魔道："是我拿了，锁在洞中。你今既来，必要索战。我也不与你交兵，我且叫你一声，你敢应我么？"行者道："可怕你叫上千声，我就答应你万声！"那魔执了宝贝，跳在空中，把底儿朝天，口儿朝地，叫声"者行孙。"行者却不敢答应，心中暗想道："若是应了，就装进去哩。"那魔道："你怎么不应我？"行者道："我有些耳闭，不曾听见。你高叫。"那怪物又叫声"者行孙"。行者在底下掐着指头算了一算，道："我真名字叫做孙行者，起的鬼名字叫做者行孙。真名字可以装得，鬼名字好道装不得。"却就忍不住，应了他一声，飕的被他吸进葫芦去，贴上帖儿。原来那宝贝，那管甚么名字真假，但绰个应的气儿，就装了去也。[1]

行者笑道："你且收起，轮到老孙该叫你哩。"急纵筋斗，跳起去，将葫芦底儿朝天，口儿朝地，照定妖魔，叫声"银角大王"。那怪不敢闭口，只得应了一声，倏的装在里面，被行者贴上"太上老君急急如律令奉敕"的帖子，心中暗喜道："我的儿，你今日也来试试新了！"[2]

（三）蛇妖"叫名伤人"传说

民间一直有蛇妖"叫名伤人"传说，大抵是说蛇妖能呼人姓名，如果应之即死，继而就有各种高人出现来破此法术。传说中的蛇妖多半是人面蛇身或者是美女蛇之类。此类故事在志怪记录中非常常见。比如元代志怪小说集《江湖纪闻》记载："岭表有人面蛇，能呼人姓名害人，惟害蜈蚣。"王士禛《池北偶谈》中有《叫蛇》篇，清

---

〔1〕〔明〕吴承恩：《西游记》，李天飞校注，中华书局2014年版，第469页。
〔2〕〔明〕吴承恩：《西游记》，李天飞校注，中华书局2014年版，第473页。

代青城子的《志异续编》中也有此类故事。在鲁迅先生《从百草园到三味书屋》中记述了长妈妈所讲的美女蛇故事。唐朝传奇有两出《白蛇记》，讲的都是“蛇妖化身美女，意欲加害书生”的故事。此类情节大抵都是书生夜宿古庙，听得草丛中似有一女子呼其姓名。书生应下，便见墙外有美人，一夜承欢。或者是书生被害身亡，或者是有和尚过此，见书生面含妖气，赐下一盒，以飞蜈蚣破美女蛇。

> 粤西有叫蛇，能呼人姓名，应之即死，然性畏蜈蚣。逆旅主人每以箧贮蜈蚣，客至辄授之令置枕旁，云：“夜半舍外有呼姓名者，慎勿应！但开箧纵蜈蚣，蜈蚣即径去食蛇脑，已，仍还箧中。”〔1〕

> 人首蛇，粤西常有。客经山路行，往往闻唤姓名声，切不可应，应则夜间即来啖之。故饭铺主人，客到必问：“今日路上有人唤否？”答曰无有则已，如有，主人即授以一箧，藏诸枕畔。夜睡，蛇来，箧中辄做风雨声。客启箧，有虫飞去，始免于患。翌日，即有一蛇死于店门。或曰：此虫名“飞蜈蚣”，又云“葛仙蜂”，能制此蛇。否则虽万里之外，亦无他术以避之。故饭店常蓄此以待宿客。〔2〕

（四）《搜神后记》姓名摄魂术

署名陶潜所著的《搜神后记》讲述了周子文（小名阿鼠）失魂的故事。〔3〕周子文进山打猎遇到一个巨人，巨人突然发声，喊其小

---

〔1〕〔清〕王士禛《池北偶谈》卷三十六《叫蛇》。

〔2〕〔清〕宋永岳（青城子）:《志异续编》卷三。

〔3〕《搜神后记》又名《续搜神记》，是《搜神记》的续书。题为东晋陶潜撰。所记有元嘉十四年（437 年）、十六年（439 年）事，皆陶潜死后事，故疑此书为伪托，或为经后人增益。

名，周子文就下意识地答应了一声，周便“失魂厌伏”。另有一则山魈问名的故事。山魈在传说中是山里的独脚鬼怪，另有一种形似鬼怪的猴子也叫作山魈。南北朝时，刘宋元嘉初年（424 年），王某捉到了一只偷吃螃蟹的山魈，声称要将其烧死，山魈频频求饶，并且还问王某名字，但王某一概不理。因为在当地人传说中，山魈若知道了别人名字，就可以通过姓名去害人。

> 晋中兴后，谯郡周子文，家在晋陵。少时喜射猎，常入山，忽山岫间有一人，长五六丈，手捉弓箭，箭镝头广二尺许，白如霜雪，忽出声唤曰：“阿鼠。”子文不觉应曰：“喏。”此人便牵弓满镝向子文，子文便失魂厌伏。〔1〕

> 宋元嘉初，富阳人姓王，于穷渎中作蟹断……转头顾视，见向材头变成一物，人面猴身，一身一足。语王曰：“我性嗜蟹，比日实入水破君蟹断，入断食蟹。相负已尔，望君见恕，开笼出我。我是山神，当相佑助，并令断得大蟹。”王曰：“如此暴人，前后非一，罪自应死。”此物恳告，苦请乞放。王回顾不应。物曰：“君何姓名，我欲知之。”频问不已，王遂不答。去家转近，物曰：“既不放我，又不告我姓字，当复何计，但应就死。”王至家，炽火焚之。后寂然无复声。土俗谓之山魈，云知人姓名，则能中伤人。所以勤勤问王，欲害人自免。〔2〕

二、辩名释名以正风俗

大千世界，纷繁复杂，有物则有名。万物纷呈，其名亦各异。

---

〔1〕〔东晋〕陶潜:《搜神后记》，中华书局 2012 年版，第 552 页。
〔2〕〔东晋〕陶潜:《搜神后记》，中华书局 2012 年版，第 554 页。

各种事物的名称究竟从何而来，又有何演变，这是极为重要的问题。我国古代也有不少专门探求事物名源的著作，诸如《尔雅》、汉代的《释名》《风俗通义》等。这些著作有语言学、语源学的重要价值，辨析了各种事物得名的缘由或含义，考证了历代名物、制度、风俗等，如同古代的百科全书。其也具有伦理学或政治学的价值。辨析名称不仅是为了博闻广智，更重要是的意图通过“辩物类名号，释时俗嫌疑”，起到齐风俗、明义理、正人心的作用。所谓“名不正则言不顺”，名称使用的混乱往往意味着秩序的崩坏。考证词源，辨析名称，则会起到匡正时俗、传播礼教的作用。比如《后汉书·应劭列传》中赞誉道：“（应劭）撰《风俗通》，以辩物类名号，释时俗嫌疑。”通过解释词源来表达其教化主旨，最高成就当属汉代《白虎通》。《白虎通》全书汇集了43条名词解释，内容涉及社会、礼仪、风俗、国家政治制度、伦理道德等各个方面，堪称一部名教法典。而其切入方式则是以对名的训诂、引证等方式予以呈现。

（一）《尔雅》：词典之宗与正名之书

《尔雅》是中国辞书之祖，古代第一部词典。《尔雅》对后世多个学科的形成与发展都产生过重要的影响。宋朝人誉之为“六籍之户牖，学者之要津”（林光甫《艾轩诗说》），清朝人更称之为“训故之渊海，五经之梯航”（宋翔凤《尔雅郭注义疏序》）。在历史上，它被列入儒家经典，也可视之为辞书类文学作品。《尔雅》成书于战国或两汉之间，上限不会早于战国。《尔雅》全书收录4300多个词语，按义类编排，计2091个条目，现存“释诂”“释言”“释训”“释亲”“释宫”“释器”“释乐”“释天”“释地”“释丘”“释山”“释水”“释草”“释木”“释虫”“释鱼”“释鸟”“释兽”“释畜”等19篇。后人模仿《尔雅》，写作了一系列以“雅”为书名的词书，如

《小尔雅》《广雅》《埤雅》《骈雅》《通雅》《别雅》，而研究雅书又成为一门学问，被称为“雅学”。

“尔”其意为“近”（后来写作“迩”），“雅”其意为“正”。《尔雅》的意思是接近、符合雅言，即以雅正之言解释古汉语词、方言词，使之近于规范。汉代刘熙《释名》解释云：“《尔雅》：尔，昵，近也。雅，义也；义，正也。五方之言不同，皆以近正为主也。”

除了在语言意义上追求规范标准，《尔雅》命名取义，也有“正名”的伦理教化旨趣。“正名称”，不仅是一个语言层面的问题，也是一个价值标准问题。清代邵晋涵《尔雅正义·释山》“河南华”条下注称，“《尔雅》者，正名之书也”。《尔雅》的正名内容大致包括“辨名物”和“释方言”两个方面。辨名物是指对客观事物本身的名号与实体进行分辨。《周礼·地官》称，大司徒的职责之一就是要辨九州之“山、林、川、泽、丘、陵、坟、衍、原、隰之名物”。又《天官·庖人》云：“掌共（供）六畜、六兽、六禽，辨其名物。”释方言则是以雅言为标准，对方言的相关研究。因同一事物有不同方言的名称，也需要辨正。周祖谟《重印雅学考跋》提出：“古今言异，方国语殊，释以雅言，义归乎正，故名《尔雅》。”[1]

如《释地·四极》“四极”条云：“东至于泰远，西至于邠国，南至于濮鈆，北至于祝栗，谓之四极。”有说法认为，“极”除了“极远”的意思，还有法度准则的意思。按照《尔雅·释地》，四荒是“次四极者”，四海是“次四荒者”，四海之内就是中国古代统治的疆域范围，即所谓九州之地。远古先民的空间观念是天圆地方，“中国”之外有“四方”之国，还有更远的载地之所“四海”、撑天的“四极”，自然会产生一种在中间的意识。方位由四而五，由五而九，“九五之尊”象征王权。此处是为地点正名，但其目的正在于凸显“华夏中心”与“一点四方”的理念，彰显王权，体现了正名

〔1〕 周祖谟：《问学集》（下），中华书局 1966 年版，第 689 页。

意识。[1]

再如《尔雅·释地》:“邑外谓之郊，郊外谓之牧，牧外谓之野，野外谓之林，林外谓之坰。”此句辨析周制城邑及周围地域的称呼，即地理称谓，实际上讲的是与区划相关的礼法制度，这是关系到统治秩序的大事。《说文·邑部》云:“邑，国也。从口。先王之制尊卑有大小。从卪，凡邑之属皆从邑。”这些地名的从属关系涉及礼制的尊卑秩序。这是为礼数正名，名正则天下分，地正则华夷别，礼正则尊卑明。[2]

又如《尔雅》第一篇《释诂》之首即是“始”“君”“大”“有”四个词条。这四个词条处于全书之首绝非偶然。《尔雅》编纂者及阐释者认为，“君与始俱来”，“天大地大王亦大”，“有、大义近”，君“始”、君“大”、君“有”，与天地同，则“君为至尊”，所以首先进行解说的是与君相关的词语，这体现了皇权至上的意识。

以下辑录书中三组词条。第一组是开辟与王权相关的“始”“君”“大”“有”四个词条，体现王权意识。第二组是与法律紧密相关的“常”“法”两个词条，解说“常”所涉及的“典、彝、法、则、刑、范、矩、庸、恒、律、戛、职、秩”与“法”涉及的“柯、宪、刑、范、辟、律、矩、则”，在古代都与秩序和法则相关。第三组是“释亲”的宗族词条，翔实解释有关亲属的名称。根据词语的性质内容，可分为宗族、母党、妻党、婚姻四类。“释亲”篇与古代礼制密切相关。“释亲”详细记录了我国早期社会的亲属关系和称谓，也反映了当时特殊的婚姻形态。这些称谓词反映了古代“男尊女卑”的思想观念，在以男性为主导的家族中，女性处于从属的地位。

初、哉、首、基、肇、祖、元、胎、俶、落、权舆，始也。

---

〔1〕 杜朝晖、肖云:《浅论〈尔雅〉及其注文的正名观》，载《中文论坛》2017年第2辑。

〔2〕 杜朝晖、肖云:《浅论〈尔雅〉及其注文的正名观》，载《中文论坛》2017年第2辑。

林、烝、天、帝、皇、王、后、辟、公、侯，君也。

弘、廓、宏、溥、介、纯、夏、幠、厖、坟、嘏、丕、奕、洪、诞、戎、骏、假、京、硕、濯、讦、宇、穹、壬、路、淫、甫、景、废、壮、冢、简、箌、昄、晊、将、业、席，大也。

幠、厖，有也。

迄、臻、极、到、赴、来、吊、艐、格、戾、怀、摧、詹，至也。[1]

典、彝、法、则、刑、范、矩、庸、恒、律、戛、职、秩，常也。

柯、宪、刑、范、辟、律、矩、则，法也。[2]

父为考，母为妣。

父之考为王父，父之妣为王母。

王父之考为曾祖王父，王父之妣为曾祖王母。

曾祖王父之考为高祖王父，曾祖王父之妣为高祖王母。

父之世父、叔父为从祖祖父，父之世母、叔母为从祖祖母。

父之晜弟，先生为世父，后生为叔父。

男子先生为兄，后生为弟。

谓女子，先生为姊，后生为妹。

父之姊妹为姑。

父之从父晜弟为从祖父，父之从祖晜弟为族父。

---

〔1〕《尔雅·释诂第一》，《尔雅》，管锡华译注，中华书局2014年版，第1—8页。

〔2〕《尔雅·释诂第一》，《尔雅》，管锡华译注，中华书局2014年版，第21—22页。

族父之子相谓为族晜弟。

族晜弟之子相谓为亲同姓。

兄之子、弟之子，相谓为从父晜弟。

子之子为孙，孙之子为曾孙，曾孙之子为玄孙，玄孙之子为来孙，来孙之子为晜孙，晜孙之子为仍孙，仍孙之子为云孙。

王父之姊妹为王姑。

曾祖王父之姊妹为曾祖王姑。

高祖王父之姊妹为高祖王姑。

父之从父姊妹为从祖姑。

父之从祖姊妹为族祖姑。

父之从父晜弟之母为从祖王母。

父之从祖晜弟之母为族祖王母。

父之兄妻为世母，父之弟妻为叔母。

父之从父晜弟之妻为从祖母，父之从祖晜弟之妻为族祖母。

父之从祖祖父为族曾王父，父之从祖祖母为族曾王母。

父之妾为庶母。

祖，王父也。

晜，兄也。

宗族[1]

(二)《风俗通义》："辩物类名号，释时俗嫌疑"

《风俗通义》是东汉学者应劭所著。这部书以记述历代风俗礼

〔1〕《尔雅·释亲第四》，《尔雅》，管锡华译注，中华书局 2014 年版，第 327—332 页。

仪为中心，考证了历代名物制度、风俗、传闻，上至考察古代历史，下至评论时人流品，旁及音乐、地理、怪异传闻等。该书对两汉民间的风俗迷信、奇闻怪谈多有驳正，是研究两汉社会生活史的重要文献。中间广泛涉及“名”的问题及其辨正。该书意图通过“辩物类名号，释时俗嫌疑”，起到齐风俗、明义理、正人心的作用。南朝时历史学家范晔曾在《后汉书·应劭列传》中赞誉道：“（应劭）撰《风俗通》，以辩物类名号，释时俗嫌疑。文虽不典，后世服其洽闻。”

关于该书的归类，《隋书·经籍志》将其列入子部，清代学人将其归为小说，现代学者张舜徽在其主编的《中国史学名著题解》中又将它列入“杂史类”，这部书涉及文、史、哲诸多领域，内容极其广博，以致难以归类。也有人将其称为我国第一部民俗学专著。

《风俗通义》考释物类名号其目的不仅是博物广智，更在于正人心、厚风俗、存典章、复礼仪。作者应劭认为，“为政之要，辩风正俗，最其上也”。他认为社会风俗、风气的好坏，直接影响社会安定与否以及国家的治乱兴衰。而社会上各种夸大其词、虚妄无据的言论谬种流传，严重危及政教风俗，因此他希望通过考释物类名号以匡正时弊，端正人心风俗。今本每篇为一卷，各卷皆有篇名，篇下有条目。条目下先陈述其事，再加按语以辨正得失。

通行本《风俗通义》共十卷十篇，每卷一篇，具体篇目为：《皇霸》，上述三皇、下记六国，是简明的先秦历史常识；《正失》，纠正民间传言的失谬，内容多为汉事误传；《愆礼》，例举行事苟妄过头，不顾礼俗限度，是对东汉世风的分析批判；《过誉》，指责社会上誉过其实的人物或事件，对因行为乖张而招致过度赞誉的现象进行察辨，从“愆礼”的反面抨击世风；《十反》，列举十件行为相反的事，予以褒贬评判，阐述进退取舍的处世道理；《声音》，述说音乐起源、五音、各种乐器及其故事，是音乐知识的专篇；《穷通》，辑录古今人物先否后喜、穷而复通的事例，以明人情世故与做人原则；《祀典》，记叙神物，解释了一些重要神灵和祭祀常识；《怪神》，分析民间流行的各种怪力乱神，认为大多属于淫祀，故而持否定态度；《山泽》，介绍五岳四渎、林麓陵丘、湖泽陂薮、河渠沟洫，以及京、墟、阜、培等地理名物，是关于地物的常识。[1]每卷开头其所加按语，是作者意图通过正名来匡正时俗的典型体现。以下摘录其中与政教礼制直接相关的部分。

1. 卷一《皇霸》

开篇为《皇霸》卷，讲三皇五帝、三王五伯之事，堪称古代政治简史。应劭对这些君王的功业，一一做了辨析，并考究了这些称号的由来。例如，“黄者，光也，厚也，中和之色，德四季，与地同功，故先黄以别之也”。“舜者，推也，循也，言其循尧绪也。”黄帝与地同功，地色为黄，又是中和光厚之色，所以尊称为“黄”，而舜帝依尧帝之法管理社会，遵循不悖，因名为“舜”，应劭认为三皇五帝、三王五伯是“三五复反，譬若循连环，顺鼎耳，穷则反本，终则复始也”。这也体现了汉代儒学大师董仲舒的历史循环说。对三皇五帝、三王五伯名号的考证辨析蕴含了正名的追求。

皇霸

盖天地剖分，万签萌毓，非有典艺之文，坚基可据，推当今以览太古，自昭昭而本冥冥，乃欲审其事而建其论，董其是非而综其详矣，言也实为难哉！故易记三皇，书叙唐、虞，惟天为大，唯尧则之，巍巍其有成功，焕乎其有文章。自是以来，栽籍昭晢。然而立谈者人异，缀文者家舛，斯乃杨朱哭于歧路，墨翟悲于练素者也。是以上述三

[1] 参见党超：《“辩风正俗”：应劭对风俗与政治关系的新思考》，载《民俗研究》2015年第3期；钟岳文：《〈风俗通义〉：“辩物类名号，释时俗嫌疑”》，载《月读》2021年第8期。

皇，下记六国，备其终始，曰皇霸。

三皇

春秋运斗枢说："伏羲、女娲、神农是三皇也。皇者，天，天不言，四时行焉，百物生焉。三皇垂拱无为，设言而民不违，道德玄泊，有似皇天，故称曰皇。皇者，中也，光也，弘也。含弘履中，开阴布纲，上含皇极，其施光明，指天画地，神化潜通，煌煌盛美，不可胜量。"〔1〕

2. 卷二《正失》

当时有些人对典籍的理解主观臆断，望文生义，对一些事物胡乱解释，应劭专以《正失》为《风俗通义》的第二卷，对典籍的误解予以纠正。例如，当时俗语流传"夔一足而用精专，故能调畅于音乐"。说夔这个人只有一只脚，所以用心专一，能调畅音律。应劭认为此说是谬传。他仔细查考，根据《吕氏春秋》的记载，对此做了纠正。原来是鲁哀公问孔子："乐正夔一足，信乎？"孔子回答说，从前舜以夔为乐正，夔精通音律，能和五声通八风，使天下顺服。

正失

孔子曰："众善焉，必察之；众恶焉，必察之。"孟轲云："尧、舜不胜其美，桀、纣不胜其恶。"传言失指，图景失形，众口铄金，积毁销骨，久矣其患之也。是故乐正后夔有一足之论，晋师己亥渡河有三豕之文。非夫大圣至明，孰能原析之乎？论语："名不正则言不顺。"易称："失之毫厘，差以千里。"故纠其谬曰正失也。

乐正后夔一足

俗说：夔一足而用精专，故能调畅于音乐。

---

〔1〕 王利器校注：《风俗通义校注》（上册），中华书局1981年版，第1页。

谨按《吕氏春秋》："鲁哀公问于孔子：'乐正夔一足，信乎？'孔子曰：'昔者舜以夔为乐正，始治六律，和均五声，以通八风，而天下服。'重黎又荐能为音者，舜曰：'夫乐天地之精，得失之节，故唯圣人为能和乐之本。夔能和之，平天下，若夔者，一而足矣。故曰夔一足，非一足行。'"〔1〕

3. 卷三《愆礼》

《愆礼》例举行事苟妄过头，不顾礼俗限度，是对东汉世风的分析批判，具有匡扶礼法的作用。

愆礼

夫圣人之制礼也，事有其制，曲有其防，为其可传，为其可继。贤者俯就，不肖及。是故子张过而子夏不及，然则无愈。子路丧姊期而不除，仲尼以为大讥，况于忍能矫情直意而已也哉！诗云："不愆不忘，帅由旧章。"论语："不为礼，无以立。"故注近世苟妄曰愆礼也。〔2〕

4. 卷八《祀典》

所谓"国之大事，在祀与戎"，祭祀是古代最为重要的活动之一，祭祀制度是国家典章制度之一。古代不少礼典、法典规定了祭祀的规范。如《大清会典》中详细记载了历代沿用的吉、嘉、军、宾、凶等"五礼"，涉及祭祀、登基、颁诏、丧葬等方方面面，规定繁多，程序各异，等级森严。《风俗通义》卷八为《祀典》，记叙神物，解释了一些重要神灵和祭祀常识。在古代，这些祭祀是礼法制

---

〔1〕 王利器校注：《风俗通义校注》（上册），中华书局1981年版，第62页。
〔2〕 王利器校注：《风俗通义校注》（上册），中华书局1981年版，第137页。

度，因此对祭祀礼制的名称辨析也具有传播礼教的制度意义。

> 祀典
>
> 《礼》："天子祭天地山川岁遍。"《春秋国语》："凡禘、郊、宗、祖、报，此五者国之典礼。加之以社稷山川之神，皆有功烈于民者也；及前哲令德之人，所以为质者也；及天之三辰，所昭仰也；地之五行，所生殖也；九州名山川泽，所出财用也。非是族也，不在祀典礼矣。"《论语》："非其鬼而祭之，谄也。"又曰："淫祀无福。"是以泰山不享季氏之旅，而《易》美西邻之禴祭。盖重祀而不贵牲，敬宝而不求华也。自高祖受命，郊祀祈望，世有所增。武帝尤敬鬼神，于时盛矣。至平帝时，天地六宗已下及诸小神凡千七百所，今营寓夷泯，宰器阙亡。盖物盛则衰，自然之道，天其或者欲反本也，故记叙神物曰祀典也。[1]

（三）《释名》："晰名物之殊，辨典礼之异"

"物物各自异，种种在其中。"世间万物，有物则有名。万物纷呈，其名亦各异。各种事物的名称究竟从何而来，又有何演变，值得专门探究。我国古代也有专门探求事物名源的著作。据文献记载，东汉末年就出了两本《释名》，其中一本作者是刘珍（见《后汉书·文苑列传》），另一本是刘熙所写（见《三国志·吴书·韦曜传》）。前一本并未流传下来，而刘熙所写的《释名》则成为我国训诂学史上的一部名著。刘熙生活年代当在桓帝、灵帝之世，曾师从著名经学家郑玄，但其具体事迹已不可考。

《释名》对研究训诂学、语言学、社会学来说，都是极为重要的著作。清人毕沅说："其书参校方俗，考合古今，晰名物之殊，辨典

[1] 王利器校注：《风俗通义校注》（下册），中华书局1981年版，第350页。

礼之异，洵为《尔雅》《说文》以后不可少之书。”(《释名疏证》) 明代郎奎金将它与《尔雅》《小尔雅》《广雅》《埤雅》合刻，称《五雅全书》。因其他四书皆以“雅”名，于是改《释名》为《逸雅》。清人毕沅的《释名疏证》、王先谦的《释名疏证补》，皆为后人研究整理《释名》的集大成之作。

刘熙在该书卷首自序云：自古以来，器物事类“名号雅俗，各方名殊……夫名之于实各有义类，百姓日称，而不知其所以之意，故撰天地、阴阳、四时、邦国、都鄙、车服、丧纪，下及民庶应用之器，论叙指归，谓之《释名》，凡二十七篇”。说明刘熙撰此书的目的是使百姓知晓日常事物得名的缘由或含义。

《释名》共 8 卷。其 27 篇名称依次是：释天、释地、释山、释水、释丘、释道、释州国、释形体、释姿容、释长幼、释亲属、释言语、释饮食、释采帛、释首饰、释衣服、释宫室、释床帐、释书契、释典艺、释用器、释乐器、释兵、释车、释船、释疾病、释丧制。所释名物典礼共计 1502 条。虽不够完备，但已可窥见当时名物典礼之大概。

《释名》以声训解释名物，为因声求义开辟了道路，促使古代韵书的产生。所谓声训，就是用声音相同或相近的字来解释词义。全书的名物语词都用声训来解释，则《释名》为第一书，是刘熙的独创。

《释名》所训释的对象不重文献语言，而重于日常名物事类，因此它涉及社会生活面广，从天文、地理到人事、习俗都有所反映，加上《释名》成书去古未远，所以可以因所释名物推求古代制度。如《释书契》：“汉制，约敕封侯曰册。册，赜也，敕使整赜不犯之也。”说明汉代册封侯王时立有整敕其不得犯法的文书。再如《释首饰》：“髲，被也，发少者得以被助其发也。”原来假发早在汉代就作为头饰了。“穿耳施珠曰珰。此本出于蛮夷所为也。蛮夷妇女轻浮好走，故以此珰锤之也。今中国人效之也。”这些辨名考证也为准确理解古代礼法制度奠定了词源学的根据。

以下摘录其中《释丧制》一篇，以见其宗旨。此章与礼法制度关联最为密切。

人始绝气曰死。死，澌也，就消澌也。士曰不禄，不复食禄也。

大夫曰卒，言卒竟也。

诸侯曰薨，薨坏之声也。

天子曰崩，崩坏之形也。崩，硼声也。

殪，翳也，就隐翳也。

徂落，徂，祚也。福祚殒落也。徂亦往也，言往去落也。

罪人曰杀。杀，窜也，埋窜之使不复见也。

罪及余人曰诛。诛，株也。如株木，根枝叶尽落也。

死于水者曰溺。溺，弱也，不能自胜之言也。

死于火者曰烧。烧，燋也。

战死曰兵，言死为兵所伤也。

下杀上曰弑。弑，伺也，伺间而后得施也。

县绳曰缢。缢，厄也，阨其颈也。

屈颈闭气曰雉经，如雉之为也。

狱死曰考竟，考得其情，竟其命于狱也。

市死曰弃市。市，众所聚。言于众人共弃之也。

斫头曰斩，斩要曰要斩。斩，暂也，暂加兵即断也。

车裂曰轘。轘，散也，肢体分散也。

煮之于镬曰烹，若烹禽兽之肉也。

槌而死曰掠。掠，狼也，用威大暴如豺狼也。

老死曰寿终。寿，久也；终，尽也。生已久远，气终尽也。

少壮而死曰夭，如取物，中夭折也。

未二十而死曰殇。殇，伤也，可哀伤也。

父死曰考。考，成也。亦言槁也，槁于义为成，凡五材，胶漆陶冶皮革，乾槁乃成也。母死曰妣。妣，比也，比之于父亦然也。

…………

三日不生生者成服曰缞。缞，摧也，言伤摧也。

绖，实也，伤摧之实也。

绞带，绞麻缌为带也。

三年之缞曰斩，不缉其末，直翦斩而已。

期曰……（上齐下衣）。……（上齐下衣），齐也。

九月曰大功，其布加粗大之功，不善治练之也。

五月曰小功，精细之功，小有饰也。

三月曰缌麻，缌，丝也。绩麻细如丝也。

锡缞，锡，易也。治其麻，使滑易也。〔1〕

三、古典文学作品中涉名的罪行

（一）干名犯义

作为传统法律中的一项重要罪名，“干名犯义”是指亲属间相互告发犯罪尤其是卑幼告发尊亲属、奴婢告发主人犯罪的行为。在广义上，干名犯义是指触犯伦理纲常、越礼非分的行为。古代典籍有关干名犯义的记录主要是历代史书中的刑法志，其中记载了有关人物触犯此一罪名的事件。此外，一些律学著作、讼师书籍也会对干名犯义的疑难问题进行讨论。在一些官箴、劝善书当中，则奉劝晓谕民众遵守礼法、不可“干名犯义”。

〔1〕《释名·释丧制》，见〔汉〕刘熙：《释名》，中华书局2016年版，第118—123页。

1. 干名犯义疑难问题探讨

干名犯义涉及礼教名分，牵涉面广，实际操作中也容易存在泛化、难以定罪等问题。薛允升《读例存疑》等律学著作、《珥笔肯綮》等讼师书籍对于干名犯义的疑难问题进行讨论，以方便相关人士更好把握其规定。

> 愚按，此事处治得极妙。凡告而干名犯义者，可准此处之。[1]

> 例末数语，即亲属相盗律后之注语也。（被盗之家亲属告发，并论如律，不在名例得相容隐之列。）盖谓仍照亲属相盗科罪也。与彼条并干名犯义律参看。[2]

> 妻与有服尊长通奸，舍休弃别无善全之法，否则，隐忍而已。责以控告在官，已属干名犯义，而其妻亦终不免断异，似不如自行休弃之，尚能保全不少也。观干名犯义律被尊长侵夺财产，或殴伤其身，并听卑幼陈告而无奸情，亦准陈告之语，其义可见，控告尚不忍言，况杀伤乎。[3]

> 谨按。律只言将尊卑死尸图赖旁人之罪，其亲属图赖，并无明文，故纂定此例。惟律系分别已、未告官，例统言干名犯义，如未告到官，确难援引。盖未经告官，在凡人，既不科以诬告之罪，在亲属，亦难科以干名犯义之条。以尊长死尸赖人，较之以卑幼死尸赖人为重，而以祖父母、

〔1〕〔清〕李庚干：《佐杂谱·卷下·主簿》。

〔2〕〔清〕薛允升：《读例存疑》卷四，见胡星桥、邓又天主编：《读例存疑点注》，中国人民公安大学出版社1994年版，第74页。

〔3〕〔清〕薛允升《读例存疑》卷三十二，见胡星桥、邓又天主编：《读例存疑点注》，中国人民公安大学出版社1994年版，第562页。

父母尸身赖人，较之期功、缌麻尊长为尤重。[1]

“此事，既有亲父批约，何不先告？但告之，一时恐难决也。惟先据其业，待彼告，而我诉。若官中可决，父墨必不能违；若不决，业已归于我矣。此全策也。虽冒兄嫂相殴之事；然，因争家财，亦不在干名犯义之例。”[2]

汉景帝时廷尉上囚防年，继母陈杀防年父，防年因杀陈。依律以杀母大逆论。帝疑之，武帝时年十二为太子，在帝侧，遂问之，对曰：夫继母如母，明不及母。缘父之故，比之于母。今继母无状，手杀其父。下手之日，母恩绝矣。宜与杀人同，不宜以大逆论。

谨按大明律云：凡继母杀其父，听告，不在干名犯义之限。今观汉史所云，防年继母杀父，因杀继母，宜与杀人同，不宜以大逆论。窃详此实伦理之变，若比杀常人，则故杀者斩。若比父母为人杀而子孙擅杀行凶人者，杖六十。其即杀死者勿论。盛世伦理修明，固无此事。万一遇此，所司当体究的确，比拟奏请。[3]

2. 教化晓谕不可干名犯义、作奸犯科

中国素重纲常礼教，尊卑秩序，干名犯义则以卑凌尊，触犯尊长，严重背离伦理纲常。除了法律打击，也需要道德劝化。《牧民政要》《居官镜》《从政遗规》此类讨论为政之道的书籍把引导民众不

---

〔1〕〔清〕薛允升：《读例存疑》卷三十四，见胡星桥、邓又天主编：《读例存疑点注》，中国人民公安大学出版社 1994 年版，第 603 页。

〔2〕〔明〕小桃源觉非山人：《珥笔肯綮·户·山田坟地》，见杨一凡主编，孙家红、龚汝富整理，《历代珍稀司法文献》（第 11 册），社会科学文献出版社 2012 年版，第 17 页。

〔3〕“汉武明经”，见〔宋〕桂万荣：《棠阴比事原编》，〔明〕吴讷删正，上海商务印书馆 1939 年版，第 1 页。

得干名犯义作为为官者的重要职责。清朝时对于好盗诈伪、干名犯义、有伤风俗者，礼部将颁令惩治，并书其名于申明亭，以示惩戒。《民间易犯科条示》把干名犯义视为“风俗人心之害，殊堪痛恨”。甚至在《皇朝经世文续编》中将“干名犯义者”视为天下读书明理者的典型对立面，将其归结为“天性浇薄、气质本浊”，试图挖掘其人性根源。李渔《奈何天·调美》中有称：“这样干名犯义的事，如何做得！”这在传统社会，可谓极普遍的看法。纪晓岚《阅微草堂笔记》中一则志怪故事说，有个媳妇被婆婆虐待致死，儿媳的魂魄不服，找乡儒算账，乡儒也用“干名犯义”的说辞把她打发回地府。这个故事极为典型，足见古代“名分大于生命”之荒唐。甚至连阴间也认可“必须严惩干名犯义者”，这显示了古代礼教的残忍。

尝见卑幼与尊长讼，官亦分屈直用刑。不知卑幼讼尊长，尊长准自首，卑幼问于干名犯义。遇有此等，即尊长万分不是，亦宜宽恕，即言语触官也不宜用刑。人终以为因卑幼而刑尊长也，大关伦理世教。[1]

导德齐礼，圣王垂教之本意。齐之以刑。不得已之苦衷也。盖以庶众良莠，不同干名犯义作奸犯科之徒，非刑不能齐之耳。[2]

更有因口角细故，听信讼棍挑唆讦告无休，甚至干名犯义、殴詈尊长以及惑于邪教拜师传徒，凡此风俗人心之害，殊堪痛恨。[3]

天下风俗最坏之地，清议尚存，犹足以维持一二。至于清议亡，而干戈至矣。洪武十五年八月乙酉，礼部议：

〔1〕〔明〕佚名：《牧民政要·慎打凡三十二条》。

〔2〕〔清〕刚毅：《居官镜·治道》。

〔3〕〔清〕何耿绳：《为治一得编·民间易犯科条示》。

"凡十恶、奸盗诈伪、干名犯义、有伤风俗及犯赃至徒者，书其名于申明亭，以示惩戒，有私毁亭舍、涂抹姓名者，监察御史、按察司官以时按视，罪如律。"〔1〕

天下有不读书而自然明理者，即有读书而仍不明理者。愚夫愚妇，未尝学问，顾其天性纯厚，遇忠孝节义之事奋然为之而百折不回，则气质本清也。大奸大恶擅过人才智，洞察今古，顾其天性浇薄，敢于干名犯义，越礼非分而绝无顾忌，则气质本浊也。将谓气质难于变化，可以废书不读乎？是大不然。〔2〕

尊长该打，为与卑幼讼不打。[尝见尊长与卑幼讼，官亦分别曲直用刑。不知卑幼讼尊长，尊长准自首，卑幼问干名犯义。遇有此等，即尊长万分不是，亦宜宽恕，即言语触官亦不宜用刑。人终以为因卑幼而刑尊长也，大关伦理世教。]〔3〕

申苍岭先生，名丹，谦居先生弟也。谦居先生性和易，先生性豪爽。而立身端介则如一。里有妇为姑虐而缢者。先生以两家皆士族，劝妇父兄勿涉讼。是夜，闻有哭声远远至，渐入门，渐至窗外，且哭且诉，词甚凄楚，深怨先生之息讼。先生叱之曰："姑虐妇死，律无抵法。即讼亦不能快汝意。且讼必检验，检验必裸露，不更辱两家门户乎？"鬼仍絮泣不已。先生曰："君臣无狱，父子无狱。人怜汝枉死，责汝姑之暴戾则可。汝以妇而欲讼姑，此一

〔1〕《日知录·清议》，见〔清〕顾炎武：《顾炎武全集》（第18卷），上海古籍出版社2011年版，第532页。

〔2〕〔清〕饶玉成：《皇朝经世文续编·学术四广论》。

〔3〕〔清〕陈弘谋：《从政遗规·从政遗规卷之上·吕新吾明职》。

念已干名犯义矣。任汝诉诸明神。亦决不直汝也。”鬼竟寂然去。[1]

3.“干名犯义”广义用法

一些文献也对“干名犯义”做广义的理解，其意大约指违背道德法纪，比如《元史》中有认为“请托受财”等违法行为也是干名犯义之事的内容。清末还有文献把染指他国自主权称为“干名犯义”。1870年“天津教案”发生以后，清政府于次年曾向各国驻华使馆提交了《传教章程八条》，要求洋教士在中国，“当照中国规矩，不可干名犯义”，“传教士不得插手帮讼”，“传教不得暗赴他省”等，以维护清政府主权。此处“不可干名犯义”，自然不是指古代律典中亲属告发的罪名，而是非常宽泛的用法，即要求西方传教士谨守规矩，不得越礼非分染指中国主权。“不可干名犯义”此类说辞在古代，更多是体现了礼教的僵化，但此处则牵连维护国家主权等大事，颇为独特。

壬申，御史台臣言：“内外官吏令家人受财，以其干名犯义，罪止四十七、解任。今贪污者缘此犯法愈多，请依十二章计赃多寡论罪。”从之。[2]

洋教士在中国，当照中国规矩，不可干名犯义，擅用关防印信于大小衙门送递照会。如有本身应诉之件而于他项词讼无关者，准照中国儒教士子之例缮禀，呈明地方官核办。[3]

〔1〕〔清〕纪晓岚：《阅微草堂笔记》，齐鲁书社2007年版，第75页。

〔2〕《元史·文宗本纪》，见《元史》（第3册），中华书局1976年版，第768页。

〔3〕〔清〕邵之棠辑：《皇朝经世文统编·外交部九·教案》。

（二）除　名

除名是古代免夺犯重罪官员的官职和爵位的一种刑罚制度。许多文学作品、历史文献都记载了“除名”。魏晋南北朝时，“除名”法制化进一步加强，其于晋季成为定法。除了史书，文学性文献也有颇多“除名”的记录。

黄鲁直初谪戎、涪，既得归，而湖北转运判官陈举，以时相赵清宪与之有小怨，讦其所作荆南承天塔记，以为幸灾，遂除名羁管宜州，竟卒于彼。〔1〕

唐青州刺史刘仁轨，知海运，失船极多。除名为民，遂辽东效力。〔2〕

王超者，尝为汜水县令。严损之曰：“公从此为京官讫，即为河北二太守。”后果入为著作郎，出为真定太守，又改为京城守，超又谓汜水令严迥云：“公宜修福。”严不信。果被人诉，解官除名，配流身亡也。〔3〕

得罪除名谪海头，惊心无暇与身愁。〔4〕

汉章虽约法，秦律已除名。谤远人多惑，官微不自明。〔5〕

李义甫为相，杨行款白其赃私，诏司刑刘祥道与三司

---

〔1〕〔宋〕洪迈：《容斋随笔》，中华书局 2015 年版，第 563 页。

〔2〕〔宋〕李昉等：《太平广记》（第 3 册），中华书局 1961 年版，第 1054 页。

〔3〕〔宋〕李昉等：《太平广记》（第 3 册），中华书局 1961 年版，第 1061—1062 页。

〔4〕〔唐〕刘言史：《偶题二首》，见〔清〕彭定求等编：《全唐诗》（第 7 册），中华书局 1999 年版，第 5362 页。

〔5〕〔唐〕李益：《送人流贬》，见〔清〕彭定求等编：《全唐诗》（第 5 册），中华书局 1999 年版，第 3209 页。

杂讯，除名，流雋州，或作河道元帅。[1]

此卷系抄袭陈勾山旧作，窗稿中有其文可查。荐而不售，衣巾尚在；荐而或售，据新例必除名，汝虽无大处分，何苦害人耶？[2]

（三）冒名顶替

名具有专属性。冒他人之名，按当今法理是属于姓名权纠纷，当然还牵涉其他法律责任。古代文学作品中有很多冒名顶替的故事，最常见的两类故事是冒名为官和冒名科考。《清实录》中多处提及打击冒名为官。

冒名为官也是中国文学中的一个常见题材。如《西游记》附录中“江流儿复仇”的故事。唐僧的父亲陈光蕊高中状元，携带妻子殷温娇赴任江州州主，未料在洪江船上被水贼刘洪和李彪打死。刘洪冒名顶替陈光蕊，做了江州之主，霸占了殷温娇。唐僧长大后为父复仇。《西游记》乌鸡国的故事中，青狮精杀害国王后，摇身一变，冒充国王。《西游记》中还有六耳猕猴冒充孙悟空的经典故事。

清代小说集《五色石》的第一卷为“仇夫人能回狮子吼 成公子重庆凤毛新”。据该书讲述，嘉靖年间，新科进士樊植赴任扬州太守，中途被响马抢了。土匪权小五到扬州冒充太守，以便去征税挣大钱。清代小说《施公案》中有恶霸毛如虎，假冒知县，强抢民女，摊派苛捐杂税，最终被黄天霸擒住，被施公处罚。清代徐芳的小说《诺皋广记·雷州盗记》描述，明代崇祯年间，南京某人外放到广东雷州做太守，中途被强盗杀了。强盗去当太守。没想到这假太守上任以后，还算清正廉明，治理有方，百姓居然称赞其贤明。电影

〔1〕〔明〕张岱:《夜航船》(上)，李小龙译，中华书局 2015 年版，第 524 页。

〔2〕〔清〕钱泳:《履园丛话·梦幻·损阴骘除名》。

《让子弹飞》也有类似情节。葛优饰演的县长马邦德在赴任鹅城路上，被姜文饰演的土匪张麻子截杀。张麻子带着任命状上任当县长。《让子弹飞》改编自马识途 1942 年小说《夜谭十记》中的《盗官记》，《盗官记》还真有现实由来，足见此类故事长盛不衰。

科场冒名顶考是另一类常见题材。《官场现形记》《清稗类钞·考试类》中有不少记述。再如据清代朱克敬《暝庵杂识》的记载，嘉庆三年（1798 年）湖南乡试，傅进贤买通负责考场的小吏，将一份优异卷头彭莪的姓名籍贯栏割下，与自己卷头上的信息对调。发榜时，傅进贤高中解元。彭莪名落孙山。此事后被彭莪的老师罗典告发。最终，冒名的傅进贤和负责考场的小吏被砍头。对此类案件处理都很严厉，轻者坐牢，重者要被行刑。不过文学故事中也有例外。如“李卫当官”故事中，李卫冒名顶替钦差，最后没被杀头，反而被康熙委任县令，雍正登基以后，李卫更是被提拔为两江总督。花木兰替父从军也是冒名顶替，但孝心可嘉，又立了战功，反而被封为将军。

1.《清实录》严办职官冒名顶替

> 谕内阁：御史兴奎等奏请“饬吏部查办职官冒名顶替并严定出结官处分”等语。职官冒名顶替，名是人非，相率为伪，实属大干法纪。着吏部认真查办。如何稽核祛弊，严定章程具奏，至各省京官印结。系为防弊而设。[1]

> 又谕。庆昀等奏请将玩视公务之固山达议处一折。察哈尔牛羊群正黄旗固山达布拉那于拣补牧长验放时，因拟陪之牧副精莫特僧格出差未回，属令拟正之章楚布代为觅人冒名顶替，实属胆玩不职。布拉那着即撤任。[2]

---

〔1〕《大清穆宗毅皇帝实录（374 卷）（同治朝）》。

〔2〕《大清穆宗毅皇帝实录（374 卷）（同治朝）》。

谕内阁：广寿等奏“验看月官，查有冒名顶替情弊，请饬部讯办”一折。捐纳府经历吴璟、县丞张日焜、从九品徐福畴，经广寿等查询各该员履历，均不相符，显系冒名顶替。吴璟、张日焜、徐福畴，均着刑部讯明，照例惩办。〔1〕

又谕。御史丁振铎奏考场顶替等弊仍复未改一折。“据称此次考取宗学教习之吴恩照系中书马星联顶名入场，出结官为陈鸿年，请饬查办”等语。着礼部饬传陈鸿年带同吴恩照，赴部另缮试卷，核对笔迹是否马星联冒名顶替之处。着一并查明具奏。〔2〕

恩诏分别内外文武品级，各准送一子入监读书。又定诸生入监日，本堂严察年貌、籍贯、经书，务取连名保结，以防冒名顶替之弊。〔3〕

2. 考场冒名顶替系列

当下马老爷上楼，也不说别的，但连连跺脚，说道：“要人家冒名顶替，亦得看什么人去！他们叫耐庵顶这个名，我就说不对，如今果然闹出事来了！如今果然闹出事来了！打错了中国人还不要紧，怎么打到一个洋行买办家去！”〔4〕

等到王先生去后，这一位太守公足足盘算一夜，想来想去，自己本事总觉有限，不可冒昧出去应考，忽然悟到：

---

〔1〕《大清德宗景皇帝实录（597 卷）（光绪朝）》。

〔2〕《大清德宗景皇帝实录（597 卷）（光绪朝）》。

〔3〕《钦定大清会典则例》卷一百五十七。

〔4〕〔清〕李伯元:《官场现形记》，长春出版社 2010 年版，第 436 页。

"凡是考试都可以请枪手，理的，也有商量不出道理的，冒名顶替进场。等到明天，我何不把王先生找了来，就叫他充做我的跟班，一块儿混了进去，等到题目下来，可以同他商量，岂不省事。"[1]

粤东科场积弊至多，枪替，其一也。有某观察者，当其为诸生时，尤优为之，故虽已入泮多年，而县试、府试、院试皆往，往必售，盖包办也。粤人谓之一条葱，犹一条鞭也。彼之冒名顶替，岁以为常，几于一岁易一姓名焉。[2]

辛卯。谕内阁：前据载铨等奏请"禁止誊录书手冒名顶替，责令认真誊写"。嗣据给事中和丰奏请"推广成例，以杜修卷各"等语。均经降旨，交礼部，会同顺天府议奏。兹据御史灵以諴奏请"变通科场旧章以绝积弊"一折。着一并交军机大臣，会同礼部、顺天府，妥议章程具奏。[3]

3. 强盗冒名为官系列

（1）刘洪冒名陈光蕊上任

途路艰苦，晓行夜宿，不觉已到洪江渡口。只见稍水刘洪、李彪二人，撑船到岸迎接。也是光蕊前生合当有此灾难，撞着这冤家。光蕊令家僮将行李搬上船去，夫妻正齐齐上船，那刘洪睁眼看见殷小姐面如满月，眼似秋波，樱桃小口，绿柳蛮腰，真个有沉鱼落雁之容，闭月羞花之貌，陡起狼心，遂与李彪设计，将船撑至没人烟处，候至

---

〔1〕〔清〕李伯元：《官场现形记》，长春出版社 2010 年版，第 637 页。

〔2〕《清稗类钞·考试类》，见〔清〕徐珂：《清稗类钞》（第 5 册），上海商务印书馆 1917 年版，第 18 页。

〔3〕《大清宣宗成皇帝实录（476 卷）（道光朝）》。

夜静三更，先将家僮杀死，次将光蕊打死，把尸首都推在水里去了……那贼把船渡到南岸，将船付与李彪自管，他就穿了光蕊衣冠，带了官凭，同小姐往江州上任去了。

…………

次日，丞相入朝，启奏唐王曰："今有臣婿状元陈光蕊，带领家小江州赴任，被稍水刘洪打死，占女为妻；假冒臣婿，为官多年。事属异变。乞陛下立发人马，剿除贼寇。"〔1〕

（2）响马冒名赴任扬州太守

少顷，见一个白袍银铠的少年好汉从外而入，与穿绿的相见过，便去右边交椅。上坐了。问道："大哥唤我议何事？"穿绿的道："目下寨中正缺粮草，方才拿得个扬州赴任的官员在此，我意欲选个精细头目，取了他的文凭冒名赴任，再着几个孩儿们扮了家丁同去，到彼处吊取些钱粮来应用。你道好么？"穿白的道："此计甚妙，但宜暂不宜久，限他赴任二月之内便起身回寨，不可逗留，以致失事。"穿绿的道："兄弟说的是。"便令小喽啰去樊植行囊中搜出文凭，付与一个头目叫作权小五，教他装作樊太守，带着假家丁依计而行，前赴扬州去了。然后喝教把樊植一干人绑去砍了罢。〔2〕

（3）大盗毛如虎冒名知县

当有合署差役，上来给施公磕头请安。齐声说道："蒙大人恩典，今将本县捉住，万民感恩不尽！"施公道："这

---

〔1〕〔明〕吴承恩：《西游记》，李天飞校注，中华书局2014年版，第123—129页。

〔2〕《五色石》第1回"仇夫人能回狮子吼　成公子重庆凤毛新"。

知县实非姓谢，却系大盗毛如虎。那姓谢的本是个好官，被毛如虎半途杀死，他便前来冒充。尔等今可出去招告，将所有原告等人，限明日早堂，齐集本署，听候提讯。”齐磕了头，遵谕退出。大人命人传知本城守备，即刻到署谕话。毛如虎收监看守。所有民间妇女，被毛如虎所奸占，悉数清查，不得隐瞒蒙混。毛如虎党羽分别寄监，候讯治罪。大家遵命而去。一会子，张桂兰、郝素玉前来请安。施公又慰劳了好些话，然后退出。此时本城守备吴邦干，前来禀见，行礼已毕。施公话说：“尔可知本县不是姓谢，实是大盗毛如虎？半途截杀谢养儒，他便冒领文凭为民政，地方安得不受其害？尔虽武职，亦有缉捕之责，何以平时漫不经心，殊为忽略之至？”吴邦干吓得战战兢兢，跪下求道：“守备实在不知，罪该万死。还求大人格外施恩！”施公便喝：“明日督同全营兵丁，前来听候本部堂严讯毛如虎！”吴邦干遵谕退出。[1]

（4）盗贼竟成贤太守

雷于粤为最远郡。崇祯初，金陵人某以部曹出守，舟入江遇盗。知其守也，杀之，并歼其从者，独留其妻女。以众中一最黠者为伪守，持牒往，而群诡为仆，人莫能察也。抵郡逾月，甚廉干，有治状，雷人相庆得贤太守。……

东陵生闻而叹曰：“异哉！盗乃能守若此乎？今之守非盗也，而其行鲜不盗也，则无宁以盗守矣！其贼守，盗也；其守而贤，即犹愈他守也。”[2]

---

〔1〕《施公案》第二百二十四回“于亮败走何路通 施公严讯毛如虎”。

〔2〕〔清〕徐芳：《诺皋广志（卷五）》“雷州盗记”。

（5）冒充官吏以行骗

有冒充官吏以行骗者，忽自称禁烟，忽自称查牙帖，忽自称查酱缸。所至之处，辄出委札于怀以示人，人不疑也，得贿即行，盖假他人所得之檄以冒名顶替耳。〔1〕

4. 其他冒名故事

（1）《水浒传》李鬼冒名李逵

李逵看那人时，带一顶红绢抓儿头巾，穿一领粗布衲袄，手里拿着两把板斧，把黑墨搽在脸上。李逵见了，大喝一声："你这厮是甚么鸟人，敢在这里剪径！"那汉道："若问我名字，吓碎你心胆！老爷叫做黑旋风！你留下买路钱并包裹，便饶了你性命，容你过去。"李逵大笑道："没你娘鸟兴！你这厮是甚么人？那里来的？也学老爷名目，在这里胡行！"李逵挺起手中朴刀来奔那汉。那汉那里抵当得住，却待要走，早被李逵腿股上一朴刀，搠翻在地。一脚踏住胸脯，喝道："认得老爷么？"那汉在地下叫道："爷爷！饶恕孩儿性命！"李逵道："我正是江湖上的好汉黑旋风李逵便是！你这厮辱没老爷名字！"那汉道："小人虽然姓李，不是真的黑旋风。为是爷爷江湖上有名目，提起好汉大名，神鬼也怕，因此小人盗学爷爷名目，胡乱在此剪径。但有孤单客人经过，听得说了黑旋风三个字，便撇了行李奔走了去，以此得这些利息，实不敢害人。小人自己的贱名叫做李鬼，只在这前村住。"李逵道："叵耐这厮无礼，却在这里夺人的包裹行李，却坏我的名目，

〔1〕《清稗类钞·棍骗类》，见〔清〕徐珂：《清稗类钞》（第40册），上海商务印书馆1917年版，第84页。

学我使两把板斧，且教他先吃我一斧！”劈手夺过一把斧来便砍。[1]

(2)《西游记》灵感大王斥责八戒冒名顶替之罪

八戒喝道：“我把你这打不死的泼物！你前夜与我顶嘴，今日如何推不知来问我？我本是东土大唐圣僧之徒弟，往西天拜佛求经者。你弄玄虚，假做甚么灵感大王，专在陈家庄要吃童男童女，我本是陈清家一秤金，你不认得我么？”那妖邪道：“你这和尚，甚没道理！你变做一秤金，该一个冒名顶替之罪。我倒不曾吃你，反被你伤了我手背，已此让了你，你怎么又寻上我的门来？”[2]

(3)《儒林外史》石老鼠冒名行骗

当下两人揪扭出了黄家门，一直来到县门口，逼着县里两个头役，认得牛浦，慌忙上前劝住，问是甚么事。石老鼠就把他小时不成人的亭说：骗了卜家女儿，到这里又骗了黄家女儿，又冒名顶替，多少混帐事。牛浦道：“他是我们那里有名的光棍，叫做石老鼠。而今越发老而无耻！去年走到我家，我不在家里，他冒认是我舅舅，骗饭吃。今年又凭空走来问我要银子，那有这样无情无理的事！[3]”

(4)《儒林外史》牛奶奶指控丈夫被冒名

牛奶奶道：“我便是牛布衣的妻子。你这厮冒了我丈夫的名字在此挂招牌，分明是你把我丈夫谋害死了，我怎肯

[1]〔明〕施耐庵：《水浒传》，岳麓书社 2012 年版，第 340—341 页。
[2]〔明〕吴承恩：《西游记》，李天飞校注，中华书局 2014 年版，第 647 页。
[3]〔清〕吴敬梓：《儒林外史》，北京燕山出版社 2014 年版，第 174 页。

同你开交！”牛浦道：“天下同名同姓也最多，怎见得便是我谋害你丈夫？这又出奇了！”牛奶奶道：“怎么不是！我从芜湖县问到甘露庵，一路问来，说在安东。你既是冒我丈夫名字，须要还我丈夫！”

…………

第三件便是牛奶奶告的状，“为谋杀夫命事”。向知县叫上牛奶奶去问。牛奶奶悉把如此这般，从浙江寻到芜湖，从芜湖寻到安东：“他现挂着我丈夫招牌，我丈夫不问他要，问谁要？”……向知县向牛奶奶道：“眼见得这牛生员叫做牛布衣，你丈夫也叫做牛布衣，天下同名同姓的多，他自然不知道你丈夫踪迹。你到别处去寻访你丈夫去罢。”牛奶奶在堂上哭哭啼啼，定要求向知县替他伸冤。[1]

四、名之法意语汇的文学呈现

名之观念对中国传统文化产生了极为重要的影响。在我们日常语言中，由名衍生的姓名、名声、名分、名望、名节、名誉、名位、名义等相关词语俯拾可见，其中还有诸多词汇与法律相关。此处选取了名法、刑名、名教、名分、名籍这五个法律意涵最为明显的词汇，梳理阐释它们在文学作品中的表现。

（一）名　法

名与法都是治国工具，古代文献中名与法经常连用，指采用名与法来治理的两种治国策略。而有时，名与法皆可指一种规范、标准、准则，两者意义大致相同。在战国中晚期到汉代初期，存在明显的名法连用、名法并举的现象。名与法融合还组成了“名法”这

〔1〕〔清〕吴敬梓：《儒林外史》，北京燕山出版社2014年版，第174—176页。

个专门的范畴。如不少人用“名法之治”来指称曹魏的统治方式。在许多史论文献，尤其是涉及三国时期的评论中，“名法”时有出现。而在传统史论中最系统、最精彩的杰作——王夫之的《读通鉴论》中，“名法”更是一个高频词汇。

1. 名法作为治国策略

是以庄周《齐物》，以论为名；不韦《春秋》，六论昭列。至石渠论艺，白虎通讲，述圣通经，论家之正体也。及班彪《王命》，严尤《三将》，敷述昭情，善入史体。魏之初霸，术兼名法。傅嘏、王粲，校练名理。迄至正始，务欲守文；何晏之徒，始盛玄论。[1]

臣某言：窃以书用于世久矣，先王立学以教之，设官以达之，置使以喻之，禁诛乱名，岂苟然哉！凡以同道德之归，一名法之守而已。[2]

2. 名法之学

名法之学指法家学派的学说，在描述法家学派人物时，这是一个高频语汇。古代许多官吏的求学过程中，也常见“名法之学”“名法之言”的描述。有时名法则指名家与法家学派的并称。

《吕氏春秋》乃吕不韦之客所著。盖吕不韦既柄秦，遂招致天下之客，欲著书以自名家。故门下之客共成此书，大率亦名法之流。然文字尖新，不似先秦人语，又出于众人之手，言多舛驳。[3]

---

〔1〕《文心雕龙·论说》，见〔南朝梁〕刘勰：《文心雕龙》，上海古籍出版社 2015 年版，第 116 页。

〔2〕《王安石文集》卷五十六。

〔3〕〔明〕何良俊撰：《四友斋丛说》，中华书局 1959 年版，第 184 页。

韩非与李斯俱事荀卿。夫敬卿本儒术，而二子俱以名法显，竟以刻急自灭其身者，何也？或者得志之后，遂大背其师说耶。〔1〕

《淮南子》，亦是淮南王好客，而四方之客如太山小山八公之徒来从之游，遂共为此书。盖杂出于儒道名法诸家，天时地理无不贯综，博大弘衍，可谓极备。〔2〕

杂家者流，盖出于议官，兼儒墨，含名法，知国体之有此，见王治无不贯，此其所长也。〔3〕

自三五以还，文质迭变，百王之法，六籍涣然。及周室既衰，诸侯异政，俊贤之士，分轨并驰。至如管仲霸齐之功，商鞅强秦之令，申、韩之名法，孙、吴之战阵，李悝则务尽地力，墨翟则崇尚节俭，此其尤著者也。〔4〕

后魏刘献之少好学，尤精诗传，泛观子史。见名法之言，掩卷而笑曰："若使杨墨之流，不为此书，千载谁知少也。"〔5〕

君讳宣称，字仲申。其先天水人也。累世从官，不常厥居。曾祖全真，工部员外郎滕州刺史。祖倚，太子校书。考台，歙州海宁令。君即海宁府君第三子也。生于广陵，长于江左。幼而俊敏，博综群书，尤善名法之学。〔6〕

---

〔1〕〔明〕何良俊：《四友斋丛说》，中华书局1959年版，第181页。

〔2〕〔明〕何良俊：《四友斋丛说》，中华书局1959年版，第185页。

〔3〕《汉书·艺文志》，见《汉书》（第6册），中华书局1962年版，第1737页。

〔4〕〔清〕陆心源：《唐文拾遗·卷四十七·册秀才文四首》。

〔5〕〔北宋〕李昉等编：《太平广记》（第4册），中华书局1961年版，第1519页。

〔6〕《全唐文》第09部卷八百八十六"唐故奉化军节度判官通判吉州军州事朝议大夫检校尚书主客郎中骁骑尉赐紫金鱼袋赵君墓志铭"。

> 吴献可，太仓州人。梅村之孙，西斋之子。通经史，究名法之学，方伯延于家二十年。子完夫，工镌印，琢砚，极奇巧之技。[1]

3. 宗教语境中的名法

在一些宗教语境中，名法一词偶有使用，大抵是对佛教或者道教等的一些赞颂之词。

> 所宗既不同，所得亦异宜。名法在深刻，虚玄至希夷。[2]

> 纲白，阔绝音旨，每用延结，风严寒劲，愿比怡和。伏承净名法席，亲承金口，辞珍鹿苑，理惬鹫山，微密秘藏，于斯既隆，庄严道场，自兹弥阐，岂止心灯夜炳，亦乃意蕊晨飞。[3]

> 尔时，我在一讲堂中止宿，讲堂名法说，纯金所造。我于尔时，乘一宝羽之车。[4]

4.《读通鉴论》中名法的高频使用

清代王夫之所著《读通鉴论》借引司马光《资治通鉴》所载史实进行评论，被誉为传统史论中最系统、最精彩的杰作。该书系统地评论秦至五代的漫长历史，分析历代成败兴亡、盛衰得失、臧否人物，总结经验、引古鉴今，探求历史发展进化规律。王夫之认为国家之政虽千头万绪，但关键活动无外乎刑名、铨选、兵戎、钱谷、

---

〔1〕《扬州画舫录·卷十二》。

〔2〕〔唐〕陆龟蒙：《袭美先辈以龟蒙所献五百言既蒙见和复示荣唱》。

〔3〕 肖占鹏、董志广校注：《梁简文帝集校注》，南开大学出版社 2015 年版，第 748 页。

〔4〕《增壹阿含经》第十四卷。

赋役、礼制等。该书中有比较丰富的“法治”思想，突出了“法治”的必要性与重要性。因此作者对传统的名法之治颇为留意，也有推崇的一面。比如他认为吴国孙氏不足与言治理，因为“未尝立一权谋名法之标准”，而诸葛亮则贤于孙氏，因为“乃尚名法以钳束其下”。当然，他对一味遵从法家导致“法密吏重”的现象也有批评。

以孔明之淡泊而尽瘁也，以介甫之土木其形而好学深思也，然且乐奉名法者，何也？俭以耳目，勤以耳目，而心思从其康逸也。贤者且然，况令狐绹、张居正之挟权势者哉！使读李斯之言，知其为导谀劝淫之术也，能勿靦布然而汗下与？[1]

蜀非乏才，无有为主效尺寸者，于是知先主君臣之图此也疏矣。勤于耕战，察于名法，而于长养人才、涵育熏陶之道，未之讲也。[2]

孙氏之不足与言治理也，而未尝立一权谋名法之标准，则江介之士民，犹且优游而养其志。诸葛公贤于孙氏远矣，乃尚名法以钳束其下，人皆自困于名法之中，而急于事功以为贤，则涵泳从容之意不复存于风俗，安所得高视远览以曙于贞邪逆顺之大者哉！[3]

况名法综核为物情所骇者，其可迫求之以拂众怒也乎！

---

〔1〕《读通鉴论·秦始皇》，见〔清〕王夫之：《读通鉴论》（上），中华书局1975年版，第2—3页。

〔2〕《读通鉴论·三国》，见〔清〕王夫之：《读通鉴论》（上），中华书局1975年版，第271页。

〔3〕《读通鉴论·惠帝》，见〔清〕王夫之：《读通鉴论》（中），中华书局1975年版，第319页。

方正学未之逮也，隗与协又何足以及此！[1]

以法法先王而无其道，适足以乱；以名法先王而并失其法，必足以亡。秦之不亡，时不能亡之也。至于隋，革秦之妄，因时以命官，垂千余年，有损益而弗能改，循实之效可睹矣。周礼六官，有精意焉，知之者奚有于法，而况名乎？[2]

（二）刑　名

1. 法家的刑名之学

法家学派主张循名责实，明赏慎罚，后人将其学称为“刑名之学”，亦省作“刑名”，成为法家代称。在描述法家学派人物时，这会频频提及。刑名也可泛指古代法律知识。在对古代官吏素质能力的描述中也常用“操刑名之学”“审刑名”之类的说法。

话说卫人公孙鞅，原是卫侯之支庶，素好刑名之学，因见卫国微弱，不足展其才能，乃入魏国，欲求事相国田文。[3]

烈侯传子文侯，文侯传哀侯。韩山坚素与哀侯不睦，乘间弑哀侯。诸大臣共诛杀山坚，而立哀侯子若山，是为懿侯。懿侯子昭侯，用申不害为相。不害精于刑名之学，国以大治。此是后话。[4]

---

〔1〕《读通鉴论·东晋元帝》，见〔清〕王夫之：《读通鉴论》（中），中华书局 1975 年版，第 341 页。

〔2〕《读通鉴论·元帝》，见〔清〕王夫之：《读通鉴论》（中），中华书局 1975 年版，第 611—612 页。

〔3〕〔明〕冯梦龙：《东周列国志》，岳麓书社 2018 年版，第 670 页。

〔4〕〔明〕冯梦龙：《东周列国志》，岳麓书社 2018 年版，第 665 页。

时韩桓惠王已薨，太子安即位。有公子非者，善于刑名法律之学，见韩之削弱，数上书于韩王安，韩王不能用。[1]

商鞅之见孝公也，三说而后合。甚矣，鞅之怀诈挟术以欺其君也。彼岂不自知其不足以帝且王哉？顾其刑名惨刻之学，恐孝公之不能从，是故设为高论以炫之。[2]

十载游名山，自制山中衣。愿言毕婚嫁，携手老翠微。不悟俗缘在，失身蹈危机。刑名非夙学，陷阱损积威。遂恐死生隔，永与云山违。[3]

刑名兵家之术，则狃于暴诈。惟知经者为善矣，又争为章句训诂之学，以其私见，妄穿凿为说。[4]

夫商鞅、申、韩之徒，其能也，贵尚谲诈，务行苛克，废礼义之教，任刑名之数，不师古始，败俗伤化，此则伊尹、周、邵之罪人也。[5]

久之名曰“理刑三年后堂官”，以刑名精熟上闻，即授御史。[6]

江阴有周岐凤者，聪敏绝人，百工技艺，异端刑名之学，无不习而能之。[7]

---

〔1〕〔明〕冯梦龙：《东周列国志》，岳麓书社 2018 年版，第 823 页。

〔2〕〔宋〕苏轼：《苏轼文集》（第 1 册），中华书局 1986 年版，第 37 页。

〔3〕〔宋〕苏轼：《游净居寺》，见刘自献主编：《苏轼游览诗注译》，中国商业出版社 1990 年版，第 137 页。

〔4〕《曾巩文集·卷十八》记十三首。

〔5〕《长短经·卷三·适变》。

〔6〕《万历野获编》卷十一《吏部·选科道》。

〔7〕〔明〕王锜《寓圃杂记》。

大家都说："喀先生学的是外国刑名，中国的刑名他没有讲究过，就是拟了出来，到部里亦要驳的，还是请我们自己老夫子拟罢。"窦世豪至此方才有点反悔之意，皱了皱眉头，说道："人命案件请教你，你说中国刑名你不懂。今儿这些事情，原是上头照着你们法子办的，怎么你亦不懂？"[1]

2. 刑名代指刑律

刑名也可代指刑律。正刑名、任刑名、重刑名也被用来指重用法律治国的做法。不过在古代"德教优于刑罚"的思想背景下，"重刑名"之类的说法也蕴含了一种批判贬责的意味。

风纪之官但以刑名为事，而于弼教新民之意若不相关，无惑乎江河之日下已！[2]

敕曰：朕闻越纪乱常，前王无赦，惩恶劝善，有国不私，苟罪恶以显彰，在刑名而何逭，其有身当殊宠，既受国恩，敢行不轨之心，具验速辜之迹，颁行典宪，仍令诘。[3]

首庙号以表元，首日月以表事。尚功力，正刑名，登崇善良，荡戮凶回。[4]

必情惟害物，据法须峻刑名。[5]

---

〔1〕〔清〕李伯元：《官场现形记》，长春出版社 2010 年版，第 655 页。
〔2〕《日知录·清议》，见〔清〕顾炎武：《顾炎武全集》（第 18 卷），上海古籍出版社 2011 年版，第 533 页。
〔3〕〔宋〕钱俨：《吴越备史·卷二·武肃王下》。
〔4〕〔唐〕孙樵《孙氏西斋录》。
〔5〕〔宋〕李昉：《文苑英华》卷五百四十五。

晋傅玄释法篇曰：释法任情，奸佞在下，多疑少决，譬执腐索，以御奔马，专任刑名，民不聊生，通儒达道，政乃升平，浩浩大海，百川归之，洋洋圣化，九服仰之，春风畅物，秋霜肃杀，同则相济，异若胡越。[1]

于文定谓："本朝姑息之政甚于宋世，败军之将，可以不死，赃吏巨万，仅得罢官，而小小刑名反有凝脂之密，是轻重胥失之矣。"[2]

同时有庄子者，著书自尧舜以下，无一不毁，毁孔子尤甚，诗书礼乐，刑名度数，举以为可废，其叛道害教非杨墨二氏比也。[3]

那个徐义扶，虽是小官，却是见识高广，眼力颇精。他道刑名过犯，冤抑者多，所以不嫌前程渺小，志愿力行善事，利物济人。[4]

辰州万里外，想得逐臣心。谪去刑名枉，人间痛惜深。[5]

民知约法，未肯以狱吏为尊；吏识刑名，无敢以死灰相惧。[6]

道丧虽云久，吾犹及老成。如今各衰晚，那更治

〔1〕〔唐〕欧阳询：《艺文类聚·卷五十四》刑法部。
〔2〕《日知录·除贪》，见〔清〕顾炎武：《顾炎武全集》（第18卷），上海古籍出版社2011年版。
〔3〕〔宋〕邵博：《邵氏闻见后录》。
〔4〕《隋唐演义》第五十一回"真命主南牢身陷 奇女子巧计龙飞"。
〔5〕〔唐〕戎昱：《送郑炼师贬辰州》。
〔6〕〔北周〕庾信：《周柱国尔绵永神道碑》。

刑名。懒惰便樗散，疏狂托圣明。阿奴须碌碌，门户要全生。[1]

3. 刑名引申为刑事案件

刑名引申为刑律或刑事案件，“断刑名”“决刑名”指审判刑事案件，“掌刑名”指执掌法律，“坐刑名”“陷刑名”“冒犯刑名”指触犯法律，被判入狱。在法司的分工中，也有“刑部受天下刑名”之类记录。古人经常教诲，要“审谨刑名”，即谨慎对待刑狱之事，公平判案。

凡断刑名，须得指实，朦胧作状，斟酌结刑，司刑比申，过为非理。欲令集议，须审议由，状未指归，遣议何事？仰寻所推之案，取堪凭据之由。[2]

虽繁计策，广术艺，审刑名，峻法制，文辩流离，论议绝世，不得与之争功。[3]

狱者，生民大命，苟非当坐刑名者，自不应收系。为知县者每每必须躬亲，庶免冤滥。访闻诸县间有轻置人囹圄，而付推鞫于吏手者，往往写成草子，令其依样供写，及勒令立批出外索钱，稍不听从，辄加棰楚，哀号惨毒，呼天莫闻。[4]

---

〔1〕〔宋〕苏轼：《次韵子由初到陈州二首》，见〔清〕王文诰辑注，孔凡礼点校：《苏轼诗集》（卷六），中华书局 1982 年版，第 255 页。

〔2〕《册府元龟 · 刑法部 · 议谳第三》，见〔宋〕王钦若等：《册府元龟》（第 13 册），台湾中华书局 1996 年版，第 7401 页。

〔3〕《晋书 · 潘尼传》，见《晋书》（第 5 册），中华书局 1974 年版，第 1509 页。

〔4〕《劝谕事件于后》，见周名峰校释：《名公书判清明集校释（官吏门 · 赋役门 · 文事门）》，法律出版社 2019 年版，第 19 页。

当职每敬其审谨刑名，爱重民命，务存国家体统，而仰奉圣主钦恤之盛心者如此。[1]

其自首去官、罚俸、罚直遇恩全原勿论者，亦依过犯供，不得漏落。初出官及承 直郎以下不经吏部磨勘。或承直郎以下、使臣改换改奏充承务郎以上，未经磨勘者。则云自出身以来并无过犯。以上有过犯者，各略具犯状、某年月日所断刑名、事因，已经除落者，仍云于某年月日准某处指挥除落。[2]

瑞气盘缠绕郓城，此乡生降宋公明。神清貌古真奇异，一举能令天下惊。幼年涉猎诸经史，长为吏役决刑名。[3]

子遘为刑部郎中。清泰二年，上言："臣忝掌刑名，合论法律"。[4]

目者面之渊，不深则不清。鼻者面之山，不高则不灵。口阔而方禄千种，齿多而圆木家食。眼角入鬓，必掌刑名。[5]

始就诗赋科，雕镌久才成。一朝复弃之，刀笔事

[1]《州官申状不谨》，见周名峰校释：《名公书判清明集校释（官吏门·赋役门·文事门）》，法律出版社 2019 年版，第 37 页。

[2]〔宋〕谢深甫等编：《庆元条法事类》，戴建国点校，黑龙江人民出版社 2002 年版，第 264—265 页。

[3]〔明〕施耐庵：《水浒传》，岳麓书社 2012 年版，第 154 页。

[4]《册府元龟·台省部·奏议第七》，见〔宋〕王钦若等：《册府元龟》（第 10 册），台湾中华书局 1996 年版，第 5678 页。

[5]《冰鉴·容貌鉴》，见〔清〕曾国藩：《冰鉴挺经》，李飞跃、蒲宏凌注，中华书局 2014 年版，第 44 页。

刑名。中材蔽末学，斯道苦难名。忽贵不自期，何施就升平。[1]

京城地面刑名事，向属城坊，是年九月裁城坊，初置巡警部，设内外城巡警厅丞佥事各官，粗举大纲，调用人员，半年少气盛，常喜事，有案报，则随往。[2]

4. 刑名幕友、刑名官等相关职业

刑名也可指古代官署中负责处理刑事判牍的幕客，亦称刑名幕友、刑幕或刑席，俗称刑名师爷。清代幕友主要有刑名、钱谷、征比、挂号、书启等种类，绝大多数幕友都是秀才，他们既有儒家经典知识，又有一定的律典专业知识。幕友通晓刑名律例、钱粮会计、文书案牍等州县政府管理的技术知识和专门技巧，是州县官府的行政管理专家。清代各州县衙门都聘请幕友来帮助处理日常政务，以致有“无幕不成衙”的说法。刑名幕友熟读律法书籍，熟练掌握司法审判技巧。作为幕主官员私人聘请的顾问，他们虽游离于官僚体制，但往往是地方司法活动的实际操纵者。清代各级地方官署办案都离不开刑名师爷，郭嵩焘甚至称“本朝则与胥吏共天下”。而在实际操作中，刑名师爷擅权弄法、营私舞弊者不在少数。龚自珍曾以憎恶口吻，在《治狱》一文中批判道，“刑名师爷”“析四民而五，附九流而十”，是从士、农、工、商四种人中间分出来的第五种人，是附在“九流”之后的第十种。龚自珍将刑名师爷排除在“四民”“九流”之外，认为他们是残酷剥削压榨民众的“寄生虫”。

刑名官是古时官署中管刑事判牍的人，该称谓也用作执法官吏的通俗说法，在《三言两拍》等通俗小说中常有提及。

---

〔1〕 秦克、巩军标点：《王安石全集》，上海古籍出版社 1999 年版，第 416 页。

〔2〕《清稗类钞 · 狱讼类》，见〔清〕徐珂：《清裨类钞》（第 9 册），上海商务印书馆 1917 年版，第 318 页。

钱谷刑名一切咨之幕友，主人惟坐啸画诺而已。[1]

忙取出来看了，道：这又不干钱谷、刑名，是个不解事书生胡写的，你就把来做诈端？便拔签叫：打四十！一声打！早拿下去。[2]

话说向知府听见摘印官来，忙将刑名、钱谷相公都请到眼前，说道："诸位先生将房里各样稿案查点查点，务必要查细些，不可遗漏了事。"说罢开了宅门匆匆出去了。[3]

那畿尉姓李名勉，字玄卿，乃宗室之子，素性忠贞尚义，有经天纬地之才，济世安民之志。只为李林甫、杨国忠相继为相，妒贤嫉能，病国殃民，屈在下僚，不能施展其才。这畿尉品级虽卑，却是个刑名官儿。[4]

贝氏笑道："你枉自有许多聪明，这些事便见不透。大凡做刑名官的，多有贪酷之人，就是至亲至戚，犯到手里，尚不肯顺情。何况与你素无相识，且又情真罪当，怎肯舍了自己官职，轻易纵放个重犯？"[5]

回到家时，天已将黑，继之已经到我伯父处去了，留下话，叫我回来了就去。我到房里，把八十两银子放好，要水洗了脸才去。到得那边时，客已差不多齐了。除了继

---

〔1〕《皇朝经世文编》卷十四。

〔2〕〔明〕陆人龙：《三刻拍案惊奇》，华夏出版社2008年版，第285页。

〔3〕〔清〕吴敬梓：《儒林外史》，北京燕山出版社2014年版，第188页。

〔4〕〔明〕冯梦龙：《醒世恒言》，中华书局2009年版，第334页。

〔5〕〔明〕冯梦龙：《醒世恒言》，中华书局2009年版，第338页。

之之外，还有两个人：一个是首府的刑名老夫子，叫做郦士图；一个是督署文巡捕，叫做濮固修。[1]

这人来了，就到督署去求见那位刑名师爷。[2]

余某者老于幕府，司刑名四十余年。后卧病濒危，灯月下恍惚似有鬼为厉者，余某慨然曰："吾存心忠厚，誓不敢妄杀一人，此鬼胡为乎来耶？"[3]

仆从之于官称老爷，于幕友称师爷，刑名、钱谷二席，均得此称。冠以绍兴二字者，则以操是业者之类皆绍兴人也。[4]

如曰署中延有幕宾，是固熟谙律例者，何必官又读之讲之也。不知幕中之友佐理簿书以分其劳，而刑名钱谷我为官守，若不能明白于胸，了然于口，洞悉于首尾，斟酌于情理而梦梦焉，徒听于人幕之宾，此即所谓尸位而素餐也，又何以堪？[5]

州县首重刑名钱谷，然其实有不同者，有公式之刑名钱谷，有儒者之刑名钱谷。公式之刑名有章可守，按法考律不爽而已，此幕友可代者也，儒者之刑名，则准情酌理，辨别疑难，通乎法外之意，此不可责于幕友也。[6]

---

〔1〕〔清〕吴趼人：《二十年目睹之怪现状》，崇文书局 2015 年版，第 54 页。

〔2〕〔清〕吴趼人：《二十年目睹之怪现状》，崇文书局 2015 年版，第 33 页。

〔3〕〔清〕纪晓岚：《阅微草堂笔记》，齐鲁书社 2007 年版，第 182—183 页。

〔4〕〔清〕徐珂：《清稗类钞》(第 3 册)，中华书局 1986 年版，第 1381 页。

〔5〕《钦颁州县事宜》，见官箴书集成编纂委员会编：《官箴书集成》(第 3 册)，黄山书社 1997 年版，第 680 页。

〔6〕〔清〕徐栋《牧令书》卷四"用人"。

（三）名 教

名教指以正名定分为主的封建礼教。西汉武帝时，把符合封建统治利益的政治观念、道德规范等立为名分，定为名目，号为名节，制为功名，用它对百姓进行教化，习称“以名为教”，其内容主要就是三纲五常。但“名教”这个词的出现是在魏晋时期，用来指以孔子的“正名”思想为主要内容的封建礼教。厚风俗而敦名教成为士人的使命，古代文献常见“行仁蹈义，名教所先，厉俗敦风，宜见褒奖”之类的倡导。魏晋玄学围绕“名教”与“自然”的关系展开了著名的论辩。“名教本于自然”“越名教而任自然”“名教同于自然”等观点竞相亮相。宋明以后，名教被称作“天理”，成为人们言行的桎梏。如违犯封建伦理纲常，即被贬称为“名教罪人”。背离礼法的行为被称为“亏损名教”“得罪名教”“败伤名教”。

1. 名教定义与主旨

君臣父子等纲常伦理、大义名分是名教的根本。礼仪教化以名教为先，圣人以名为教，以名为治，“圣贤之流无不涉乎名也”，《春秋》等先贤经典即名教之书，弘扬名教，则天下大治，“可以序定人伦矣”。

> ［疏］上言风之始，谓教天下之始也。序又解名教为风之意，风训讽也，教也。讽谓微加晓告，教谓殷勤诲示。讽之与教，始末之异名耳。言王者施化，先依违讽谕以动之，民渐开悟，乃后明教命。 上言风之始，谓教天下之始也。序又解名教为风之意。风之所吹，无物不扇，化之所被，无往不沾，故取名焉。〔1〕

《老子》曰：“名与身孰亲”，庄子曰：“为善无近名”。

---

〔1〕 孔颖达：《毛诗正义》，见李学勤主编：《十三经注疏（标点本）》，北京大学出版社1999年版，第6页。

此皆道家之训，使人薄于名而保其真。斯人之徒，非爵禄可加，赏罚可动，岂为国之用哉！我先王以名为教，使天下自劝……是圣贤之流无不涉乎名也。孔子作《春秋》即名教之书也。[1]

古者立封树之制，定丧葬之期，著在典经，是为名教。[2]

礼无不敬，名教是先；君父同资，彝伦所尚。[3]

民生于三，事之如一，爱敬同极，岂惟名教，况乃施侔造物，义在加隆者乎。[4]

2. 士人追求：厚风俗而敦名教

厚风俗而敦名教成为士人的使命，古代文献常见“行仁蹈义，名教所先，厉俗敦风，宜见褒奖”之类的倡导。常用的褒扬语有弘扬名教、躬践名教、躬履名教、敦奖名教、振起名教。能被尊称为“名教宗主”“名教宗匠人”的，更是极有名望、堪称士林领袖之人物。《全唐诗》有“世法贵名教，士人重冠婚”等诸多表达士人弘扬名教之志向的诗歌。

张全义……两登廊庙，四退丘园，百行五常，不欺暗室。绅咸仰，以为名教宗主。[5]

---

〔1〕《近名论》，见〔宋〕范仲淹：《宋本范文正公文集》（第2册），国家图书馆出版社2017年版，第32页。

〔2〕《册府元龟·帝王部·革弊第二》，见〔宋〕王钦若等：《册府元龟》（第4册），台湾中华书局1996年版，第1937页。

〔3〕《全唐文》第03部卷二百三“议沙门不应拜俗状”。

〔4〕《宋书·徐羡之传》。

〔5〕〔元〕张光祖：《言行龟鉴·出处门》。

流声世祀，列赞祠堂。别驾贞烈，志存名教。捐生徇主，知死不挠。[1]

夫旌孝行，举逸人，所以厚风俗而敦名教也。[2]

解琬孝性淳厚，言词哀切，固辞强夺之荣，乞就终忧之典，足以激扬风俗，敦奖名教。宜遂雅怀，仍其祈请。仍俟服阕后赴上。[3]

世法贵名教，士人重冠婚。以此自桎梏，信为大谬人。[4]

把钓覆棋兼举白，不离名教可颠狂。[5]

心贪敌无勍。始知乐名教，[6]

汉家仪礼盛，名教出诸颜。更见尚书后，能文在子山。[7]

露冕关河，式清边徼。遽宣威德，聿敷名教。[8]

---

〔1〕〔南朝陈〕江总：《度支尚书陆君诔》。

〔2〕〔北宋〕李昉等编：《太平广记》（第 4 册），中华书局 1961 年版，第 1343 页。

〔3〕〔唐〕武曌：《褒监察御史解琬敕》。

〔4〕〔唐〕白居易：《朱陈村》，见〔清〕彭定求等编：《全唐诗》（第 7 册），中华书局 1999 年版，第 4790 页。

〔5〕〔唐〕韩偓：《秋深闲兴》，见〔清〕彭定求等编：《全唐诗》（第 10 册），中华书局 1999 年版，第 7862 页。

〔6〕〔唐〕韩愈：《城南联句》，见〔清〕彭定求等编：《全唐诗》（第 11 册），中华书局 1999 年版，第 8993 页。

〔7〕〔唐〕皎然：《赠颜主簿》，见〔清〕彭定求等编：《全唐诗》（第 12 册），中华书局 1999 年版，第 9277 页。

〔8〕〔唐〕《契苾明碑》，见陈根远编：《契苾明碑》，西安出版社 2018 年版。

3. 名教与自然之辩

魏晋玄学围绕名教与自然的关系展开了著名的论辩。大致有三种主张：一是“正始名士”如何晏、王弼、夏侯玄等所标举之“名教本于自然”，糅老庄思想于儒家；二是“竹林名士”如阮籍、嵇康等倡导的“越名教而任自然”，张扬两者的对立；三是向秀、郭象等倡导的“名教同于自然”，试图弥合儒道。在当时的名士群中，“任自然”比“归名教”更流行。但在晋朝，名教在政治上仍占正统地位。

> 夫称君子者，心无措乎是非，而行不违乎道者也。何以言之？夫气静神虚者，心不存乎矜尚；体亮心达者，情不系于所欲。矜尚不存乎心，故能越名教而任自然；情不系于所欲，故能审贵贱而通物情。物情顺通，故大道无违；越名任心，故是非无措也。〔1〕

> 李元礼风格秀整，高自标持，欲以天下名教是非为己任。后进之士，有升其堂者，皆以为登龙门。〔2〕

> 王平子、胡毋彦国诸人，皆以任放为达，或有裸体者。乐广笑曰：“名教中自有乐地，何为乃尔也！”〔3〕

> 五教之母，不皎不昧，不恩不伤，虽古今不同，时移俗易，此不变也，所谓“自古及今，其名不去”者也。〔4〕

4. 亏损名教

宋明以后，名教被称作“天理”，成为人们言行的桎梏。如违

〔1〕〔三国魏〕阮籍：《释私论》，见戴明扬校注：《嵇康集校注》，中华书局 2014 年版，第 402 页。

〔2〕〔南朝宋〕刘义庆：《世说新语》，远方出版社 2003 年版，第 2 页。

〔3〕〔南朝宋〕刘义庆：《世说新语》，远方出版社 2003 年版，第 15 页。

〔4〕〔三国魏〕王弼：《老子指归略例》。

犯封建伦理纲常，即被贬称为“名教罪人”。在古代文献中，背离礼法的行为被称为“亏损名教”“得罪名教”“败伤名教”，其往往与“绝灭人理”“身犯国刑”“背离人伦”等严重批判之语并称。违背礼教者则被责称为“名教罪人。”最著名的故事当属清朝钱名世的“名教罪人案”。钱名世依附权臣年羹尧，后年羹尧被雍正打击，其被抄年家时发现了钱名世给年写的“马屁诗”。钱名世以“谄媚奸恶”罪当死，但雍正只将其革职逐返，却亲书“名教罪人”匾额，悬其家门，又命385位文臣写诗文声讨其“劣迹罪行”，文章全由雍正帝审核通过后，交付钱名世辑成专集，名为《名教罪人诗》(《御制钱名世》)。

> 叔陵之谋杀乃兄，残忍无亲，原为名教罪人，但实受教于乃父。〔1〕

> 若仆者，固名教中一罪人耳，何面目以奉三军之士乎?〔2〕

> 王方庆为凤阁侍郎知政事，患风俗偷薄，人多苟且，乃奏曰:“准令式：齐缞、大功未葬，并不得朝会。仍终丧，不得参燕乐。比来朝官不依礼法，身有哀惨，陪厕朝贺，手舞足蹈，公违宪章。名教既亏，实玷皇化。”〔3〕

> 刘思立任考功员外，子宪为河南尉。思立今日亡，明日选人有索宪阙者，吏部侍郎马载深咨嗟，以为名教所不容，乃书其无行，注名籍。〔4〕

---

〔1〕 蔡东藩:《南北史演义》第八十二回 “挥刀遇救逆弟败谋 酣宴联吟艳妃专宠”。

〔2〕〔唐〕骆宾王:《上吏部裴侍郎书》。

〔3〕〔唐〕刘肃:《大唐新语》(第1册)，中华书局1984年版，第100—101页。

〔4〕〔唐〕刘肃:《大唐新语》(第1册)，中华书局1984年版，第170页。

干纪挟邪，罪在无舍；立忠效节，赏不逾时。善恶之理明，惩劝之义著。李万荣男，包藏奸险，违背君亲，悖慢朝章，扇动军旅。纵其豺狼之性，徇其枭獍之心，迫胁使臣，妄有希觊。厌蛊其父，谋害其兄，名教之所不容。〔1〕

唐天后时，张岌谄事薛师。掌擎黄幕随薛师后，于马旁伏地承薛师马镫。侍御史郭霸尝来俊臣粪秽，宋之问捧张易之溺器。并偷媚取容，实名教之罪人也。〔2〕

闾巷之人有所不忍，而庭坚为之自若，亏损名教，绝灭人理，岂可尚居华胄，污辱荐绅？〔3〕

其有父母见在，别籍异居，亏损名教，莫斯为甚。亲殁之后，亦不得分析。自今已后，如有不孝不恭、伤财破产者，宜配隶碛西，用清风教。〔4〕

公论弗容，士友交谪，皆以为名教罪人，臣实惧也。〔5〕

今龙图阁学士王博文、御史中丞杜衍尝为出嫁母解官行丧。若使生为母子，没为路人，则必亏损名教，上玷孝治。〔6〕

---

〔1〕《册府元龟·帝王部·明罚第二》，见〔宋〕王钦若等：《册府元龟》（第4册），台湾中华书局1996年版，第1850页。

〔2〕《太平广记·谄佞》，见〔宋〕李昉等编：《太平广记》（第4册），中华书局1961年版，第1853页。

〔3〕〔宋〕李焘：《续资治通鉴长编》卷四百十一“元祐三年（戊辰，1088）”。

〔4〕《册府元龟·帝王部·兴教化》，见〔宋〕王钦若等：《册府元龟》（第2册），台湾中华书局1996年版，第662页。

〔5〕〔宋〕袁燮：《又乞归田里第一奏》。

〔6〕《宋史·礼志二·凶礼四》，《宋史》（第9册），中华书局1985年版，第2927页。

□为大臣，天下所望，而亏损名教，绝灭义理，止从薄罚，何以示惩。[1]

赐钱名世“名教罪人”四字，著伊制匾，悬于居宅……一道及诸臣所赋刺恶之诗，一并交与钱名世刊刻进呈，由直省学校所在，各颁一部，以示鉴戒。[2]

虽曰风流班首，实乃名教罪人。[3]

5. 名教批判

在历史变迁中，名教逐渐成为禁锢人们言行的枷锁，为后世所批判。尤其是在近代启蒙思想中，纲常名教作为传统文化中最落后的典型被猛烈抨击。谭嗣同深刻鞭笞“名”和“以名为教”的封建陋习，推动了思想解放。谭嗣同率先明确提出“冲决网罗”的主张，这所谓网罗也就是为程朱理学所论证、张扬和维护的封建纲常名教，而所有纲常名教不过是统治者制造出来以压制和剥夺人之个性而已。名是指一切外在的形式与分别，“以名为教”的过程是以“本无实体”的“名”来压服人，是外在的礼教束缚了真实的生命。谭嗣同撰写《仁学》，对封建的纲常名教做了全方位的揭批猛打，强调“仁”是不受“名”限制的精神信念或“心力”，具有重要的思想解放意义。

认识论上的批判以章太炎为代表。章太炎曾撰写《原名》篇，力图正确揭示认识的过程论，反对以“名”扭曲、侵吞实际的情况。他极为警惕立“名”为教的僵化思维，力主破除“执名以求实”的偏执。1908 年，章太炎在《排满评议》中揭示了“殉名”的危害。

---

〔1〕〔元〕张光祖：《言行龟鉴·出处门》。

〔2〕《清实录·雍正朝实录·卷之四十四》。

〔3〕〔清〕梁绍壬：《两般秋雨盦随笔·瓯北控词》。

章太炎认为名实不符，人陷溺在空幻的符号中，丧失对于实在与生活的真切感受；它指向一种“崇名”“名词拜物教”“对于抽象名词的迷信”的消极思维方式，且往往演变为对“终极教条”的迷信，从而带来实践危害。[1]

> 仁之乱也，则于其名。名忽彼而忽此，视权势之所积；名时重而时轻，视习俗之所尚。甲亦一名也，乙亦一名也，则相持；名名也，不名亦名也，则相诡。名本无实体，故易乱，名乱焉而仁从之，是非名罪也，主张名者之罪也。俗学陋行，动言名教，敬若天命而不敢渝，畏若国宪而不敢议。嗟乎！以名为教，则其教已为实之宾，而决非实也。又况名者，由人创造，上以制其下而不能不奉之，则数千年来，三纲五伦之惨祸烈毒由是酷焉矣。君以名桎臣，官以名轭民，父以名压子，夫以名困妻，兄弟朋友各挟一名以相抗拒，而仁尚有少存焉者得乎？……《易》曰：“丰其蔀，日中见斗。”此其黑暗，岂非名教之为之蔀耶？然名教也者，名犹依倚乎教也。降而弥甚，变本加厉，乃亡其教而虚牵于名，抑惮乎名而竟不敢言教，一若西人乃有教，吾一言教即陷于夷狄异端也者……嗟乎！因卫教而立名，不谓名之弊乃累教如此也！[2]

> 君臣之祸亟，而父子夫妇之伦遂各以名势相制为当然矣。此皆三纲之名之为害也。名之所在，不惟关其口，使不敢昌言，乃并锢其心，使不敢涉想。愚黔首自术，故莫以繁其名为尚焉。[3]

---

〔1〕参见金理：《文学史视野中的现代名教批判》，广西师范大学出版社 2019 年版，第 98 页。

〔2〕蔡尚思、方行编：《谭嗣同全集（增订本）》，中华书局 1981 年版，第 299 页。

〔3〕蔡尚思、方行编：《谭嗣同全集（增订本）》，中华书局 1981 年版，第 299 页。

> 独夫民贼，固甚乐三纲之名，一切刑律制度皆依此为率，取便己故也。[1]

> 仁之乱也，则于其名……名本无实体，故易乱。名乱焉，而仁从之，是非名罪也，主张名者之罪也。[2]

> 世方谓文教之国其人智，蠕生之岛其人愚。彼则习也，非性。就计所习，文教国固多智；以其智起愚，又愚于蠕生之人。何者？世之恒言，知相、知名者为智，独知相者谓之愚。蠕生之人，五识于五尘犹是也。以不具名，故意识鲜通于法。然诸有文教者，则执名以起愚，彼蠕生者犹舍是。[3]

（四）名　分

1. 政治意义上的名分

不同的名分意味着不同的政治地位及职责，也分配以不同的政治资源。在古人看来，治国的关键是"守君臣之轨仪，正上下之名分"，如果名分紊乱，尊卑失礼，稍逾名分，则是"国之病"。治理的关键在于"辩之以名"。多数文献的名分指向政治法律意义上的名位等义，核心是"尊尊""亲亲"的尊卑关系。甚至连神话故事《封神演义》也极为详细地描述了武王伐纣与君臣名分之争。周文王临死前还顾念与纣王的"君臣名分"，嘱托周武王不得"造次妄为，以成臣弑君之名"。也有少数文献用"名分"指称具体的官职、差事，

---

〔1〕 蔡尚思、方行编：《谭嗣同全集（增订本）》，中华书局 1981 年版，第 349 页。

〔2〕 蔡尚思、方行编：《谭嗣同全集（增订本）》，中华书局 1981 年版，第 348 页。

〔3〕 章太炎：《辨性下》，载姜玢编选：《革故鼎新的哲理——章太炎文选》，上海远东出版社 1996 年版，第 396 页。

如《喻世明言》中把谋个官差称为“讨了名分”。

臣闻天秩有礼，位已定于高卑；王者无私，事必循于轨辙。倘臣下稍逾名分，则朝廷实紊等夷，情所难安，理须上诉。窃以臣比承旧制，有昧先机，劳万乘之时巡，方倾改事，庆千年之嘉会，固已知归。〔1〕

国之所以病者，在乎名分差，赏罚谬，贱妨贵，孽代宗，河决树颠，可拱而俟。〔2〕

敕：某官孙简等：凡使府之制，量职之轻重以命官，揆时之远近以进秩，俾等杀有常序，迁次有常程，劳逸均而名分定矣。简自登宪司，佐相幕府，暨纠天府，皆有可称。〔3〕

且朕远违宫阙，寄寓巴邛。所失恩者甚多，尚不兴怨；卿落一都统，何足介怀。况天步未倾，皇纲尚整。三灵不昧，百度犹存。但守君臣之轨仪，正上下之名分。宜遵教约，未可隳凌。〔4〕

其实去联文，尊王统，所以辨名分，示等威也。〔5〕

文王曰：“孤今召卿入内，并无别论：孤居西北，坐镇一方，统二百镇诸侯元首，感蒙圣恩不浅。方今虽则乱

---

〔1〕《册府元龟·僭伪部·称藩》，见〔宋〕王钦若等：《册府元龟》（第5册），台湾中华书局1996年版，2767页。

〔2〕〔唐〕柳识：《新修四皓庙记》，见《全唐文》第04部卷三百七十七。

〔3〕〔唐〕白居易：《白居易集》卷五十三《京兆府司录参军孙简可检校礼部员外郎荆南节度判官浙东判官试大理评事韩攸可殿中侍御史巡官试正字晁朴可试协律郎充推官同制》。

〔4〕《旧唐书·高骈传》，见《旧唐书》（第14册），中华书局1975年版，第4710页。

〔5〕〔宋〕岳珂：《桯史·御名不联字》。

离，况且还有君臣名分，未至乖戾。孤伐侯虎，虽得胜而归，心内实有未安。今明君在上，不奏天子而自行诛戮，是自专也。况孤与侯虎一般爵位，孤竟专杀，大罪也……”……文王曰：“我死之后，吾儿年幼，恐妄听他人之言，肆行征伐，纵天子不德，亦不得造次妄为，以成臣弑君之名。你过来拜子牙为尚父，早晚听其指令，听丞相即如听孤也。可请丞相坐而拜之。”〔1〕

话说纣王被众诸侯困在垓心……武王对众诸侯曰：“今日这场恶战，大失君臣名分；姜君侯又伤王上一鞭，使孤心甚是不忍！”姜文焕曰：“大王言之差矣！纣王暴虐，人神共怒，便杀之于市曹，犹不足尽其辜，大王又何必为彼惜哉！”〔2〕

色色粉汤香又辣，般般添换美还甜。君臣举盏方安席，名分品级慢传壶。那国王御手擎杯，先与唐僧安坐，三藏道：“贫僧不会饮酒。”〔3〕

他是我外甥，我修封书，著人送你同去投他，讨了名分，教你发迹如何。〔4〕

2. 社会生活中的名分

名分指向名义与身份，攸关人在伦理关系中的地位。在很多描写家族关系、家庭关系的世情小说中，名分尤其是一个高频词。比如《红楼梦》《金瓶梅》《三言两拍》等小说中有极为丰富的涉及夫

〔1〕〔明〕许仲琳：《封神演义》，中华书局2009年版，第183页。
〔2〕〔明〕许仲琳：《封神演义》，中华书局2009年版，第650页。
〔3〕〔明〕吴承恩：《西游记》，李天飞校注，中华书局2014年版，第889页。
〔4〕〔明〕冯梦龙：《喻世明言》，中华书局2009年版，第108页。

妻名分、妻妾名分、父子名分等家庭关系的故事。甚至在神话故事《西游记》中，牛魔王也面临着妻妾之争。

只因这三位主母，都是不曾正过名分的，大的说是大，小的又说是大，若还只封一位，就有无限的争端。〔1〕

薛蝌始而以为金桂为薛蟠之事，或者真是不过意，备此酒果给自己道乏，也是有的。及见了宝蟾这种鬼鬼祟祟不尴不尬的光景，也觉了几分。却自己回心一想："他到底是嫂子的名分，那里就有别的讲究了呢。"〔2〕

绣像眉批：淡淡一语，写出名分之烂。〔3〕

一个不顾夫主名分，一个那管上下尊卑。〔4〕

写孝哥来历，却详细如此。一者见名分之正，不似瓶儿；二者欲为幻化地，不得不为薛姑子药地。〔5〕

文禹门云：若以家规而论，妻妾口舌之争，谁是谁非。而认错赔情，总在庶而不在嫡，名分之所攸关也。〔6〕

那女子一听铁扇公主请牛魔王之言，心中大怒，彻耳根子通红，泼口骂道："这贱婢，着实无知！牛王自到我家，未及二载，也不知送了他多少珠翠金银，绫罗缎

---

〔1〕〔清〕李渔：《奈何天·闹封》。

〔2〕〔清〕曹雪芹：《红楼梦》，人民文学出版社 2008 年版，第 1004 页。

〔3〕〔明〕兰陵笑笑生：《皋鹤堂批评第一奇书金瓶梅》（下），王汝梅校注，吉林大学出版社 1994 年版，第 823 页。

〔4〕〔明〕兰陵笑笑生：《皋鹤堂批评第一奇书金瓶梅》（下），王汝梅校注，吉林大学出版社 1994 年版，第 1409 页。

〔5〕《汇评全本金瓶梅》第五十三回"潘金莲惊散幽欢 吴月娘拜求子息"。

〔6〕《汇评全本金瓶梅》第七十六回"春梅娇撒西门庆 画童哭躲温葵轩"。

> 匹。年供柴，月供米，自自在在受用，还不识羞，又来请他怎的！”大圣闻言，情知是玉面公主，故意子掣出铁棒大喝一声道：“你这泼贱，将家私买住牛王，诚然是陪钱嫁汉！你倒不羞，却敢骂谁！”那女子见了，唬得魄散魂飞。[1]

> 严贡生没法了，回不得头，想道：“周学道是亲家一族，赶到京里求了周学道在部里告下状来，务必要正名分。”只因这一去，有分教：多年名宿，今番又掇高科；英俊少年，一举便登上第。[2]

3. 座次安排与名分秩序

名的要旨在于辨贵贱、别尊卑。《左传·庄公十八年》中云：“名位不同，礼亦异数。”尊卑有序、长幼有别是礼制的基本体现。重要场合的不同座次安排显示出各人的不同身份与不同地位。如古人之坐，以东向为尊，顾炎武《日知录》设“东向坐”专条对此进行详细考证。《鸿门宴》中座次的安排也大有讲究。在文学作品中，《红楼梦》的重要宴饮活动中对座次、方位、场所的安排渗透了强烈的礼制伦理精神与名分尊卑意识。《水浒传》中“梁山泊英雄排座次”，一百单八将的排列顺序充分考量了其身份、地位、资历、功劳等差别。《西游记》中，安天大会上满天神祇井然有序的排列都体现了名分观念。这些故事中“辨方正位”的讲究，试图让各人适得其所、以正其位。尊卑贵贱，待礼而别，正是名分等级制度的文学呈现。

（1）座次以东向为尊

古人之坐，以东向为尊，故宗庙之祭，太祖之位东向。即交际之礼，亦宾东向而主人西向。

---

〔1〕〔明〕吴承恩：《西游记》，李天飞校注，中华书局 2014 年版，第 776 页。

〔2〕〔清〕吴敬梓：《儒林外史》，北京燕山出版社 2014 年版，第 49 页。

《新序》：“楚昭奚恤为东面之坛一，秦使者至，昭奚恤曰：‘君客也，请就上位’”是也。《史记·赵奢传》言：“括东向而朝军吏。”《田单传》言：“引卒东乡坐，师事之。”《淮阴侯传》言：“得广武君，东乡坐，西乡对，师事之。”《王陵传》言：“项王东乡坐陵母。”《周勃传》言：“每召诸生说士，东乡坐，责之趣为我语。”《田蚡传》言：“召客饮，坐其兄盖侯南乡，自坐东乡，以为汉相尊，不可以兄故私挠。”《南越传》言：“王太后置酒，汉使者皆东乡。”《汉书·盖宽饶传》言：“许伯请之，乃往，从西阶上，东乡特坐。”《楼护传》言：“王邑父事护。时请召宾客，邑居樽下，称贱子，上寿。坐者百数，皆离席伏。护独东向正坐，字谓邑曰：‘公子贵如何？’”《后汉书·邓禹传》言：“显宗即位，以禹先帝元功，拜为太傅，进见东向。”《桓荣传》言：“乘舆尝幸太常府，令荣坐东面，天子亲自执业。”此皆东向之见于史者。《曲礼》：“主人就东阶，客就西阶。”自西阶而升，故东乡；自东阶而升，故西乡。而南乡特其旁位，如庙中之昭，故田蚡以处盖侯也。《孝文纪》：“西乡让者三，南乡让者再。”注：“宾主位东西面，君臣位南北面。”是时群臣至代秖上议，则代王为主人，故西乡。《旧唐书》：卢简求子汝弼为河东节度副使，“府有龙泉亭，简求节制时，手书诗一章在亭之西壁。汝弼复为亚帅，每亭中燕集，未尝居宾位西向，俯首而已。”是唐人亦以东向为宾位也。[1]

（2）《红楼梦》宴会座次中的礼法名分

在黛玉进贾府后的初次晚宴上，“贾母正面榻上独坐”，自

---

〔1〕《日知录》“东向坐”条，见〔清〕顾炎武：《顾炎武全集》（第19卷），上海古籍出版社2011年版，第1079—1080页。

然她最为尊贵，两边四张空椅，熙凤忙拉了黛玉在左边第一张椅上坐了，黛玉十分推让。因为古代以左为尊，左第一的位置应该留给除贾母之外地位最尊贵的人，按礼数当是王夫人的座位。后来贾母解释说，“你舅母你嫂子们不在这里吃饭。你是客，原应如此坐的”，黛玉方才入座。贾府“三春”姐妹落座的顺序是“迎春便坐右手第一，探春左第二，惜春右第二”，都是依齿序而坐。

> 于是，进入后房门，已有多人在此伺候，见王夫人来了，方安设桌椅。贾珠之妻李氏捧饭，熙凤安箸，王夫人进羹。贾母正面榻上独坐，两边四张空椅，熙凤忙拉了黛玉在左边第一张椅上坐了，黛玉十分推让。贾母笑道：“你舅母你嫂子们不在这里吃饭。你是客，原应如此坐的。”黛玉方告了座，坐了。贾母命王夫人坐了。迎春姊妹三个告了座方上来。迎春便坐右手第一，探春左第二，惜春右第二。旁边丫鬟执着拂尘，漱盂，巾帕。李，凤二人立于案旁布让。外间伺候之媳妇丫鬟虽多，却连一声咳嗽不闻。[1]

贾府在祭祀时，“分了昭穆，排班立定”，谁主祭，谁陪祭，谁献爵，谁献帛，都依照在家庭中的长幼、身份地位有严格的讲究。男女排列也有尊卑关系，所谓“左昭右穆，男东女西”。乃至传菜的顺序都有精细的礼法要求，依次传上来之后，“王夫人传与贾母，贾母方捧放在桌上”，体现了贾母的最高权威。“邢夫人在供桌之西，东向立，同贾母供放。”这一细节也极尽考量。贾母让王夫人“以婶越嫂”，主持荣府家务事，供品最终是“王夫人传与贾母”。王夫人享受了这一地位，但这是一种特

〔1〕〔清〕曹雪芹：《红楼梦》，人民文学出版社 2008 年版，第 32—33 页。

例，而在宗法地位上，她仍然不能高过邢夫人。邢夫人是冢妇，故祭宗祠之大礼由其帮着老太太供放祭品，居于“东向立”之尊位。

只见贾府人分了昭穆，排班立定。贾敬主祭，贾赦陪祭，贾珍献爵，贾琏贾琮献帛，宝玉捧香，贾菖贾菱展拜垫、守焚池。青衣乐奏，三献爵，兴、拜毕，焚帛，奠酒。礼毕乐止退出，众人围随贾母至正堂上。影前锦帐高挂，彩屏张护，香烛辉煌，上面正居中悬着荣宁二祖遗像，皆是披蟒腰玉，两边还有几轴列祖遗像。贾荇贾芷等从内仪门挨次站列，直到正堂廊下，槛外方是贾敬贾赦，槛内是各女眷。众家人小厮皆在仪门之外。每一道菜至，传至仪门，贾荇贾芷等便接了，按次传至阶下贾敬手中。贾蓉系长房长孙，独他随女眷在槛里，每贾敬捧菜至，传于贾蓉，贾蓉便传于他媳妇，又传于凤姐尤氏诸人，直传至供桌前，方传与王夫人。王夫人传与贾母，贾母方捧放在桌上。邢夫人在供桌之西，东向立，同贾母供放。直至将菜饭汤点酒茶传完，贾蓉方退出去，归入贾芹阶位之首。当时凡从“文”旁之名者，贾敬为首；下则从“玉”者，贾珍为首；再下从“草头”者，贾蓉为首：左昭右穆，男东女西。俟贾母拈香下拜，众人方一齐跪下。

…………

这里贾母花厅上摆了十来席酒，每席傍边设一几，几上设炉瓶三事，焚着御赐百合宫香……贾母歪在榻上，和众人说笑一回，又取眼镜向戏台上照一回，又说：“恕我老了骨头疼，容我放肆些，歪着相陪罢。”又命琥珀坐在榻上，拿着美人拳捶腿。榻下并不摆席面，只一张高几，设着高架缨络、花瓶、香炉等物，外另设一小高桌，摆着杯箸。在傍边一席，命宝琴、湘云、黛玉、宝玉四人坐着，每馔果菜来，先捧给贾母看，喜则留在小桌上尝尝，仍撤了放在席上。只算他四人跟着贾母坐。下面方是邢夫人王夫人之位。下边便是尤氏、李纨、凤姐、贾蓉的媳妇，西边便是宝钗、李纹、李绮、岫烟、迎春姐妹等。两边大梁上挂着联三聚五玻璃彩穗灯，每席前竖着倒垂荷叶一柄，柄上有彩烛插着。这荷叶乃是洋錾珐琅活信，可以扭转向外，将灯影逼住，照着看戏，分外真切。窗槅门户，一齐摘下，全挂彩穗各种宫灯。廊檐内外及两边游廊罩棚，将羊角、玻璃、戳纱、料丝，或绣、或画、或绢、或纸诸灯挂满。廊上几席，就是贾珍、贾琏、贾环、贾琮、贾蓉、贾芹、贾芸、贾菖、贾菱等。[1]

在第五十五回，贾府内务管理“三驾马车”李纨、探春、宝钗吃饭，座次为：宝钗面南，探春面西，李纨面东。李纨之东坐较尊，也是严守长幼有序之古礼。

接着宝钗的饭至，平儿忙进来服侍。那时赵姨娘已去，三人在板床上吃饭。宝钗面南，探春面西，李纨面东。众媳妇皆在廊下静候，里头只有他们紧跟常侍的丫鬟伺候，别人一概不敢擅入。[2]

（3）梁山泊英雄排座次

《水浒传》第七十一回“忠义堂石碣受天文 梁山泊英雄排座次”是《水浒传》中的高潮环节。这是梁山泊英雄发展壮大的标志性事件，意味着梁山泊的英雄们从草莽英雄转向管理森严、严密分工的农民起义军。梁山泊英雄排座次，绝不是天降石碑、天罡地煞的神

〔1〕〔清〕曹雪芹：《红楼梦》，人民文学出版社2008年版，第573—577页。

〔2〕〔清〕曹雪芹：《红楼梦》，人民文学出版社2008年版，第599页。

迹，也不是简单地按武艺高低或上梁山先后顺利排名，而是按照资历、声望、派系、亲疏、男女、尊卑等综合排序，既巩固宋江对梁山领导权，又充分平衡各方面的势力。这一故事是排名与政治权力关系的文学呈现。

排名是宋江主导的，因此重用自己的亲信，巩固自己的权力。宋江的铁杆心腹花荣、忠实的追随者黑旋风李逵都在天罡中排名靠前。宋江的弟弟铁扇子宋清，上了梁山后一仗未打，只负责安排宴席，也排名七十六位，远超过其后许多立有大功的好汉。排名不单看武艺，名望、家世、尊卑更重要。如卢俊义对梁山泊开创并无任何作用，但他是“大名府第一位长者”“河北三绝”，宋江需要借助其名望招揽人心，因此其高居第二位。出身、世系代表封建社会正统观念，如大刀关胜加入梁山泊比较晚，但出身名门，“汉末三分义勇武安王嫡派子孙”，因此位于第五位，为武将之首。相比之下，豹子头林冲武力不输关胜，但出身仅为中层军官家庭，只能位列第六。朝廷武将投降梁山的共二十一人，他们有十一人位列“天罡星”，除两人外，其余都排在四十五名以前。其中，大刀关胜、豹子头林冲、霹雳火秦明、双鞭呼延灼、双枪将董平成为梁山最顶尖的五虎将，他们都是来自朝廷的武将。这说明宋江对这些出身较为高贵的武将非常看重，这也是在为他日后要推动的招安大计布局考虑。这些人的副将在地煞中也排名靠前。排名中还有明显的男尊女卑倾向，梁山三名女将扈三娘、孙二娘、顾大嫂排名都比较靠后，其中扈三娘武功非常了得，曾阵前生擒王英，但排在五十九名，而她丈夫王英本是她手下败将，却排在五十八名，比她恰好靠前一位，这典型地体现了男尊女卑、夫为妻纲的传统思想。孙二娘武艺不算低，则排名第一百零三位。

这个排名制定出来之后，宋江因势利导，跟众头领说道：“上天显应，合当聚义。今已数足，上苍分定位数，为大小二等。天罡、地煞星辰，都已分定次序，众头领各守其位，各休争执，不可逆了天言。”这是用所谓天命为梁山的名分秩序和权力格局做了背书。众人也只能跟随说道：“天地之意，物理数定，谁敢违拗？”梁山的权力格局遂得以神化和巩固。

> 宋江唤过圣手书生萧让，用黄纸誊写。何道士乃言：“前面有天书三十六行，皆是天罡星。背后也有天书七十二行，皆是地煞星。下面注着众义士的姓名。”观看良久，教萧让从头至后，尽数抄誊。
>
> 石碣前面书梁山泊天罡星三十六员：天魁星呼保义宋江；天罡星玉麒麟卢俊义；天机星智多星吴用；天闲星入云龙公孙胜；天勇星大刀关胜；天雄星豹子头林冲；天猛星霹雳火秦明；天威星双鞭呼延灼；天英星小李广花荣；天贵星小旋风柴进；天富星扑天雕李应；天满星美髯公朱仝；天孤星花和尚鲁智深；天伤星行者武松；天立星双枪将董平；天捷星没羽箭张清；天暗星青面兽杨志；天祐星金枪手徐宁；天空星急先锋索超；天速星神行太保戴宗；天异星赤发鬼刘唐；天杀星黑旋风李逵；天微星九纹龙史进；天究星没遮拦穆弘；天退星插翅虎雷横；天寿星混江龙李俊；天剑星立地太岁阮小二；天竟星船火儿张横；天罪星短命二郎阮小五；天损星浪里白跳张顺；天败星活阎罗阮小七；天牢星病关索杨雄；天慧星拼命三郎石秀；天暴星两头蛇解珍；天哭星双尾蝎解宝；天巧星浪子燕青。[1]

（4）《西游记》安天大会

《西游记》安天大会是天庭权力格局的体现。三清四御、五老六司、七元八极、九曜十都、千真万圣都井然有序排列，“调设各班”之位，正是现实中君臣名分的体现，玉帝高居一元至尊的地位。民

〔1〕〔明〕施耐庵：《水浒传》，岳麓书社2012年版，第555—556页。

间有道经典的问题，“如来与玉帝谁大？”其实按政治权力格局来说，答案不言而喻。虽然如来立下大功，但毕竟玉帝是君，如来是臣。如来云“老僧承大天尊宣命来此”，对玉帝“瞻仰”，正是以臣尊君之礼。

> 如来佛祖殄灭了妖猴，即唤阿傩、迦叶同转西方极乐世界。时有天蓬、天佑急出灵霄宝殿道：“请如来少待，我主大驾来也。”佛祖闻言，回首瞻仰。须臾，果见八景鸾舆，九光宝盖；声奏玄歌妙乐，咏哦无量神章；散宝花，喷真香，直至佛前谢曰：“多蒙大法收殄妖邪，望如来少停一日，请诸仙做一会筵奉谢。”如来不敢违悖，即合掌谢道：“老僧承大天尊宣命来此，有何法力？还是天尊与众神洪福，敢劳致谢？”玉帝传旨，即着雷部众神，分头请三清四御、五老六司、七元八极、九曜十都，千真万圣，来此赴会，同谢佛恩。又命四大天师、九天仙女，大开玉京金阙、太玄宝宫、洞阳玉馆，请如来高坐七宝灵台，调设各班坐位，安排龙肝凤髓，玉液蟠桃。
>
> 不一时，那玉清元始天尊、上清灵宝天尊、太清道德天尊、五炁真君、五斗星君、三官四圣、九曜真君、左辅右弼、天王哪吒、玄虚一应灵通，对对旌旗，双双幡盖，都捧着明珠异宝，寿果奇花，向佛前拜献曰：“感如来无量法力，收伏妖猴。蒙大天尊设宴呼唤，我等皆来陈谢。请如来将此会立一名，如何？”如来领众神之托曰：“今欲立名，可作个安天大会。”各仙老异口同声，俱道：“好个安天大会！好个安天大会！”言讫，各坐座位，走斝传觞，簪花鼓瑟，果好会也。〔1〕

〔1〕〔明〕吴承恩：《西游记》，李天飞校注，中华书局 2014 年版，第 99—100 页。

（五）名　籍

名籍是登记姓名的簿册。作为一种制度设计，名籍是我国古代社会管理人口的根本制度，政府依据名籍收取赋税，征发徭役。文学作品中，名籍的用法也颇为常见。

> 广陵裨将郑守澄，新买婢。旬日，有夜叩门者曰："君家买婢，其名籍在此，不可留也。"〔1〕

> 锦衣卫经历沈炼，以攻严相得罪，谪田保安。时总督杨顺、巡按路楷，皆嵩客，受世蕃指："若除吾疡，大者侯，小者卿。"顺因与楷合策，捕诸白莲教通虏者，窜炼名籍中，论斩，籍其家。〔2〕

> 广陵裨将郑守澄，新买一小婢。旬日，有夜扣门者，曰："君家纳婢，其名籍在此。"〔3〕

> 今庆赏斯洽，一眚咸矜。复尔名籍，俾参棘寺。吾不记过，尔其自修。〔4〕

> 十从去，入城郭，至一官署，见阎罗在上，方稽名籍。〔5〕

> 刘思立任考功员外，子宪为河南尉。思立今日亡，明日选人有索宪阙者，吏部侍郎马载深咨嗟，以为名教所不容，乃书其无行，注名籍。〔6〕

---

〔1〕〔宋〕李昉等编：《太平广记》（第6册），中华书局1961年版，第2815页。

〔2〕〔明〕詹詹外史评辑：《情史》，春风文艺出版社1986年版，第108页。

〔3〕〔五代〕徐铉：《稽神录》。

〔4〕 徐铉：《前舒州录事参军沈翱可大理司直制》，《全唐文》第09部卷八百八十。

〔5〕〔清〕蒲松龄：《聊斋志异》，上海古籍出版社1979年版，第1559页。

〔6〕〔唐〕刘肃：《大唐新语》（第1册），中华书局1984年版，第170页。

赵少师少名公，一夕，梦人持名籍，有金书“赵概”字，及觉，改名概。又尝梦通判汝州，既登甲科，果通判海州。或以篆文校之，“汝”“海”字颇相类。[1]

自中原丧乱，民离本域，江左造创，豪族并兼，或客寓流离，名籍不立。[2]

从兄懋园言，乾隆丙辰乡试，坐秋字号中。续一人入号，号军问姓名籍贯，拱手致贺曰：“昨梦女子持杏花一枝插号舍上，告我曰：明日某县某人至，为言杏花在此地，君名姓籍贯适符，岂非佳兆哉。”其人愕然失色，竟不解考具，称疾而出。[3]

州县官长随，姓名籍贯皆无一定，盖预防奸赃败露，使无可踪迹追捕也。姚安公尝见房师石窗陈公一长随，自称山东朱文，后再见于高淳令梁公润堂家，则自称河南李定。梁公颇倚任之，临启程时，此人忽得异疾，乃托姚安公暂留于家，约痊时续往。[4]

天道乘除，不能尽测。善恶之报有时应，有时不应；有时即应，有时缓应，亦有时示巧应。余在乌鲁木齐时，吉木萨报遣犯刘允成，为逋负过多，迫而自缢。余饬吏销除其名籍，见原案注语云：“为重利盘剥，逼死人命事。”[5]

---

〔1〕〔宋〕王辟之：《渑水燕谈录》。

〔2〕〔清〕汤球辑：《续晋阳秋》。

〔3〕〔清〕纪晓岚：《阅微草堂笔记》，齐鲁书社 2007 年版，第 237—238 页。

〔4〕〔清〕纪晓岚：《阅微草堂笔记》，齐鲁书社 2007 年版，第 152 页。

〔5〕〔清〕纪晓岚：《阅微草堂笔记》，齐鲁书社 2007 年版，第 162 页。

余论：名之正负影响与批判性继承

最后，还需要对名之于社会的影响进行总结。名的影响是双重的。就其积极意义而言，名提供了社会治理的规范，建构了法则、标准、秩序，是传统社会治理和法典运行的枢纽所在。不管是政权合法性的论证，还是各种细节上资源、待遇、职分的分配，都端赖“名”之展开。前文对此已多有论述。

而其消极意义也是明显的。名本质上是为君主专制服务的，尤其是法家意义上的“刑名法术”。《汉书·元帝纪》颜师古注引刘向《别录》:“刑名者，以名责实，尊君卑臣，崇上抑下”，一语道破了“刑名法术”实为尊君专制的工具本质。《韩非子》有言：“故先王以道为常，以法为本。本治者名尊，本乱者名绝。”〔1〕此语常被后人视为“以法为本”思想的源头而加以引用，但就是这句话，赤裸裸地说明了古代“法为本”之“本”不过在“尊主卑臣”，为的是让君主名位永葆尊贵。如果法制衰败，则君主名位就会丧失。法家一再鼓吹刑名之学的至高境界在于“形名参同，君乃无事焉”〔2〕，但这个“君乃无事焉”的理想状态其实际情况是“明君无为于上，君臣竦惧乎下”〔3〕,国家上下处于一种恐怖的专制状态。“刑名法术”更包含了诸多的阴谋权术。《四库全书总目提要》“法家类”按语中写道：

〔1〕《韩非子·饰邪》，见《韩非子》，高华平等译注，中华书局 2010 年版，第 180 页。

〔2〕《韩非子·主道》，见《韩非子》，高华平等译注，中华书局 2010 年版，第 34 页。

〔3〕《韩非子·主道》，见《韩非子》，高华平等译注，中华书局 2010 年版，第 35 页。

"刑名之学，起于周季，其术为圣世所不取。"[1]这在很大程度代表了主流社会对刑名学的看法。

在社会生活中，名是一种典型的等级伦理，与崇尚民主、平等的现代法理相悖。以名为灵魂的传统法制只有义务的旋律，而无权利的音符。传统法制体现了"尊尊""亲亲"等级名分，实行的是同罪异罚，卑幼犯尊长加重处罚，尊长犯卑幼则减轻处罚甚至不处罚。这严重背离独立人格与平等精神。因此，名成为人们言行的枷锁，也遭到后世的猛烈批判。尤其是在近代，纲常名教作为传统文化中最落后的典型被猛烈抨击。谭嗣同等近代启蒙思想家深刻鞭笞"以名为教"的传统陋习。谭嗣同提出"冲决网罗"的主张，这"网罗"的核心就是封建纲常名教。名教压制和剥夺人之个性，是社会进步的羁绊。谭嗣同指出："又况名者，由人创造，上以制其下而不能不奉之，则数千年来，三纲五伦之惨祸烈毒由是酷焉矣。君以名桎臣，官以名轭民，父以名压子，夫以名困妻，兄弟朋友各挟一名以相抗拒，而仁尚有少存焉者得乎？"[2]

传统帝国政制与礼仪法度自有其重要成就，其间也不乏人权与民主的基因，但却因隔膜于制度性保障的自由与权利而未能走上现代法治文明之路，其中名思想的盛行难辞其咎。在纲常名教的政治理念的设计中，重要的是伦理关系，而不承认个人的权利和独立的利益。中国社会自晚清以来，面临"三千年未有之大变局"。从法理的角度而言，这也开启了从传统礼治到现代法治、由否认民权到确认民权、由行政与司法合一向司法权威的转变。人之尊严的高扬及其权利保障成为这个古老民族重生的重大契机。黑格尔曾将中国历史视为绝对停滞的典型，而打破这种停滞的希望则在于新的因素的成就。他有言，中国"只有具备某些因素的结合时，才能取得生动

[1]〔清〕永瑢等：《四库全书总目提要》，中华书局1965年版，第847页。
[2] 蔡尚思、方行编：《谭嗣同全集（增订本）》，中华书局1981年版，第299页。

活泼的进步”[1]。依照本书的主题来说，这一进步正是从“名分”到“权利”的进步。

名之思想有其保守落后之处，但也有其独特的贡献。抛开其消极影响，名可谓中国传统法哲学的瑰宝，也是古代中国之于世界法哲学的伟大贡献，其博大精深的法哲学意义需要继续深入挖掘。对此，“抽象继承法”可以打开一扇新的大门。哲学家冯友兰先生在《关于中国哲学遗产的继承问题》等文章中提出了“抽象继承法”。他认为，一切哲学命题都有双重意义，即抽象意义和具体意义。“我们如果注重其中命题底抽象意义，就可见可以继承的比较多。如果只注重其具体意义，那可以继承的就比较少。”[2]冯友兰先生强调，无论继承什么，需要区分其“一般性”和“特殊性”，继承的只能是一般性，“特殊性是不必继承也不可能继承的”。[3]

名思想所提倡的君尊臣卑、亲亲尊尊、三纲五常这些具体内容已经不适用于今日，今天不可能机械照搬，具体继承绝无必要，而且要严加批判。但是从抽象的意义而言，名或者名分思想也蕴含“名分相宜”“恰如其分”“各得其所”“责任对等”“权利义务平衡”等合理观念，对此则可以进行抽象继承。甚至，在一些赞颂者看来，“名学，亦称名辩之学，是人类一切知识活动和社会治理的基础”[4]。

比如，抛开等级伦理的具体内涵，仅以抽象的形式而论，名通过确定名分继而分配不同的资格、待遇与利益，这与现代法学所研究的权利、义务具有一致性。权利必然对应义务，承担相应责任，这与名学的核心主张“循名责实”事实上存在相通之处。如康有为指出：“权利义务者，《春秋》、庄生谓之道名分也。令人人皆守明

〔1〕［德］黑格尔：《历史哲学》，王造时译，上海书店出版社 2001 年版，第 117 页。
〔2〕冯友兰：《再论中国哲学遗产底继承问题》，载《哲学研究》1957 年第 5 期。
〔3〕冯友兰：《三松堂自序》，载《冯友兰文集》（第 1 卷），长春出版社 2017 年版，第 179 页。
〔4〕翟玉忠：《正名：中国人的逻辑》，中央编译出版社 2013 年版，第 1 页。

分，则各得其所矣。”[1]张岱年指出，“名分”或“分”是权利与义务的统一。[2]再者，权利是法律赋予权利主体作为或不作为的许可、认定及保障，其首先牵涉一种资格的确认。而这也是名首先要考虑的问题，有名才有分。名的内涵可理解为“各得其位”“各得其所”，这是儒家“为政以德”“德者得也”的要求，每个人按照德性修养各得其所，得其所是。在罗马法中，依照《法学阶梯》所言，所谓正义即“正直生活，不害他人，各得其所”。

再如，正名也是一种管理学思想。依据德行、按照能力来选贤与能，授予官职，明确职分，这些自然同样适用于今日。可以说，正名定分是一切社会组织管理的基础。比如身为领导者，这一角色或者名分要求其制定合理规则，做到知人善用、任人唯贤；而作为被管理者，这一角色或者名分则要求其遵守规则，恪尽职守，勤勉工作。每一角色皆有其“分”。

名也具有重要的精神引领功能。通过正名定分可以教化万民，敦风化俗，规范民众行为，引领社会道德。这是所谓“名教治天下”之宗旨。古代的名教体制固然因为其三纲五常、维护专制的内核，为今日所不齿，但若抛开其具体内涵，抽象看其形式，其也堪称一种合理的道德理想主义的激励机制。甚至有学者提出，现代民主制与名教治理体系存在相通之处。“从某种意义上说，现代民主制也是一种名教治理体系，因为民主选举的本质是以名取人。民主选举不是通过某种貌似科学的程序测试候选人的客观能力。”[3]

再如，若将名广义理解为一种合理合法的身份角色，其体现了角色与责任相符的合理思想。不管何种身份，都存在一个“在其位，谋其政”的责任问题，每个人都需要根据自己的身份角色来承担自

---

〔1〕康有为：《刊布春秋笔削大义微言考题词》，汤志钧编：《康有为政论集》（下册），中华书局 1998 年版，第 807 页。

〔2〕张岱年：《中国古典哲学概念范畴要论》，中华书局 2017 年版，第 245 页。

〔3〕姚中秋：《重新发现儒家》，湖南人民出版社 2012 年版。

己的责任，做自己当为之事。社会存在一个客观的法度，每个人需得守其分际，行其所为。今天当然不必回到“君君、臣臣、父父、子子”的传统礼制秩序，但每一个成员都能各安其分，各尽其责，这也是现代法治社会的所倡导的，是一种广义上的“控名责实”。

对于名的内涵，我们不能全盘摒弃，而是需要进行批判性继承与创造性转化。既需要保留其合理成分，又需要以现代文明加以洗礼重塑。这种对于名的科学态度事实上在历史上便已存在。纵使对纲常名教批判最彻底的谭嗣同，其对名的某些合理因素仍有适度的肯定，并展示了创造性转化的可能性。谭嗣同对“君为臣纲、父为子纲、夫为妻纲”的“三纲”自然持最彻底的否定态度，但却认为“五伦”中的“朋友之道”有可取之处。朋友之道异于其他四伦之处便在于其更侧重自由、平等和自主的一面。谭嗣同有言：“五伦中于人生最无弊而有益，无纤毫之苦，有淡水之乐，其惟朋友乎！顾择交何如耳。所以者何？一曰平等，二曰自由，三曰节宣惟意。总括其义，曰不失自主之权而已矣。兄弟于朋友之道差近，可为其次，余皆为三纲所蒙蔽，如地狱矣。”〔1〕只不过，“朋友之道”被其他的伦常所吞噬，因此要将其发扬光大。在这具体的五种关系中，要以“朋友之道”来改造其余四伦，“咸以朋友之道贯之”〔2〕。如果君臣之间被改造成朋友之道，“君尊臣卑”自然变成了平等相处；如果父子是朋友，“父为子纲”自然不复存在；如果夫妻之间相敬如宾，平等相待，“夫为妻纲”自然瓦解。谭嗣同对此畅想道：“其在孔教，臣哉邻哉，与国人交，君臣朋友也；不独父其父，不独子其子，父子朋友也；夫妇者，嗣为兄弟，可合可离，故孔氏不讳出妻，夫妇朋友也；至兄弟之为友，更无论矣。”〔3〕其实是试图开发出“朋友之道”

〔1〕 蔡尚思、方行编：《谭嗣同全集（增订本）》，中华书局 1981 年版，第 349—350 页。

〔2〕 蔡尚思、方行编：《谭嗣同全集（增订本）》，中华书局 1981 年版，第 350 页。

〔3〕 蔡尚思、方行编：《谭嗣同全集（增订本）》，中华书局 1981 年版，第 351 页。

所包含的自由、自主、平等、独立等合理因素，并以此去改造君臣、父子、夫妇、长幼关系。这也是对名思想试图进行现代重建和批判继承的典型个案，值得我们省思。

总之，古代名思想囿于历史条件，精华与糟粕并存，治道与权术夹杂。我们需要择善而从，摒弃其专制文化、权术阴谋、等级伦理等思想糟粕，汲取古今通用的法治思想合理内核，对其进行批判性继承，方能推动传统法律文化的创造性转化，开创中华法治文明新纪元。

参考文献

1. 袁文兴、袁超注译：《〈唐律疏议〉注译》，甘肃人民出版社 2017 年版。
2. 〔宋〕窦仪撰：《宋刑统》，薛梅卿点校，法律出版社 1999 年版。
3. 《大元通制条格》，郭成伟点校，法律出版社 2000 年版。
4. 《大明律》，怀效锋点校，法律出版社 1999 年版。
5. 《大清律例》，田涛、郑秦点校，法律出版社 1999 年版。
6. 睡虎地秦墓竹简整理小组编：《睡虎地秦墓竹简》，文物出版社 1978 年版。
7. 张家山二四七号汉墓竹简整理小组：《张家山汉墓竹简【二四七号墓】（释文修订本）》，文物出版社 2006 年版。
8. 伍非百：《中国古名家言》，四川大学出版社 2009 年版。
9. 庞朴：《中国的名家》，中国国际广播出版社 2010 年版。
10. 胡适：《先秦名学史》，安徽教育出版社 2006 年版。
11. 曹峰：《古代"名"的政治思想研究》，上海古籍出版社 2017 年版。
12. 苟东锋：《孔子正名思想研究》，上海人民出版社 2016 年版。
13. 翟玉忠：《正名：中国人的逻辑》，中央编译出版社 2013 年版。
14. 吴保平：《韩非刑名逻辑思想的渊源及社会功能研究》，学习出版社 2019 年版。
15. 赵炎峰：《先秦名家哲学研究》，中国社会科学出版社 2013 年版。

16. 俞荣根:《儒家法思想通论修订本》，商务印书馆 2018 年版。
17. 赵明:《中国近代的自然权利观》，山东人民出版社 2003 年版。
18. 祝庆琪等编:《刑案汇览全编》，法律出版社 2007 年版。
19. 汪庆祺编:《各省审判厅判牍》，李启成点校，北京大学出版社 2007 年版。
20. 高学强:《服制视野下的清代法律》，法律出版社 2018 年版。
21. 顾元:《服制命案、干分嫁娶与清代衡平司法》，法律出版社 2018 年版。
22. 周名峰:《名公书判清明集校释（官吏门・赋役门・文事门）》，法律出版社 2019 年版。
23. 周名峰:《名公书判清明集校释（户婚门）》，法律出版社 2020 年版。
24. 陈道德、曾祥云:《符号学视野下的先秦名辩学研究》，人民出版社 2017 年版。
25. 冯友兰:《中国哲学史新编》，人民出版社 1982 年版。
26. 吕思勉:《先秦学术概论》，中国大百科全书出版社 1985 年版。
27. 韦政通:《中国哲学辞典》，大林出版社 1981 年版。
28. 金理:《文学史视野中的现代名教批判》，广西师范大学出版社 2019 年版。
29. 彭浩、陈伟、[日]工藤元男:《二年律令与奏谳书——张家山二四七号汉墓出土法律文献释读》，上海古籍出版社 2007 年版。

后　记

佛教认为万事万物都是因缘和合而生。每一本书大抵也有其缘由，写作《法与名》就是一个因缘际遇的过程。其中尤可铭记的是各位老师的引导开示、多方朋友倾力襄助，才成就了这一册小书。

我自少喜欢《西游记》《封神演义》之类的神话志怪故事，其中有关名的故事让我尤感神奇。《封神演义》中，张桂芳有“呼名落马”的道术，大叫一声“黄飞虎不下马，更待何时”，黄飞虎便撞下鞍鞒，直到哪吒下山才破了这法术。在《西游记》中，银角大王呼叫孙悟空的名字便可将其装入宝葫芦。在民间，“我叫你一声，你敢答应吗”还成为《西游记》最著名的“梗”。鲁迅《从百草园到三味书屋》也有美女蛇“叫名害人”的故事。在一些少数民族的巫蛊现象中，人们仍然相信通过姓名即可加害于人。名字何以有这般玄妙的神通，我小时一直好奇。后来才知，这些神话故事其实潜藏的是人类早期一种根本性的思维方式——“名实同构”，认为名字等同于事物本身。在民间传说中，名字便有摄魂的神通。考察其演变史可以发现，名的神秘性后来有所消退，但却从宗教中转移到政治上，名成了政治生活、法律制度中的神圣之物。如《申子·大体》所言，“名者，天地之纲，圣人之符”。此类对名之神圣的言说，成为古代政治史、法律史的一大瑰奇景观。

我本科、硕士期间有幸跟随恩师赵老师。赵老师思想精深、口才犀利，于我一生有启蒙教化大恩。赵老师的博士论文做的是《近代中国自然权利观》，他在课堂上也详细讲述了古代“分”的观念与近代权利观念有紧密关联但又复杂纠结。老师多次讲了法家学派“追兔子、定名分”故事。后来赵老师在央视做《法律讲堂》节目，有一期便是这个主题。这让我第一次从专业的角度思考名、名分这些观念背后的法律意义。攻读博士学位期间，还有幸旁听俞荣根教授的法史课，拜读俞教授的著作《儒家法思想通论》。除了名称之名，古代法典中有许多涉及名教、名分的条文，名思想堪称古代法律的枢纽。俞教授对此也多有提示。此外，我有幸跟随付子堂教授治学，付教授也非常关注概念的精确和范畴的提炼，每次讲课、指导都会提及这一方面。

真正因缘际会，把名纳入写作范围与研究对象，是因为於兴中教授。2016 年 6 月，我在谢晖教授的引荐下，有幸邀请於兴中教授到湖南大学开讲“21 世纪法律人的学习任务”。在交流中，於教授向我介绍了他与李其瑞教授正在主编的“中国传统法哲学基本范畴研究”丛书，每一本书研究一个核心名词或者范畴。他希望我也能报一个选题参与其中。这套丛书旨在以原汁原味的方式呈现中华法理文明，弘扬中华法文化精义，卓见非凡，格局宏伟。我也倍感鼓舞，跃跃欲试。因为我加入得较晚，刑、律、道、理、信之类较为常见的范畴都已有人“捷足先登”。我只能报一个相对新颖、小众一点的主题。我一度打算申报“法与乐”，我对音乐与法律的神奇关联一直颇感兴趣。后来才知道，对“法与乐”研究最深入的张飞舟教授已经定了此题。我便只能改弦更张。此时，我便想起这一个自己颇有兴趣但法学界研究相对不多的“名”。报告给於兴中教授后，这个想法也得到了他的首肯。蒙於兴中教授与李其瑞教授鼓励，把我的《法与名》纳入了“中国传统法哲学基本范畴研究”丛书。

在写作中，让我受益最大的是曹峰教授。曹老师可以说是当下从政治方面研究名思想的代表人物。2013 年，湖南大学法学院和清华大学法学院在岳麓书院共同主办了“黄帝思想与道、理、法研讨会”。我协助法学院时任院长杜钢建教授操持会务。知名哲学学者曹峰教授参会做了报告《“名”是〈黄帝四经〉最重要的概念之一——兼论〈黄帝四经〉中的“道”“名”“法”关系》，我受益极大。会议期间，我也就名的法律意义请教曹老师，得到了他的鼓励与点拨。后来，曹老师《古代“名”的政治思想研究》出版，我还有幸得到了他的题签赠书。这部书成为写作本书最重要的学习资料。当然，曹峰先生论著主要研究名思想的政治意义，名的法律意义并不在其研究中占据主要地位。我也发愿接续曹老师，从法律的角度来系统爬梳名之法意，因而有了这一册《法与名》。

写作是个极为浩大的工程。名虽然不如礼、律、刑等范畴热门，但牵涉面也极为广泛。不独名家学派，儒、道、法、墨、杂等诸子百家对名也多有深刻阐发。名的含义在古代文献中又极为复杂，笔者在绪论中梳理至少有二十种之多。曹峰先生也曾感慨：“究竟什么是名？从中国古代文献看，几乎找不到一个关于名的完整的定义。”“从语言的角度看，就词性而言，它有的时候是名词，表示名称。有的时候是动词，表示命名、指称。有的时候是形容词，指‘有名’。”对我来说，更难的是学科壁垒。虽说法史、法理不分家，但真正操作起来，我这种法理出身者面对浩如烟海的法史资料，时时有望洋兴叹之感。竖排繁体的史料，阅读起来就极为费力。有时好不容易翻检完一本史料，自己要的信息却一无所获。所幸咬牙坚持了下来。后来逐渐进入了钩深索隐、时有所得的欣喜状态。有时长夜枯坐，埋首于史料，却浸淫其间，津津有味，“不知东方之既白”。一向忙碌于俗事的我，也难得有这么沉浸于书香的时刻。感谢这份书稿，不独是知识的收获，更重要的是对自己浮躁心性的反省与淬炼。

书稿能成，有太多需要感谢的人与事。感谢赵教授、付教授两位授业恩师，他们把我引入学术殿堂。只恨自己碌碌无为，未能报师恩于万一。尤其感谢俞荣根教授为本书审稿并深情赐序。当编辑告知请到了俞先生做审稿专家时，我既激动又忐忑。先生是著名的儒家法思想家，甚至被誉为儒家法研究第一人。当编辑老师发来俞教授的审稿意见时，用句网络语言，我“一瞬间破防了”，几乎热泪盈眶。审稿意见极为详细，在总体上有所肯定之外，对书稿存在的不足列出了极为详细的审阅意见与修改建议，足有一百多条，大到谋篇布局、核心宗旨，小到标点符号、语词语法。我算了一下，各种批注意见加起来将近一万字。俞教授还为此从海南给我打了将近一小时的电话，详加指导。俞教授可是一位八十岁高龄的老人啊，为了后辈小书，如此无私提点，费心费力，春风化雨，奖掖后学，何等感人。我既为获得俞教授的亲自指导而欣喜，又为如此耗费先生的时间、影响他的身体而惶恐。

之后，我对照先生的意见，逐条加以修改、补充。特别是俞教授指出的，应加强对名的负面意义的揭示，法家之法非真正法治，古代名法对现代法治也多有负面影响。这些意见如同当头棒喝。虽然我又补充了一些论述，但力有未逮，期待将来再深入研究。后来，俞教授又在审稿意见的基础上，垂爱赐序，相对于审稿意见的严格批评，序言则以鼓励为主，甚至有我担受不起的溢美。我深知，不是书稿有什么可取之处，而是俞教授温情的长者之风，对后学的倾情提携。《论语》有言：“望之俨然，即之也温，听其言也厉。”俞教授便是此等风采。我与学友段晓彦教授分享了先生序言。晓彦留言，亦让人感动，未改一字，兹录如下：“刚初读一遍序，感动至极，深感先生学贯古今，穿透历史的洞察力，深沉的舐犊之情。我本来对学界已失望之至，先生让我对优秀高尚学者的人品学品又产生了向往，虽不能至，然心向往之。这就是师者的力量和意义吧。”这也是我们共同的感受。

近年来，张文显教授发起了全国性的“法理研究行动计划”。2021 年 4 月，我有幸在岳麓书院协助承办“中国古代经典中的法理学术研讨会暨法理研究行动计划”第 17 次例会。张文显教授一再提示，我们需要通过梳理中国法理的独特概念、凝炼中华法理特色命题等方式深入研究法理。受此启发，我也在会议上报告了《“名”：中华传统法理核心范畴》，并得到了与会专家黄文艺教授、张生教授、胡玉鸿教授、夏新华教授等前辈的点拨。他们引导我进一步从法理范畴的角度来思考名的意义。

衷心感谢於兴中教授与李其瑞教授两位主编老师的鼓励与指导，《法与名》才得以完成并入选丛书；感谢庞从容老师辛苦操持，指导有方，得以成功申报国家出版基金项目；感谢责任编辑薛迎春女士忙前忙后，一再宽容我这个拖延症患者；感谢国家出版基金项目匿名评审专家们对初稿的肯定；感谢黎四奇、易骆之、屈茂辉、杜钢建、陈宇翔、郑鹏程、肖海军、高中、郭哲等湖南大学各位同道的关心帮助，让我在湖大有了一个温馨的家园。感谢段晓彦、陈翠玉、阮致远、李勤通、刘鹗、肖洪泳等各位法史师友接受我不定期的请教和“骚扰”；感谢我的学生程子豪、胡芷晴、袁莹、张超、甘秋蕾、祁纪蓉等人协助查考相关文献。

书稿顺利出版，要特别鸣谢广东德纳律师事务所律师、私职刑辩团队负责人、吾兄王先友先生的无私资助。王兄多年前来湖南大学培训，我有幸做一讲座，得以相识。彼此心气相投，相见恨晚。后来他又邀请我赴广东开讲，席间碰撞出火花，他慷慨解囊，出资一百万元在湖南大学设立基金，资助我和其他同道、学子的思想研究。这便是“湖南大学法学一流学科基金——王先友思智发展专项”的由来。本书便是这一基金资助的首批成果之一。未来还将有更多由王兄资助的成果及学术活动面世。王兄毕业于南京大学，并非湖大校友，与我也只是两面之缘，只是因为对思想史的敬重，便爱屋及乌，对从事思想史研究的我辈倾情资助。身为律师，却对学术事业有如此无私的情怀，慷慨豪侠，一诺千金，这一故事大有《世说新语》风采。红尘俗世，有如此知己，足矣。

最后，这本小书也要献给我的妻子婷玉和幼儿小海豚。妻了为司法效力，又辛苦操持家务，哺育爱子，设法让我多一点时间投身学术，家里事无巨细，都是她在维持，实在是辛苦至极。小海豚是我生命中的奇迹与开心果。翻检古籍的枯燥中，最开心的便是他过来捣乱玩耍一下。写作本书的这段时间，他每天晚上睡觉前都来翻一下我书稿，“爸爸，‘写工作’写到哪里了”？“写工作”是他独特的说法，这也让我对自己的工作多了一份敬意与珍惜。

当然，本书还有太多的不足与缺陷，期待学界师友批评指教。

是为记。

浪子海松 2022 年于长沙